La Vie politique en France aujourd'hui

La Vie politique en France aujourd'hui is a reader for students studying contemporary French civilisation. Each section, entirely in French, includes an introduction and a selection of primary texts, tackling contemporary political issues, such as:

>Can the Fifth Republic survive two 'cohabitations'?
>Is there still a 'French exception'?
>What is the future of socialism in France?
>Is the *Front national* a real political force?
>Has representative democracy broken down?

With additional notes, glossaries and comprehension questions, this makes an ideal text for classroom use.

La Vie politique en France aujourd'hui est un recueil de textes entièrement en français s'adressant à tous ceux qui étudient la civilisation française contemporaine. Chaque section comporte une introduction et une sélection de textes authentiques et traite de grands débats actuels comme par exemple:

>La Cinquième République survivra-t-elle à deux cohabitations?
>Peut-on toujours parler de 'l'exception française'?
>Le socialisme a-t-il un avenir en France?
>Le Front national est-il une force politique durable?
>Peut-on sortir de la crise de la représentation?

Les notes, glossaires et questions de compréhension qui accompagnent les textes en font un ouvrage idéal à utiliser en séminaire.

Claire Laudet is Lecturer in French and Richard Cox is Senior Lecturer in French, both at Trinity College, Dublin.

La France aujourd'hui
Readers in contemporary French civilisation
Claire Laudet and Richard Cox

This new series is a response to the increasing emphasis on the teaching of 'civilisation' on French studies courses. Written entirely in French, each volume comprises a selection of substantial texts by acknowledged specialists, providing a wide-ranging introduction to major themes or concepts in French politics, culture or society. The editors provide detailed introductions, glossaries, comprehension questions and explanatory notes to guide the student through these topical debates.

Each volume is designed to cover one term's or semester's work for students of French, whether on its own or combined with business studies, economics, sociology or political science.

Cette nouvelle série répond aux besoins créés par l'importance croissante accordée à l'enseignement de la 'civilisation' dans les études de français. Rédigé entièrement en français, chaque volume comprend une sélection de textes de spécialistes reconnus et introduit des thèmes ou concepts majeurs dans les domaines politique, culturel ou social. Ces textes sont accompagnés d'introductions détaillées, de lexiques, de questions de compréhension et de notes explicatives qui guident l'étudiant dans ses lectures.

Chaque volume représente un trimestre ou un semestre de travail pour tous ceux qui étudient le français, seul ou en combinaison avec l'économie, la gestion, la sociologie ou les sciences politiques.

Also available: *Le Peuple de France aujourd'hui*

La Vie politique en France aujourd'hui

Claire Laudet and **Richard Cox**

Manchester University Press

Manchester and New York

distributed exclusively in the USA and Canada by St. Martin's Press

Editorial matter © Claire Laudet and Richard Cox 1995
Copyright in individual texts as indicated below title of each
text

Published by Manchester University Press
Oxford Road, Manchester M13 9NR, UK
and Room 400, 175 Fifth Avenue, New York, NY 10010, USA

Distributed exclusively in the USA and Canada
by St. Martin's Press, Inc., 175 Fifth Avenue, New York,
NY 10010, USA

British Library Cataloguing-in-Publication Data
A catalogue record for this book is available from the British Library

Library of Congress Cataloging-in-Publication Data applied for

ISBN 0 7190 4217 8 *hardback*
　　　0 7190 4218 6 *paperback*

Typeset in Great Britain
by Servis Filmsetting Ltd, Manchester

Printed in Great Britain
by Bell & Bain Ltd, Glasgow

Table des matières

Remerciements

Nous souhaitons remercier le 'Arts and Social Science Benefactions Fund' de Trinity College, Dublin, pour son soutien financier.

Introduction

A l'heure de l'intégration européenne, l'étude des langues étrangères et celle des sociétés qui les parlent occupent une place croissante dans les cursus universitaires. De plus en plus souvent ces enseignements sont intégrés et combinent l'apprentissage de la langue et sa pratique avec une analyse de la société. Les thèmes retenus sont souvent présentés lors d'un cours magistral puis repris lors de séminaires qui permettent, à partir de documents authentiques souvent tirés de la presse, de les approfondir, d'en débattre et par là même d'utiliser la langue. Si cette utilisation de la presse présente de nombreux avantages, elle nous semble cependant avoir certaines limites. D'une part, et presque par définition, il s'agit de textes relativement courts. D'autre part, et là encore par définition, l'approche est journalistique plutôt que sociologique, économique ou politique, suivant les cas. Le résultat est que les étudiants qui suivent ces enseignements dans le cadre d'études de langue non littéraires ont finalement assez peu l'occasion de lire suffisamment de textes longs, d'auteurs reconnus et dans des styles variés. Ceci nous paraît particulièrement vrai pendant les premières années d'études.

C'est dans ce contexte que nous avons voulu apporter aux enseignants comme aux étudiants un ensemble de textes en français qui permettent de combiner travail de langue et travail sur la discipline. L'objectif de la série 'Readers in contemporary French civilisation' est donc de rendre accessibles à un public d'étudiants de première et deuxième année des textes écrits par les meilleurs spécialistes français. Ces textes devraient permettre un travail approfondi lors de séminaires ou de tutorats, facilité par l'addition de notes et lexique pour expliquer les références ou le vocabulaire qui pourraient décourager le débutant et trop ralentir la lecture.

Le premier volume de la série est consacré aux habitants de la France, et aux grands thèmes de l'actualité sociale. Ce deuxième volume est consacré à la politique en France, présentée sous trois aspects: les institutions, les idéologies et les problèmes liés à la représentation. Nous ne sommes que trop conscients que beaucoup de thèmes d'une importance majeure – les contre-pouvoirs, les médias, la vie politique locale, le rôle des institutions européennes, par exemple – ont été passés sous silence. Nous avons préféré cependant encourager l'analyse approfondie d'un certain nombre de thèmes (pour nous) essentiels, plutôt que de survoler trop rapidement des thèmes plus nombreux.

Nous n'avons pas voulu remplacer l'enseignant. Les introductions à chaque texte recouvriront sans doute dans la plupart des cas la matière d'un cours magistral, qui développera en plus de détail ce que nous n'avons qu'esquissé afin de replacer chaque texte dans son contexte. Nous avons conçu les questions de compréhension comme un encouragement à la lecture attentive et en même temps comme une invitation à la pratique orale. Quant aux thèmes de réflexion, ils nous paraissent plus adaptés soit à des devoirs écrits, soit à des exposés oraux plus consistants. Ils sont orientés vers la pratique de la langue et vers la réflexion personnelle, plutôt que vers le contrôle des connaissances. En tout cas, à l'enseignant d'utiliser notre ouvrage comme bon lui semble!

Conseils de lecture

Lire des textes en langue étrangère est au premier abord intimidant et déroutant. Mais ne vous laissez pas décourager. Nous vous proposons quelques stratégies que vous pourrez adopter – et peut-être adapter – selon vos besoins.

Avant même de commencer à lire le texte, définissez vos **objectifs**. Cherchez-vous des informations ponctuelles spécifiques? Ou plutôt à identifier la position de l'auteur sur le sujet? Vos objectifs sont-ils plutôt linguistiques (lexique, repérage de structures, etc. . . .) ou plutôt liés au contenu?

En fonction de vos objectifs, vous choisirez des **stratégies** de lecture différentes: survol et repérage d'informations, lecture 'en diagonale' (par exemple la première phrase de chaque paragraphe) permettant de repérer la structure du texte, lecture globale suivie d'une lecture détaillée du texte entier ou d'une partie etc.

Toujours avant d'aborder la lecture du texte proprement dit, et en guise de préparation mentale, essayez de faire quelques hypothèses, quelques prévisions. Par exemple, notez cinq ou six mots-clés que vous pensez trouver dans le texte. Vous pouvez aussi noter en deux ou trois phrases ce que vous pensez trouver dans le texte. Ces 'échauffements' ont pour but de mobiliser votre esprit et les ressources de votre mémoire.

Lorsque vous commencez à lire, essayez de lire le texte – ou la section qui vous intéresse – en entier, d'un seul coup, sans vous arrêter pour chercher le sens des mots que vous ne comprenez pas. Laissez vous 'porter' par le texte. Si vous craignez d'être arrêté par le vocabulaire technique, vous pouvez consulter le lexique situé après chaque texte avant de commencer à lire.

Avant de chercher un mot dans le dictionnaire, vérifiez s'il est expliqué dans le lexique. Dans ce cas, il est suivi d'un astérisque (*). Pensez aussi à mobiliser vos propres ressources et vos connaissances générales – pas seulement en français: le contexte vous permet-il de faire des hypothèses sur le sens de ce mot? connaissez-vous d'autres mots de la même famille? connaissez-vous un mot voisin en anglais? Vérifiez que vos hypothèses ont un sens dans le contexte donné.

Lors des lectures suivantes, efforcez-vous de repérer la structure du texte en mettant en évidence les articulations logiques entre les paragraphes et les différentes parties. Utilisez les indices que constituent les formules introductives (d'abord, avant tout, . . .), les mots de liaison (et, puis, en outre, même, à plus forte raison, donc, par conséquent, etc. . . .), les articulations de rappel (ainsi, de même, . . .) etc. Notez le plan du texte pour mettre en évidence l'enchaînement des idées de l'auteur.

Notez aussi les constructions inhabituelles, les expressions qui vous ont frappées parce qu'elles sont particulièrement bien adaptées. Elles pourront vous être utiles lorsque cela sera votre tour d'écrire.

Ne vous découragez surtout pas. N'oubliez pas que c'est en forgeant que l'on devient forgeron: ce qui vous paraît une tâche insurmontable la première fois, devient, avec l'habitude et la pratique, presque naturel.

Chapitre 1

Les institutions

1.1 L'héritage du passé

La France a longtemps été considérée, sur le plan politique, comme un cas exceptionnel. Par 'l'exception française' on entend une instabilité institutionnelle qui se manifeste par la succession, parfois abrupte et violente, d'une douzaine de régimes en deux siècles, et qui serait le fruit d'un manque de consensus, de clivages politiques profonds entre les Français qualifiés quelquefois de 'guerres franco-françaises'.

De nos jours, le cas français semble moins exceptionnel. Les passions sont apaisées, les lignes de partage moins marquées. Pour le moment du moins, les Français donnent l'impression d'être d'accord, sinon en matière de choix politiques, du moins sur les moyens de régler leur différends.

Le paradoxe, c'est que cette sortie de l'exceptionnalité, si tant est qu'elle ait eu lieu, doit beaucoup à un régime lui-même exceptionnel, celui de la Cinquième République, au sujet duquel les politologues ne conviennent sur rien sauf qu'il est original, voire inclassable.

Il convient de rappeler brièvement l'histoire des quatre Républiques qui l'ont précédé, d'autant plus que les leçons qu'on a pensé tirer de leur histoire, et surtout de leur mort, ont fortement influencé les débats qui ont entouré la naissance de la Cinquième.

L'héritage constitutionnel

La Première République, proclamée le 21 septembre 1792, a vu se succéder Convention, Directoire et Consulat, avant de se transformer en Empire en 1804. Elle laisse non seulement toute une mythologie d'ardeur républicaine, mais aussi le sentiment que l'idée de République est inséparable de celle de constitution écrite. Elle en a d'ailleurs laissé trois, d'inspirations très contrastées – la première instaurant une monarchie constitutionnelle, la deuxième une convention révolutionnaire aux pouvoirs absolus, la troisième un compromis fragile qui prépare le terrain pour le coup d'État bonapartiste.

La Deuxième, de vie encore plus courte, dura de 1848 à 1852. Sa transformation en régime autoritaire, mise en train par l'élection comme Président de Louis Napoléon, neveu de Bonaparte, prélude à une reprise de l'histoire de la Première, quand celui-ci se proclame à son tour Empereur sous le nom de Napoléon III.

Le fait que Première et Deuxième Républiques soient toutes deux mortes des ambitions d'un 'homme fort', qui a gravi les échelons du pouvoir en utilisant en premier lieu les dispositions de la constitution républicaine en vigueur, influence par réaction les constitutions des Troisième et Quatrième Républiques.

La Troisième, qui suit l'effondrement du régime impérial dans la guerre franco–prussienne de 1870–71, s'installe en tâtonnant. Un pas majeur est franchi en 1877 quand le Président Mac-Mahon, monarchiste, tente d'imposer sa volonté à une Chambre des députés plutôt républicaine, forçant un duel constitutionnel qui se termine par la victoire de la Chambre, et renforçant ainsi le sentiment que Président fort et régime républicain sont incompatibles.

La Troisième République marque donc l'apogée de ce qu'on appelle parfois le régime républicain absolutiste, c'est-à-dire, un régime où le pouvoir quasi absolu est entre les mains des représentants du peuple, réunis dans une assemblée nationale. Cette souveraineté parlementaire montre assez tôt ses défauts.

Un régime qui a duré soixante-cinq ans (si on compte à partir des lois constitutionnelles de 1875) et qui a survécu aux bouleversements de la Grande Guerre, a évidemment joui d'une stabilité fondamentale. Cependant, le système qui, de beaucoup de points de vue, jette les bases de la démocratie républicaine en France, souffre d'une instabilité ministérielle chronique, résultant du fait que le sort des gouvernements dépend étroitement de l'humeur des députés, à l'époque peu contrôlés par des partis au sens moderne. Cent un gouvernements se succèdent de 1876 à 1940, soit une durée de vie moyenne d'un peu moins de huit mois chacun.

Ce n'est pas, cependant, de cette apparente instabilité que meurt la Troisième République mais de l'Occupation de la France en juin 1940. Le dernier Président se démet au profit du Maréchal Pétain, héros de la Grande Guerre, qui fonde 'l'État français', plus connu sous le nom de 'Vichy', ville où le gouvernement s'est installé après l'occupation de Paris. L'administration de l'État collabore de plus en plus étroitement avec les occupants nazis, et le régime s'effondre à la Libération en 1944, frappé d'illégitimité.

La Quatrième République connaît des débuts difficiles. La classe politique en général cherche un retour à l'esprit de la Troisième, mais ses premières propositions, jugées excessivement 'parlementaristes', sont refusées par le peuple lors d'un référendum. Un deuxième texte est accepté, mais de justesse, et avec un taux dangereusement élevé d'abstentions. Le général de Gaulle, encore paré du prestige de sa position de chef de la Résistance, ne cesse de condamner la Constitution et la classe politique qui en est responsable, et de rappeler qu'elle ne fut approuvée que par 'un tiers' (exactement, 36%) du peuple.

L'instabilité ministérielle qui, sous la Troisième, masquait souvent une stabilité fondamentale, réapparaît sous la Quatrième mais produit un régime incapable de faire face aux défis de l'après-guerre. Elle laisse les exécutifs successifs sans armes, surtout face aux déchirements profonds que provoque la décolonisation: d'abord en Indo-Chine, et plus tard en Algérie où une guerre de plus en plus meurtrière divise profondément ceux qui soutiennent 'l'Algérie française' et ceux qui sympathisent avec la lutte pour l'indépendance. Comme celle qui l'a précédée, la Quatrième République mourra sous le coup d'événements extérieurs.

L'héritage partisan

Constitution écrite, souveraineté parlementaire, méfiance de l'homme fort – tel est donc l'héritage des quatre premières Républiques. Sous la Quatrième République, il est accompagné d'un multipartisme extrême, qui exacerbe l'instabilité gouvernementale.

Ce multipartisme est lui-même le sédiment laissé par l'histoire mouvementée des trois Républiques précédentes, sur fond d'un dualisme foncier qui, lui, remonte à la Révolution quand, dans la première Assemblée constituante, les républicains prirent l'habitude de s'asseoir à la **gauche** du président, laissant à leurs opposants, partisans de la tradition et de la monarchie, la **droite** de la Chambre.

*

La gauche regrouperait donc, dans une première approximation, les partisans des idées 'avancées', ceux qui font confiance à l'action politique pour imaginer et créer une société meilleure que l'actuelle. La droite, par contre, rassemblerait les conservateurs, plus sceptiques quant aux possibilités de transformation pour le mieux. Au dix-neuvième siècle, on parlait ainsi du 'parti du mouvement' et du 'parti de l'ordre'.

Évidemment, les choses ne sont pas aussi simples. En premier lieu, il est dans la nature du 'mouvement' que les perspectives qui, à un moment donné, sont avancées, deviennent, comme le paysage vu d'un train en mouvement, 'arriérées'. Comme l'a remarqué l'historien René Rémond: 'Toutes les gauches successivement surgies ont été, l'une après l'autre, débordées au point, pour certaines, de devenir des droites. [. . .] Telle tradition intellectuelle qui se situait initialement à gauche se retrouve plus tard, précisément parce qu'elle est demeurée fidèle à ses orientations originales, déportée sur la droite.'

Au fil des années, donc, toute une série de gauches s'établissent. La Deuxième République oppose déjà deux groupes de **républicains**. D'un côté, ceux au pouvoir, pour qui la conquête des libertés est l'essentiel, et qui défendent la République contre droite . . . et gauche. De l'autre, ceux pour qui la République n'est rien si elle n'est 'sociale', c'est-à-dire si elle n'est consacrée à l'égalité et la fraternité aussi bien qu'à la liberté.

De cette gauche 'quarante-huitarde' se dégagent à leur tour deux nouvelles doctrines, **radicalisme** et **socialisme**. La première devient la doctrine quasi officielle de la Troisième République et de la petite-bourgeoisie qui en est le soutien principal, mais se trouve attaquée à gauche par le mouvement ouvrier, et l'idéologie socialiste qui l'accompagne.

Vers le tournant du siècle, le socialisme lui-même, longtemps attaché à des modèles spécifiquement français, et fondé pour l'essentiel sur des valeurs de mutualité et d'entraide dans le monde ouvrier, se trouve doublé à gauche par le **communisme** marxiste, importé d'Allemagne. Celui-ci, méthode 'scientifique' selon ses disciples, cherche la conquête du pouvoir d'État, la dictature du prolétariat, et l'avènement d'une société sans classe.

Après la révolution russe, avec la déception qu'enregistrent certains 'fidèles' à l'égard de l'autoritarisme stalinien, on voit même l'émergence du '**gauchisme**', inspiré de l'appel à la 'révolution permanente' de Léon Trotsky.

Républicaine, radicale, socialiste, communiste, gauchiste – telle est donc la gamme des 'gauches' en France. Vers la fin de la Quatrième République, chaque élément s'exprime à travers un ou même plusieurs partis.

Un certain nombre de 'clubs', qui allaient se regrouper en 1964 dans la '**Convention des institutions républicaines**', se réclament toujours de l'héritage républicain 'simple'. Sans grand attrait électoral, nous en rappelons l'existence surtout parce qu'ils ont nourri les débuts de la carrière d'un certain François Mitterrand.

La tradition radicale se trouve encore représentée par le **Parti radical et radical-socialiste**. Fondé en 1901, c'est le plus ancien des partis français, et le 'pivot' du système de la Troisième République. En déclin relatif, il conserve néanmoins sous la Quatrième République des bastions importants au niveau électoral, surtout dans les couches moyennes indépendantes.

La gauche socialiste est divisée depuis 1920 entre deux partis 'frères-ennemis', qui se sont séparés sur leurs réactions à la révolution bolchevique en Russie. L'aile modérée, attachée aux règles de la démocratie pacifique, retient l'ancien nom de 'Section française de l'Internationale ouvrière' (SFIO). Malgré son nom, et à la différence du parti social-démocrate allemand ou du parti travailliste britannique, elle jouit de peu de liens structurés avec le mouvement ouvrier.

L'aile révolutionnaire, qui suit la consigne révolutionnaire de Moscou, est devenue le **Parti communiste français** (PCF). Dans beaucoup de régions industrialisées, le parti a su établir une hégémonie politique sur le monde ouvrier; et à la Libération, en raison, entre autres, de ses liens avec la Résistance, il est le premier parti politique du pays. Cette situation, conjuguée avec le fait que longtemps, aucune autre formation n'est prête à faire cause commune avec un parti jugé souvent agent d'un pays étranger, complique singulièrement le jeu partisan.

SFIO et PCF ont tous deux, au cours des années, connu des défections en faveur de 'groupuscules' d'extrême gauche. Une défection plus importante, motivée par l'ambiguïté de l'attitude de la SFIO devant l'insurrection en Algérie, mènera, dans les débuts de la Cinquième République, à la création du Parti socialiste autonome, devenu en 1960 **Parti socialiste unifié** (PSU).

Reste, cependant, malgré ces divisions, un sentiment très fort du 'peuple de gauche'. Ce sentiment est nourri surtout dans l'après-guerre par le souvenir du 'Front populaire', moment assez court vers la fin de la Troisième République où un gouvernement SFIO mené par Léon Blum, et soutenu par le PCF, réussit à faire passer une importante série de mesures sociales, dont l'introduction des congés payés est restée la plus importante dans la mémoire collective.

*

Quant à **la droite**, la typologie, devenue classique, de l'historien René Rémond, distingue trois 'droites', chaque 'sous-famille' étant nommée d'après une période historique spécifique, pour désigner moins un héritage continu qu'un 'tempérament' qui se révèle dans des formations ou mouvements différents à des moments séparés.

La droite 'ultra' ou **extrême droite** tire son nom de ceux qui, à la Restauration de la monarchie (1815–30), cherchent à défaire l'oeuvre de la Révolution et à rétablir l'Ancien Régime. Elle désigne donc toute tendance réactionnaire, au sens strict. Périodiquement, la France a connu des flambées de cet extrémisme de droite.

La droite 'orléaniste', ou **droite classique**, par contre, tire son nom des hommes politiques qui, sous la monarchie de ce nom (1830–48), ont cherché le compromis entre l'ordre établi et les nouvelles forces déchaînées par la Révolution et par les commencements de la révolution industrielle. Elle désigne donc la perspective selon laquelle il est légitime de tolérer, et même d'encourager, le changement, mais dans un cadre de conservatisme modéré qui cherche à adapter plutôt qu'à transformer radicalement. Historiquement, c'est l'idéologie typique de la bourgeoisie libérale.

Cette droite 'classique' se distingue donc par son pragmatisme. La droite **'bonapartiste'**, par contre, désigne ce mélange d'autoritarisme, de vision et d'appel au peuple qui caractérise l'épopée napoléonienne. Comme nous allons le voir plus tard *(voir 2.1.1)*, elle emprunte des caractéristiques de la gauche, tout en proclamant des valeurs d'ordre et de patrie qui la rangent avec la droite.

Sous la Quatrième République, la droite 'ultra' était représentée, d'un côté par des groupements éphémères de nostalgiques de Vichy, et, de l'autre par les sympathisants les plus opiniâtres de 'l'Algérie française'.

La droite classique, qui répugne traditionnellement aux partis structurés plutôt caractéristiques de la gauche, est représentée surtout par le **Centre national des Indépendants**, plus tard **Centre national des Indépendants et Paysans (CNIP)**.

La droite bonapartiste est représentée par le gaullisme, incarné de 1947 à 1955 dans le **Rassemblement du Peuple français (RPF)**, mouvement défini moins par une doctrine politique que par sa fidélité à un individu censé incarner la volonté nationale, 'au-dessus' du clivage gauche/droite. En 1955, le mouvement est mis en sommeil par la volonté du Général, mais reste une force puissante.

Hésitant entre gauche et droite se trouvent les restes d'un parti important à la Libération, mais déjà en déclin. Inspiré par le catholicisme social, et équivalent français des grands partis chrétien-démocrates allemand et italien, le **Mouvement républicain populaire (MRP)** n'atteint jamais l'hégémonie dont ont joui (au prix d'une dérive à droite) ses homologues étrangers, mais conserve une certaine importance parlementaire du fait de sa position pivotale.

*

Tel est donc le paysage politique au moment de la crise qui mit fin à la Quatrième République. Il est marqué à gauche par un émiettement extrême des partis, et à droite, par contre, par un manque extrême de structuration partisane. Il est marqué aussi par l'existence de deux grands courants – à gauche, le Parti communiste, à droite, le gaullisme – qui représentent ensemble une forte proportion de l'électorat, et qui, tout en étant des ennemis mortels, se rejoignent dans leur condamnation du régime.

Avant de suivre le déroulement de la crise, nous présentons un extrait du célèbre 'Discours de Bayeux' dans lequel le général de Gaulle, après avoir dénoncé, dans un panorama historique, les défauts des régimes des Troisième et Quatrième Républiques, se pose la question de savoir si 'l'exception française' est un produit du caractère français. Le déroulement des événements de 1958 va en quelque sorte faire de ce discours le texte fondateur de la Cinquième République.

Texte 1.1.1
Charles de Gaulle, *Discours prononcé à Bayeux*, 16 juin 1946 (extrait), Librairie Plon, Paris, 1970, pp. 7–11.

Au cours d'une période de temps qui ne dépasse pas deux fois la vie d'un homme, la France fut envahie sept fois et a pratiqué treize régimes, car tout se tient dans les malheurs d'un peuple. Tant de secousses ont accumulé dans notre vie publique des poisons dont s'intoxique notre vieille propension gauloise aux divisions et aux querelles. Les épreuves inouïes* que nous venons de traverser n'ont fait, naturellement, qu'aggraver cet état de choses. La situation actuelle du monde où, derrière des idéologies opposées, se confrontent des Puissances entre lesquelles nous sommes placés, ne laisse pas d'introduire dans nos luttes politiques un facteur de trouble passionné*. Bref, la rivalité des partis revêt chez nous un caractère fondamental, qui met toujours tout en question et sous lequel s'estompent trop souvent les intérêts supérieurs du pays. Il y a là un fait patent, qui tient au tempérament national, aux péripéties de l'Histoire et aux ébranlements du présent, mais dont il est indispensable à l'avenir du pays et de la démocratie que nos institutions tiennent compte et se gardent, afin de préserver le crédit des lois, la cohésion des gouvernements, l'efficience des administrations, le prestige et l'autorité de l'État.

C'est qu'en effet, le trouble dans l'État a pour conséquence inéluctable la désaffection des citoyens à l'égard des institutions. Il suffit alors d'une occasion pour faire apparaître la menace de la dictature. D'autant plus que l'organisation en quelque sorte mécanique de la société moderne rend chaque jour plus nécessaires et plus désirés le bon ordre dans la direction et le fonctionnement régulier des rouages. Comment et pourquoi donc ont fini chez nous la Ier, la IIe, la IIIe Républiques? Comment et pourquoi donc la démocratie italienne, la République allemande de Weimar, la République espagnole, firent-elles place aux régimes que l'on sait*? Et pourtant, qu'est la dictature, sinon une grande aventure? Sans doute, ses débuts semblent avantageux. Au milieu de l'enthousiasme des uns et de la résignation des autres, dans la rigueur de l'ordre qu'elle impose, à la faveur d'un décor éclatant et d'une propagande à sens unique, elle prend d'abord un tour de dynamisme qui fait contraste avec l'anarchie qui l'avait précédée*. Mais c'est le destin de la dictature d'exagérer ses entreprises. A mesure que se fait jour parmi les citoyens l'impatience des contraintes et la nostalgie de la liberté, il lui faut à tout prix leur offrir en compensation des réussites sans cesse plus étendues. La nation devient une machine à laquelle le maître imprime une accélération effrénée. Qu'il s'agisse de desseins intérieurs ou extérieurs, les buts, les risques, les efforts, dépassent peu à peu toute mesure. A chaque pas se dressent, au dehors et au dedans, des obstacles multipliés. A la fin, le ressort se brise. L'édifice grandiose s'écroule dans le malheur et dans le sang. La nation se retrouve rompue, plus bas qu'elle n'était avant que l'aventure commençât.

Il suffit d'évoquer cela pour comprendre à quel point il est nécessaire que nos institutions démocratiques nouvelles compensent, par elles-mêmes, les effets de notre perpétuelle effervescence politique. Il y a là, au surplus, pour nous une question de vie ou de mort, dans le monde et au siècle où nous sommes, où la position, l'indépendance et jusqu'à l'existence de notre pays et de notre Union Française* se trouvent bel et bien en jeu. Certes, il est de l'essence même de la démocratie que les opinions s'expriment et qu'elles s'efforcent, par le suffrage, d'orienter suivant leurs conceptions l'action publique et la législation. Mais aussi tous les principes et toutes les expériences exigent que les pouvoirs publics: législatif, exécutif, judiciaire*, soient nettement séparés et fortement équilibrés et qu'au-dessus des contingences politiques soit établi un arbitrage national qui fasse valoir la continuité au milieu des combinaisons.

Il est clair et il est entendu que le vote définitif des lois et des budgets revient à une Assemblée élue au suffrage universel et direct. Mais le premier mouvement d'une telle Assemblée ne comporte pas nécessairement une clairvoyance et une sérénité entières. Il faut donc attribuer à une deuxième Assemblée, élue et composée d'une autre manière, la fonction d'examiner publiquement ce que la première a pris en considération, de formuler des amendements, de proposer des projets. Or, si les grands courants de politique générale sont naturellement reproduits dans le sein de la Chambre des Députés, la vie locale, elle aussi, a ses tendances et ses droits. Elle les a dans la Métropole. Elle les a, au premier chef*, dans les territoires d'outre-mer, qui se rattachent à l'Union Française par des liens très divers. Elle les a dans cette Sarre* à qui la nature des choses, découverte par notre victoire, désigne une fois de plus sa place auprès de nous, les fils des Francs. L'avenir des 110 millions d'hommes et de femmes qui vivent sous notre drapeau est dans une organisation de forme fédérative, que le temps précisera peu à peu, mais dont notre Constitution nouvelle doit marquer le début et ménager le développement.

Tout nous conduit donc à instituer une deuxième Chambre dont, pour l'essentiel, nos Conseils généraux* et municipaux éliront les membres. Cette Chambre complétera la première en l'amenant, s'il y a lieu, soit à réviser ses propres projets, soit à en examiner d'autres, et en faisant valoir dans la confection des lois ce facteur d'ordre administratif qu'un collège* purement politique a forcément tendance à négliger. Il sera normal d'y introduire, d'autre part, des représentants des organisations économiques, familiales, intellectuelles, pour que se fasse entendre, au-dedans même de l'État, la voix des grandes activités du pays. Réunis aux élus des assemblées locales des territoires d'outre-mer, les membres de cette Assemblée formeront le grand Conseil de l'Union Française, qualifié pour délibérer des lois et des problèmes intéressant l'Union, budgets, relations extérieures, rapports intérieurs, défense nationale, économie, communications.

Du Parlement, composé de deux Chambres et exerçant le pouvoir législatif, il va de soi que le pouvoir exécutif ne saurait procéder, sous peine d'aboutir à cette confusion des pouvoirs dans laquelle le Gouvernement ne serait bientôt plus rien qu'un assemblage de délégations. Sans doute aura-t-il fallu, pendant la période transitoire où nous sommes, faire élire par l'Assemblée Nationale Constituante le Président du Gouvernement Provisoire, puisque, sur la table rase*, il n'y avait aucun autre procédé acceptable de désignation. Mais il ne peut y avoir là qu'une disposition du moment. En vérité, l'unité, la cohésion, la discipline intérieure du Gouvernement de la France doivent être des choses sacrées, sous peine de voir rapidement la direction même du pays impuissante et disqualifiée. Or, comment cette unité, cette cohésion, cette discipline, seraient-elles maintenues à la longue si le pouvoir exécutif émanait de l'autre pouvoir auquel il doit faire équilibre, et si chacun des membres du Gouvernement, lequel est collectivement responsable devant la représentation nationale tout entière, n'était, à son poste, que le mandataire* d'un parti?

C'est donc du chef de l'État, placé au-dessus des partis, élu par un collège qui englobe le Parlement mais beaucoup plus large et composé de manière à faire de lui le Président de l'Union Française en même temps que celui de la République, que doit procéder le pouvoir exécutif. Au chef de l'État la charge d'accorder l'intérêt général quant aux choix des hommes avec l'orientation qui se dégage du Parlement. A lui la mission de nommer les ministres et, d'abord, bien entendu, le Premier, qui devra diriger la politique et le travail du Gouvernement. Au chef de l'État la fonction de promulguer* les lois et de prendre les décrets, car c'est envers l'État tout entier que ceux-ci et celles-là engagent les citoyens. A lui la tâche de présider les Conseils du Gouvernement et d'y exercer cette influence de la continuité dont une nation ne se passe pas. A lui l'attribution de servir d'arbitre au-dessus des contingences politiques, soit normalement par le conseil, soit, dans les moments de grave confusion, en invitant le pays à faire connaître par des élections sa décision souveraine. A lui, s'il devait arriver que la patrie fût en péril, le devoir d'être le garant de l'indépendance nationale et des traités conclus par la France.

Des Grecs, jadis, demandaient au sage Solon: 'Quelle est la meilleure Constitution?' Il répondait: 'Dites-moi, d'abord, pour quel peuple et à quelle époque?' Aujourd'hui, c'est du peuple français et des peuples de l'Union Française qu'il s'agit, et à une époque bien dure et bien dangereuse! Prenons-nous tels que nous sommes. Prenons le siècle comme il est. Nous avons à mener à bien, malgré d'immenses difficultés, une rénovation profonde qui conduise chaque homme et chaque femme de chez nous à plus d'aisance, de sécurité, de joie, et qui nous fasse plus nombreux, plus puissants, plus fraternels. Nous avons à conserver la liberté sauvée avec tant et tant de peine. Nous avons à assurer le destin de la France au milieu de tous les obstacles qui se dressent sur sa route et sur celle de la paix. Nous avons à déployer, parmi nos frères les hommes, ce dont nous sommes capables, pour aider notre pauvre et vieille mère, la Terre. Soyons assez lucides et assez forts pour nous donner et pour observer des règles de vie nationale qui tendent à nous rassembler quand, sans relâche, nous sommes portés à nous diviser contre nous-mêmes! Toute notre Histoire, c'est l'alternance des immenses douleurs d'un peuple dispersé et des fécondes grandeurs d'une nation libre groupée sous l'égide d'un État fort.

Notes et lexique

inouïes: telles qu'on n'a jamais rien entendu de pareil

trouble *(m)* **passionné**: la référence est aux débuts de la 'guerre froide', qui oppose l'Ouest à l'Est soviétique, et à la fidélité du Parti communiste français à Moscou qui, selon l'orateur, introduit dans la politique domestique un élément de trouble

les régimes *(m)* **que l'on sait**: c'est-à-dire le régime fasciste italien, le régime nazi allemand, et le régime franquiste espagnol – en un mot, les dictatures totalitaires

l'anarchie *(f)* **qui l'a précédée**: les dictatures totalitaires – et leurs sympathisants français – avaient fait grand cas des défaillances de la démocratie parlementaire des années 30

l'Union *(f)* **Française**: en 1947 les anciennes colonies françaises sont re- groupées avec la France dans cette Union

législatif, exécutif, judiciaire: les trois branches du gouvernement, responsables respectivement de la fabrication des lois, de la mise en application des lois, et de l'observation de la loi. Sous un régime parlementaire absolu, comme celui de la Convention (1792–95), ces trois fonctions sont exercées par le même corps.

au premier chef: en premier lieu

Sarre: le territoire de la Sarre fait partie de la zone d'occupation allemande attribuée à la France

Conseils *(m)* **généraux**: assemblées au niveau des départements

collège *(m)* : (ici) assemblée

table rase: situation où il faut tout recommencer à zéro

mandataire *(m)* : personne chargée de représenter et de défendre les intérêts de qqn

promulguer: rendre effectif par la signature et la publication

Compréhension

1. Résumez le contraste que fait l'orateur entre 'notre vieille propension gauloise aux divisions' et 'les intérêts supérieurs du pays'.
2. Expliquez les rapports qu'établit l'orateur entre les faiblesses des institutions parlementaires et la menace de la dictature.
3. Expliquez quels éléments sont nécessaires, selon l'auteur, pour remédier à 'notre effervescence politique'.

1.2   **Le parlementarisme rationalisé**

La crise de la Quatrième République survient en mai 1958. Sans majorité stable et confronté à une nation déchirée, le régime se prouve incapable de résoudre la situation en Algérie. Exaspérée, l'armée s'insurge. Le 13 mai à Alger, une manifestation se transforme en émeute, et un 'Comité de Salut public' favorable à 'l'Algérie française' est formé qui menace de lancer un coup d'État militaire en métropole.

L'impuissance du gouvernement étant évidente, le Président en appelle 'au plus illustre des Français', le général de Gaulle, auquel l'Assemblée nationale remet, le 24 mai, les pleins pouvoirs.

L'intention était de sauver la forme républicaine du régime mais le rappel du Général condamne la Quatrième République. Ramené au pouvoir par l'urgence politique, il en profite pour faire écrire, et soumettre au référendum, une nouvelle Constitution, conçue selon les principes qu'il n'avait cessé de proclamer. La classe politique est divisée, mais par une majorité de presque 4 contre 1, le peuple approuve. Ainsi est née, dans des conditions de crise, la République qui a duré maintenant plus longtemps qu'aucun autre régime depuis 1789, à l'exception de la Troisième République.

L'originalité de sa constitution vient de la synthèse qu'elle cherche à opérer entre deux traditions normalement distinctes.

La tradition **parlementaire**, qui, on l'a vu, est essentiellement la tradition française, veut que la souveraineté du peuple soit exercée à travers une assemblée de représentants, devant laquelle l'exécutif, représenté par le Premier ministre, est responsable, et par laquelle il peut être révoqué. L'instabilité ministérielle qui a accompagné un tel système sous les Troisième et Quatrième Républiques est évitée dans d'autres systèmes parlementaires bien enracinés – comme, par exemple, le système britannique – par une tradition de partis politiques disciplinés et par un système électoral qui a pour effet qu'un parti dispose normalement à lui seul d'une majorité absolue.

En temps ordinaire, ce parti accepte l'autorité d'un Premier ministre qu'il a choisi et qui est sorti de ses rangs, quitte à le renvoyer *in extremis* s'il ne lui paraît pas suivre une ligne politique générale approuvée par ses membres. Inversement, le Premier ministre dispose normalement de la prérogative de dissolution du Parlement, ce qui lui confère des pouvoirs considérables.

Dans un tel système, le chef de l'État – monarque ou président – exerce surtout des fonctions symboliques. Tout autre est sa situation dans un régime **présidentiel**, comme celui qu'on trouve aux États-Unis.

Là, le Président, élu au suffrage universel, fonctionne comme chef de l'exécutif, mais n'est pas responsable de sa politique devant les représentants du peuple, réuni au Congrès. Inversement, il n'a aucun droit de dissolution, et doit négocier avec le Congrès pour voir passer la législation dont il a besoin pour mener à bien sa politique. Il existe donc une indépendance complète de l'exécutif vis-à-vis du corps législatif, et réciproquement. C'est cette **séparation des pouvoirs** qu'a appelée de ses voeux le général de Gaulle dans son discours de Bayeux.

Dans la situation de crise de 1958, la classe politique a dû se plier jusqu'à un certain point aux exigences du Général, qui, pour sa part, n'a pas pu entièrement balayer les traditions parlementaires du pays. Il en résulte une Constitution qui emprunte des éléments à chaque système.

En 1962, elle est infléchie dans une direction plus 'présidentialiste' lorsque, suivant une épreuve de force avec les parlementaires, le Général en appelle au peuple pour que le Président soit élu directement au suffrage universel, plutôt que par un collège électoral, ajoutant ainsi un mandat personnel très puissant aux pouvoirs dont il dispose dans la Constitution.

Cette victoire sur la classe politique traditionnelle est suivie d'une victoire aux élections législatives, où l'Union pour la Nouvelle République, formée spécifiquement pour soutenir l'action du Général, obtient la majorité absolue à l'Assemblée nationale. C'est ce 'fait majoritaire' qui, comme nous allons le voir, entérine l'affaiblissement du Parlement, qui se voit réduit au rôle de soutien de l'exécutif.

Nous allons étudier la Constitution de 1958 en deux temps. Nous réservons pour une section ultérieure *(1.4)* l'analyse des rapports entre les deux branches de l'exécutif, c'est-à-dire entre le Président et le gouvernement, ce rapport n'étant devenu problématique qu'au moment où ils se trouvent dans des camps politiques opposés. Cette situation est elle-même le produit de l'évolution des rapports de force que nous analysons à la section suivante *(1.3)*.

Ici, nous mettons l'accent sur les relations entre l'exécutif et le Parlement, qui n'ont que peu changé pendant la vie de la Cinquième République. Nous présentons donc d'abord les articles de la Constitution qui concernent les rapports entre le Parlement et le Gouvernement, suivis de deux textes.

Le premier est une analyse de cette répartition des pouvoirs par un spécialiste de la Constitution. Le deuxième, écrit par un intéressé (député de la Corrèze de 1988 à 1993) montre comment les effets conjugués de la Constitution et du 'fait majoritaire' ont été confirmés par les développements ultérieurs.

Texte 1.2.1
Constitution, titre V: 'Des rapports entre le Parlement et le Gouvernement' (extraits)

Article 34

La loi est votée par le Parlement.
La loi fixe les règles concernant:
- les droits civiques et les garanties fondamentales accordées aux citoyens pour l'exercice des libertés publiques; les sujétions imposées par la Défense nationale aux citoyens en leur personne et en leurs biens;
- la nationalité, l'état et la capacité des personnes, les régimes matrimoniaux, les successions et libéralités*;
- la détermination des crimes et délits* ainsi que les peines qui leur sont applicables; la procédure pénale; l'amnistie, la création de nouveaux ordres de juridiction et le statut des magistrats;
- l'assiette*, le taux et les modalités de recouvrement des impositions de toutes natures; le régime d'émission de la monnaie.

La loi fixe également les règles concernant:
- le régime électoral des assemblées parlementaires et des assemblées locales;
- la création de catégories d'établissements publics;
- les garanties fondamentales accordées aux fonctionnaires civils et militaires de l'État;
- les nationalisations d'entreprises et les transferts de propriété d'entreprises du secteur public au secteur privé.

La loi détermine les principes fondamentaux:
- de l'organisation générale de la Défense nationale;
- de la libre administration des collectivités locales, de leurs compétences et de leurs ressources;
- de l'enseignement;
- du régime de la propriété, des droits réels et des obligations civiles et commerciales;
- du droit du travail, du droit syndical et de la sécurité sociale. [. . .]

Article 37

Les matières autres que celles qui sont du domaine de la loi ont un caractère réglementaire*.[. . .]

Article 38

Le Gouvernement peut, pour l'exécution de son programme, demander au Parlement l'autorisation de prendre par ordonnances*, pendant un délai* limité, des mesures qui sont normalement du domaine de la loi.

Les ordonnances sont prises en Conseil des ministres* après avis du Conseil d'État*.[. . .]

Article 39

L'initiative des lois appartient concurremment au Premier ministre et aux membres du Parlement.

Les projets de loi* sont délibérés au Conseil des ministres après avis du Conseil d'État et déposés sur le bureau de l'une des deux assemblées. Les projets de loi de finances sont soumis en premier lieu à l'Assemblée nationale.

Article 40

Les propositions et amendements* formulés par les membres du Parlement ne sont pas recevables lorsque leur adoption aurait pour conséquence soit une diminution des ressources publiques, soit la création ou l'aggravation d'une charge* publique.

Article 41

S'il apparaît au cours de la procédure législative qu'une proposition ou un amendement n'est pas du domaine de la loi ou est contraire à une délégation* accordée en vertu de l'article 38, le Gouvernement peut opposer l'irrecevabilité*.

En cas de désaccord entre le Gouvernement et le président de l'assemblée intéressée, le Conseil constitutionnel* à la demande de l'un ou de l'autre, statue dans un délai de huit jours.

Article 42

La discussion des projets de loi porte, devant la première assemblée saisie, sur le texte présenté par le Gouvernement.

Une assemblée saisie d'un texte voté par l'autre assemblée délibère sur le texte qui lui est transmis.

Article 43

Les projets et propositions de loi sont, à la demande du Gouvernement ou de l'assemblée qui en est saisie, envoyés pour examen à des commissions spécialement désignées à cet effet.

Les projets et propositions pour lesquels une telle demande n'a pas été faite sont envoyés à l'une des commissions permanentes dont le nombre est limité à six dans chaque assemblée.

Article 44

Les membres du Parlement et le Gouvernement ont le droit d'amendement.

Après l'ouverture du débat, le Gouvernement peut s'opposer à l'examen de tout amendement qui n'a pas été antérieurement soumis à la commission.

Si le Gouvernement le demande, l'assemblée saisie se prononce par un seul vote sur tout ou partie du texte en discussion en ne retenant que les amendements proposés ou acceptés par le Gouvernement.

Article 45

Tout projet ou proposition de loi est examiné successivement dans les deux assemblées du Parlement en vue de l'adoption d'un texte identique.

Lorsque, par suite d'un désaccord entre les deux assemblées, un projet ou une proposition de loi n'a pu être adopté après deux lectures par chaque assemblée ou, si le Gouvernement a déclaré l'urgence, après une seule lecture par chacune d'entre elles, le Premier ministre a la faculté de provoquer la réunion d'une commission mixte paritaire* chargée de proposer un texte sur les dispositions restant en discussion.

Le texte élaboré par la commission mixte peut être soumis par le Gouvernement pour approbation aux deux assemblées. Aucun amendement n'est recevable sauf accord du Gouvernement.

Si la commission mixte ne parvient pas à l'adoption d'un texte commun ou si ce texte n'est pas adopté dans les conditions prévues à l'alinéa* précédent, le Gouvernement peut, après une nouvelle lecture par l'Assemblée nationale et par le Sénat, demander à l'Assemblée nationale de statuer définitivement. En ce cas, l'Assemblée nationale peut reprendre soit le texte élaboré par la commission mixte, soit le dernier texte voté par elle, modifié le cas échéant* par un ou plusieurs des amendements adoptés par le Sénat. [. . .]

Article 48

L'ordre du jour* des assemblées comporte, par priorité et dans l'ordre que le Gouvernement a fixé, la discussion des projets de loi déposés par le Gouvernement et des propositions de loi acceptées par lui.

Une séance par semaine est réservée en priorité aux questions des membres du Parlement et aux réponses du Gouvernement.

Article 49

Le Premier ministre, après délibération du Conseil des ministres, engage devant l'Assemblée nationale la responsabilité* du Gouvernement sur son programme ou éventuellement sur une déclaration de politique générale.

L'Assemblée nationale met en cause la responsabilité du Gouvernement par le vote d'une motion de censure*. Une telle motion n'est recevable que si elle est signée par un dixième au moins des membres de l'Assemblée nationale. Le vote ne peut avoir lieu que quarante-huit heures après son dépôt. Seuls sont recensés* les votes favorables à la motion de censure qui ne peut être adoptée qu'à la majorité des membres composant l'Assemblée. Si la motion de censure est rejetée, ses signataires ne peuvent en proposer une nouvelle au cours de la même session, sauf dans le cas prévu à l'alinéa ci-dessous.

Le Premier ministre peut, après délibération du Conseil des ministres, engager la responsabilité du Gouvernement devant l'Assemblée nationale sur le vote d'un texte. Dans ce cas, ce texte est considéré comme adopté, sauf si une motion de censure, déposée dans les vingt-quatre heures qui suivent, est votée dans les conditions prévues à l'alinéa précédent.

Le Premier ministre a la faculté de demander au Sénat l'approbation d'une déclaration de politique générale.

Article 50

Lorsque l'Assemblée nationale adopte une motion de censure ou lorsqu'elle désapprouve le programme ou une déclaration de politique générale du Gouvernement, le Premier ministre doit remettre au Président de la République la démission du Gouvernement.

Notes et lexique

libéralités *(f)* : dispositions d'un testament
délits *(m)* : infractions à la loi, moins sévères que les crimes
assiette *(f)* : ensemble des matières sujettes aux impôts

réglementaire: réglé par la seule décision du gouvernement

ordonnances *(f)* : textes de caractère législatif émanant de l'exécutif

délai *(m)* : période de temps

Conseil *(m)* **des ministres**: réunion des ministres sous la présidence du Président de la République; elle a lieu les mercredi matins

Conseil *(m)* **d'État**: assemblée consultative en matière administrative

projets *(m)* **de loi**: les **projets** de loi émanent du gouvernement; les **propositions** *(f)* : de loi *(voir article 40)* émanent du Parlement

amendements *(m)* : modifications proposées au texte d'un projet ou d'une proposition

charge *(f)* : dépense

délégation *(f)* : matière déléguée au Parlement

irrecevabilité *(f)* : inadmissibilité

Conseil *(m)* **constitutionnel**: Conseil institué par la Constitution de 1958, composé de neuf membres nommés pour neuf ans (trois par le Président de la République, trois par le président du Sénat, et trois par le président de l'Assemblée nationale) et (éventuellement) des anciens Présidents de la République. Il est chargé de veiller à la constitutionnalité des lois.

paritaire: composée d'un nombre égal de membres de chaque assemblée

alinéa *(m)* : paragraphe d'un article

le cas échéant: si le cas se présente (c'est-à-dire ici, si le texte a été amendé)

ordre *(m)* **du jour**: liste des sujets à discuter chaque jour

engage . . . la responsabilité: déclare que le gouvernement considère le vote d'un texte comme une question de confiance

motion *(f)* **de censure**: motion par laquelle l'Assemblée marque sa désapprobation de la politique du gouvernement

recensés: comptés

Texte 1.2.2

Jean-Marie Crouzatier, 'La Constitution de 1958', (extrait), *Institutions et vie politique*, La Documentation Française, coll. 'Les notices', Paris, 1991, pp. 23–6

LES CARACTÈRES GÉNÉRAUX DE LA CONSTITUTION

La Constitution de 1958 comporte quatre-vingt-douze articles dont la rédaction n'est pas toujours très claire. Ceci est dû en partie à la hâte avec laquelle elle a été élaborée, aux influences diverses qui se sont manifestées lors de sa rédaction mais, surtout, à la synthèse des traditions politiques françaises qu'elle tente d'effectuer: la Constitution de 1958 se situe en effet dans le prolongement de la tradition révolutionnaire puisqu'elle adopte le principe de la légitimité démocratique et aussi de la tradition parlementaire dont elle reprend les mécanismes. Mais elle constitue également un effort pour renouveler ces traditions, exprimant en constructions juridiques les idées constitutionnelles du général de Gaulle et de Michel Debré.

La légitimité démocratique

Dès le préambule, le texte se réfère aux droits de l'homme et aux principes de la souveraineté nationale auxquels le peuple français proclame solennellement son attachement 'tels qu'ils sont définis par la Déclaration de 1789* confirmée et complétée par le préambule de la Constitution de 1946*'. L'article 2 reproduit la formule de la Constitution de 1946: 'La France est une République indivisible, laïque*, démocratique et sociale'. Enfin, l'article 3 consacre explicitement le suffrage universel, égal et secret pour tous les Français majeurs des deux sexes jouissant de leurs droits civils et politiques. Ceci prouve clairement que la Constitution de 1958 se situe au confluent des traditions libérale et jacobine*. Elle en réalise une synthèse démocratique.

Mais quelle est la forme de cette démocratie?

L'article 3 dispose que 'la souveraineté nationale appartient au peuple qui l'exerce par ses représentants et par la voie du référendum'. Autrement dit, le peuple exerce la souveraineté de façon indirecte, par l'intermédiaire de ses représentants, ou de manière directe, par la voie du référendum. Le régime politique défini par la Constitution de 1958 est donc une démocratie semi-représentative: d'une part, le titre III de la Constitution intitulé 'le Parlement' met en place des institutions représentatives soumises à la théorie du mandat représentatif (article 27: 'tout mandat impératif* est nul'): d'autre part, l'article 11 prévoit la possibilité d'un référendum législatif et l'article 89 celle d'un référendum constitutionnel: autant d'éléments relevant de la démocratie semi-directe.

Mais ce régime s'inspire également de la tradition parlementaire: un parlement revu et corrigé car 'rationalisé'.

Le parlementarisme rationalisé

La loi du 3 juin 1958 qui déléguait le pouvoir constituant* au gouvernement du général de Gaulle lui imposait de consacrer la séparation des pouvoirs et la responsabilité politique du gouvernement devant le Parlement, c'est-à-dire de respecter les mécanismes traditionnels du régime parlementaire. Liés par cette injonction, les constituants ont intégré dans la nouvelle Constitution la responsabilité des ministres et l'obligation pour un gouvernement n'ayant pas la confiance de l'Assemblée de donner sa démission. Mais ils ont voulu corriger les inconvénients du 'parlementarisme à la française'.

Tout d'abord, ils ont institué **un parlement bicaméral**.* Le bicaméralisme leur paraissait un moyen de faire obstacle à la toute-puissance de l'Assemblée issue du suffrage universel. Ils entendaient donner au Sénat de 1958 le rôle dévolu à la Chambre haute de 1875: celui d'appui naturel du chef de l'État. Aussi, en 1958, le chef de l'État et le Sénat ont-ils le même corps électoral et le Sénat n'est vraiment influent que dans la mesure où il soutient l'action de l'exécutif. Qu'il partage les vues du gouvernement, et il peut paralyser l'action de l'Assemblée nationale; qu'il s'oppose au gouvernement, la Constitution permet alors à ce dernier de passer outre et donne le dernier mot à la Chambre basse.

Les constituants ont prévu également des techniques de rationalisation qui ont pour but d'affaiblir les assemblées parlementaires. Ces techniques concernent l'aspect fonctionnel et non organique*: elles touchent aux deux fonctions traditionnelles du Parlement: la législation et le contrôle.

La limitation du domaine de la loi

La rationalisation de la fonction législative se traduit par une **limitation du domaine de la loi,** changement considérable puisque, jusqu'en 1958, le législateur pouvait intervenir dans tous les domaines; quant au gouvernement, il n'édictait de règlements que pour l'exécution des lois, ce qui impliquait qu'il ne pouvait agir en un domaine quelconque que lorsque le législateur lui-même était déjà intervenu: le gouvernement ne disposait que d'une compétence résiduelle.

Dans ses articles 34 et 37, la Constitution de 1958 renverse ce principe traditionnel: l'article 34 définit le domaine où le législateur peut intervenir: l'article 37 pose que tout ce qui n'entre pas expressément dans ce domaine relève du gouvernement. La compétence du gouvernement devient donc la règle et celle du Parlement l'exception. La rationalisation concerne également la procédure législative.

La procédure législative

Non content de limiter le rôle législatif du Parlement, le constituant autorise le gouvernement à intervenir de façon très efficace dans la procédure d'élaboration des lois, soit pour faire adopter ses projets, soit pour empêcher l'adoption de propositions parlementaires. Ainsi le gouvernement intervient au stade de l'initiative des lois, puis dans le cadre de la discussion des textes et, enfin, au moment du vote final (puisqu'il peut engager sa responsabilité sur le vote d'un texte). Même après le vote, la Constitution prévoit un ultime contrôle: celui de constitutionnalité. Le Conseil constitutionnel se voit confier la tâche de cantonner* le Parlement dans son domaine et de protéger le gouvernement des empiétements* du législateur.

Les règles du contrôle parlementaire

La rationalisation de la fonction de contrôle a pour effet de conforter la stabilité du gouvernement. Le '**contrôle-surveillance**' subsiste dans la Constitution de 1958 mais sous la forme la plus anodine*: celle des questions posées au gouvernement et destinées essentiellement à informer le Parlement et l'opinion. En revanche la Constitution supprime l'interpellation* et le vote des résolutions de portée générale. D'autre part, les commissions d'enquête sont privées des moyens susceptibles d'assurer une certaine efficacité à leurs activités, les constituants craignant que les commissions ne fassent un travail d'obstruction en s'immisçant* dans le fonctionnement des administrations.

La réglementation du '**contrôle-sanction**' se situe dans la logique de la rationalisation. Afin d'assurer la stabilité gouvernementale, il convient de soumettre les procédures de mise en jeu de la responsabilité gouvernementale à des conditions de forme et de fond très sévères. L'article 49 de la Constitution prévoit quatre hypothèses: la question de confiance* posée par le gouvernement, la motion de censure déposée par l'Assemblée nationale, l'engagement de la responsabilité du gouvernement sur le vote d'un texte, l'approbation d'une déclaration de politique générale par le Sénat.

La restauration de l'exécutif

Pour sauvegarder l'État et la démocratie, pour les rétablir dans leur intégrité et leur majesté, les constituants ont voulu instaurer, au-delà de la séparation des pouvoirs et en deçà de la confusion des pouvoirs, une unité du pouvoir politique. Il ne fait aucun doute, pour le général de Gaulle, que seul l'exécutif est capable de réaliser cette unité: l'exécutif, c'est-à-dire le chef de l'État, élément unique, et le gouvernement, élément collégial*.

Le rôle du chef de l'État

Le rôle qui devrait être celui du chef de l'État avait été brossé par le général de Gaulle dans le discours prononcé à Bayeux. Les grandes lignes de la constitution idéale dont la France a besoin lui apparaissent évidentes: elles devront tenir compte du caractère de notre vie politique qui est le produit de l'Histoire et du tempérament national ('notre vieille propension gauloise aux divisions et aux querelles') ainsi que de la rivalité des partis politiques qui masque trop souvent les intérêts supérieurs du pays. En conséquence il faut un arbitre national situé au-dessus des contingences politiques, un arbitre chargé d'assurer la continuité de l'État. C'est le rôle du chef de l'État, incarnation suprême de l'intérêt général.

La fonction du chef de l'État est ainsi revalorisée dans la Constitution de 1958: du point de vue fonctionnel, outre les prérogatives traditionnelles d'un chef d'État parlementaire, celui-ci dispose de pouvoirs personnels (dispensés du contreseing* ministériel) qu'il exerce réellement et non plus nominalement. Ce sont les pouvoirs prévus aux articles 8, 11, 12, 16, 18, 54, 56 et 61.[1] Du point de vue organique, il est élu à l'origine par un collège électoral élargi, alors que les Présidents de la IIIe et de la IVe République étaient élus par le Parlement (députés et sénateurs réunis en congrès à Versailles): il est donc plus représentatif que par le passé. Après la réforme de 1962, la question de la légitimité et de la représentativité du Président ne se posera plus dans les mêmes termes puisqu'il sera désormais élu au suffrage universel direct.

L'action du gouvernement

La restauration de l'exécutif concerne aussi le gouvernement: la Constitution lui donne les moyens d'agir en accroissant le domaine du pouvoir réglementaire (article 37) et en l'autorisant à prendre, avec l'aval* et sous le contrôle du Parlement, des mesures relevant normalement du domaine de la loi (ce sont les ordonnances de l'article 38, qui perpétuent la tradition des décrets-lois). D'ailleurs, afin de ne laisser aucune ambiguïté sur la nouvelle répartition des rôles, l'article 20 dispose que 'le gouvernement détermine et conduit la politique de la nation'.

[1]Nomination du Premier ministre, recours au référendum sur proposition du gouvernement, dissolution de l'Assemblée nationale, exercice des pleins pouvoirs, message au Parlement, saisine du Conseil constitutionnel et nomination de son président.

Notes et lexique

Déclaration *(f)* **de 1789**: Déclaration des droits de l'homme et du citoyen, adoptée par l'Assemblée constituante de 1789

préambule *(m)* **de la Constitution de 1946**: ce préambule complète la Déclaration de 1789 par un énoncé des 'principes politiques, économiques et sociaux' considérés comme 'particulièrement nécessaires à notre temps'. (Ceux-ci comprennent, entre autres, l'égalité des deux sexes, le droit au travail, et le principe de la sécurité sociale.)

laïque: ne reconnaissant aucune religion. La France est une République laïque depuis 1905, date de la loi sur la séparation de l'Église et de l'État.

libérale et jacobine: aux débuts de la Révolution s'opposaient deux conceptions de la démocratie: la conception libérale se fondait essentiellement sur la liberté individuelle, la conception jacobine sur l'égalité des citoyens

mandat *(m)* **impératif**: mandat selon lequel le représentant est obligé de suivre des décisions prises à l'avance par ceux qu'il représente (par opposition au mandat représentatif, selon lequel le représentant exerce son propre jugement)

pouvoir *(m)* **constituant**: pouvoir de proposer une Constitution

bicaméral: comportant deux assemblées (Sénat et Assemblée nationale)

organique: qui concerne l'essentiel de l'organisation

cantonner: enfermer, limiter

empiétements *(m)* : usurpation de son propre domaine

anodine: inoffensive

interpellation *(f)* : demande d'explication adressée à un ministre

s'immisçant: (s'immiscer) se mêlant (à des affaires qui ne les concernent pas)

question *(f)* **de confiance**: motion par laquelle le gouvernement invite l'Assemblée à proclamer sa confiance dans le gouvernement

collégial: ayant une responsabilité collective

contreseing *(m)* : accord, confirmé par sa signature, du ministre concerné

l'aval *(m)* : approbation

Compréhension

1. Résumez les moyens par lesquels la Cinquième République a 'rationalisé' le pouvoir législatif du Parlement.
2. Expliquez les expressions 'contrôle-surveillance' et 'contrôle-sanction', et résumez les moyens par lesquels la Constitution affaiblit l'exercice de ces fonctions.

3. Expliquez et commentez l'expression d'"arbitre' utilisée pour décrire le rôle du Président de la République.

Texte 1.2.3

François Hollande, 'Misère du parlementarisme', (extrait), *Faire la politique. Le Chantier français*, Autrement (Série 'Mutations'), Paris, mai 1991, pp. 23–7

Il y a déjà plus de vingt ans, un député signait un livre au titre évocateur: *Un Parlement pour quoi faire?*[1] Depuis, la question demeure posée, sans que la réponse ait vraiment été recherchée. Comme si la Constitution de la Ve République avait d'abord triomphé dans les têtes plutôt que dans les textes.

Car s'il est vrai que le cadre de l'activité parlementaire est à bien des égards corseté* par les règles relatives à la durée des sessions*, à la maîtrise de l'ordre du jour*, au vote bloqué* ou au fameux 49-3*, la paupérisation politique de l'Assemblée nationale s'explique surtout par le fait majoritaire. De 1962 à 1988, tous les gouvernements qui se sont succédé se sont appuyés, tant bien que mal, sur des majorités solides, lesquelles ont toujours accepté, quitte à traîner les godillots*, les projets et les budgets présentés par l'exécutif. Aucun Premier ministre n'a été renversé à la suite du vote d'une motion de censure. Et toutes les dissolutions qui sont intervenues ont d'abord été conçues comme le moyen d'assurer ou de vérifier le fait majoritaire.

Autant dire que le Parlement ou plutôt les partis politiques ont lucidement admis le déclin du législatif comme prix à payer pour la stabilité politique et l'efficacité du travail gouvernemental. Et si les oppositions n'ont que très exceptionnellement réagi contre cette évolution, on y verra, ou la preuve de leur responsabilité dans l'attente de l'alternance*, ou le témoignage de leur résignation face à la conjugaison terrifiante d'une constitution tatillonne* et d'une discipline de vote systématique.

En 1988, avec l'opposition d'une simple majorité relative* à l'Assemblée, beaucoup ont espéré un regain dans l'activité parlementaire et un retour à plus d'initiative dans le droit d'amendement. Incontestablement, le jeu redevint plus ouvert et, au moins pendant un an, des textes furent votés grâce à des majorités d'idées que feu* le président Edgar Faure* avait tant appelées de ses voeux, sans jamais les voir fleurir. Mais la rigidité progressive des positions des communistes et des centristes a rendu à l'article 49-3 toutes ses lettres de noblesse*: il avait finalement été conçu pour ces situations-là.

[1]André Chandernagor

Dès lors s'étonner aujourd'hui de la misère du parlementarisme revient à redécouvrir chaque année, l'hiver venant, l'existence des pauvres. Le Parlement n'a néanmoins pas les raisons de ces derniers. Car il vit depuis trente ans le sort qu'il s'est plus ou moins volontairement donné, d'abord pour absoudre ses péchés d'antan* (ceux de la IVe République), ensuite pour conforter la prospérité de l'exécutif, en espérant le moment venu en tirer quelques miettes.

Mais le mal est désormais plus profond. Il ne tient plus seulement à des contraintes juridiques ou à des obligations politiques, il trouve son origine dans l'effacement de l'État nation, l'obsolescence des procédures parlementaires, et dans des comportements politiques liés au pouvoir exorbitant de la télévision.

Le législatif a longtemps souffert de la présence d'un État fort. Mais, paradoxalement, l'érosion récente de ce dernier, loin de l'enrichir, le dépouille* encore un peu plus.

Les compétences du Parlement français sont en effet grignotées* par les deux bouts: d'un côté l'Europe qui ampute méticuleusement les prérogatives économiques et financières durement conquises par la représentation nationale au siècle dernier, de l'autre la décentralisation* qui aspire des domaines d'intervention (urbanisme, éducation, culture) jusque-là exercée par l'État, donc contrôlée par le Parlement. Et le processus n'est pas clos: la monnaie unique, voire commune, ira de pair avec une banque centrale européenne dont la souveraineté sera nécessairement supranationale; les régions revendiquent quant à elles la gestion des universités, les départements la politique sociale en faveur des plus démunis, les communes la maîtrise de leur environnement. Bref, le Parlement risque bientôt de n'avoir à délibérer que sur les peaux de chagrin*, et il le fera avec des bouts de ficelle*!

Car on peut exercer avec superbe et efficacité des compétences restreintes. Or, de ce point de vue, si l'apparat demeure, convenons que la pratique parlementaire conçue au temps de la IIIe République a considérablement vieilli: le palais Bourbon* et encore moins celui du Luxembourg* ne sont plus les lieux uniques de la parole politique: MacLuhan* est passé par là. Les joutes* parlementaires n'intéressent, hors la journée spectacle du mercredi, que de rares initiés. Le débat lui-même sur les projets de loi ou de budget ne produit que de timides amendements: l'essentiel est fait ailleurs, dans les bureaux des cabinets ministériels*. Les groupes de pression ne s'y trompent plus. C'est là surtout qu'ils négocient la protection de leurs intérêts particuliers et ce n'est qu'ensuite et par défaut qu'ils recherchent auprès des élus l'appui qui leur a manqué en haut lieu. Un président de commission* a ainsi pu confier qu'il avait aujourd'hui moins d'influence qu'un obscur conseiller ministériel dont la légitimité s'arrête au grand corps* auquel il peut éventuellement appartenir. Cruelle désillusion pour les hauts fonctionnaires venus à la politique sur un chemin qu'ils croyaient initiatique* et qui découvrent qu'élus ils pèsent moins lourds que désignés.

Malgré la qualité du travail fourni par les fonctionnaires des assemblées, les élus sont, pour la recherche d'informations, la connaissance des situations à l'étranger ou la maîtrise des projections économiques qui leur sont soumises, en évidente infériorité par rapport à l'administration.

En outre, il y a belle lurette* que les députés ne font plus peur à l'exécutif: alors à quoi bon répondre, dans les délais* ou sur le fond, à leurs questions écrites, ou même envoyer le ministre compétent le faire pour les questions orales? Les meilleures volontés finissent toujours par se décourager. A quoi bon également autoriser les hauts fonctionnaires à comparaître devant les commissions et fournir en toute indépendance leurs points de vue? Le Parlement est devenu un lieu clos aux rites démodés qui ne montre de lui-même que sa caricature.

Il est vrai qu'il a surtout raté son entrée à la télévision. Alors qu'un travail législatif souvent méticuleux, toujours sérieux, est mené dans les six commissions permanentes de l'Assemblée et qu'un débat souvent approfondi, toujours de bonne tenue, se déroule nuitamment entre parlementaires dont la compétence étonnerait l'opinion, la télévision a préféré retenir dans ses programmes une séance de questions au gouvernement, prétexte à des échanges convenus, à des éclats dignes des opéras bouffes* et à des déclarations officielles en forme de récitations mal apprises et parfois piteusement lues. Faute d'être là où le Parlement légifère, la télévision a occupé les couloirs. Elle saisit alors gros visages et petites phrases. Rien d'étonnant que les élus préfèrent à la longue quinze secondes sur l'écran magique plutôt que quinze minutes à la tribune*.

L'éloquence a changé de sens, de nature, de durée. Autrefois le travail parlementaire était mystérieux mais il résonnait de l'écho des tribuns*, aujourd'hui il l'est tout autant, mais il renvoie des images qui ne dévoilent que le vide des travées*.

A cet égard, l'absentéisme fait figure de cible. Comment ne pas se souvenir de la poignée de députés discutant, l'automne dernier, du budget de l'Éducation en pleine crise lycéenne*?

Le phénomène est souvent exagéré et cache une participation convenable aux commissions. Il n'est d'ailleurs pas toujours choquant: il est en effet normal et même légitime que, sur les textes techniques, seuls se retrouvent les parlementaires spécialistes. Enfin, cet absentéisme tant réprouvé tient surtout au mode de scrutin auquel paradoxalement les Français sont si attachés: le lien avec le député n'exige-t-il pas que celui-ci le manifeste concrètement et autant de fois qu'il est nécessaire, car c'est de lui au bout du compte qu'il dépend . . . pour sa réélection. Aussi sur les cinq cent soixante-dix-sept membres de l'Assemblée nationale, cinq cent trente-neuf détiennent un mandat local. La misère du parlementaire se conjugue avec la splendeur du notable*. Et dans le cumul des mandats*, aujourd'hui réduits à deux importants, le choix se fait toujours en faveur de celui jugé ou le plus utile ou le plus rentable, à savoir exceptionnellement au détriment de la fonction locale. Dans un Parlement qui tourne à vide, comment pourrait-on encore s'étonner de députés absents? Les deux processus s'entretiennent comme à plaisir.

Dans ce contexte, l'antiparlementarisme, récurrent dans notre pays, a changé de nature. Il n'est plus l'apanage des catégories sociales contestant traditionnellement le système de représentation démocratique, il s'exprime à travers les milieux les plus symboliques de la société civile: les intellectuels, les médias, les dirigeants économiques. Bref, l'élite française a basculé dans une sorte de poujadisme* démocratique dont le Parlement fait injustement les frais. Comme si l'on pouvait avec une parfaite bonne conscience imputer aux élus nationaux la responsabilité d'un dérèglement social dû en grande partie à la contestation de l'État, à l'effondrement des corps intermédiaires et à la crise d'un mode de régulation économique et social.

Le vrai malheur du Parlement est là. Il ne réside pas dans sa place consti-tutionnelle, ses compétences ou ses prérogatives mais dans les reproches qui lui sont adressés avec une insistance cruelle alors que précisément tout le monde s'est efforcé de lui ôter un à un ses pouvoirs.

Mais en visant avec autant d'obstination que d'inconscience la représen-tation nationale, en vilipendant* ses expressions et en raillant son immobi-lisme, on a atteint l'ensemble de l'édifice démocratique.

Notes et lexique

corseté: soumis à un cadre rigide
durée *(f)* **des sessions**: la constitution fixe celle-ci, pour éviter les prolongements excessifs qu'a connu la Quatrième République
l'ordre *(m)* **du jour**: *voir Article 48*
vote *(m)* **bloqué**: *voir Article 44, alinéa 3*
49–3: C'est à dire, le troisième paragraphe de l'article 49 *(voir texte 1.2.1)*
traîner les godillots: *(loc. fig.)* être lent à faire quelque chose
alternance *(f)* : passage à un gouvernement du camp opposé
tatillonne: exagérément attachée aux détails

majorité *(f)* **relative**: majorité qui consiste à disposer de plus de sièges qu'aucun autre parti ou groupes de partis, sans avoir une majorité absolue. Le gouvernement socialiste de Michel Rocard (1988–91) est le premier de la Cinquième République à ne pas disposer d'une majorité absolue.

feu: décédé (précède toujours le nom)

Edgar Faure: homme politique centriste, et président de l'Assemblée nationale de 1973 à 1978

ses lettres *(f)* **de noblesse**: (ici) son importance

d'antan: d'autrefois

dépouille: (dépouiller) dépossède

grignotées: détruites peu à peu

décentralisation *(f)*: les lois de décentralisation du gouvernement Mauroy (1981–84) ont cédé beaucoup de pouvoirs autrefois nationaux aux conseils des régions, des départements et des municipalités

peaux *(f)* **de chagrin**: matière qui se rétrécit inexorablement (d'après le roman de ce nom par Honoré de Balzac)

bouts *(m)* **de ficelle**: des moyens limités

palais Bourbon: bâtiment qui abrite l'Assemblée nationale

Luxembourg: le palais du Luxembourg abrite le Sénat

MacLuhan: Marshall MacLuhan, écrivain canadien, qui proclamait l'importance des nouveaux médias

joutes *(f)* : batailles

cabinets *(m)* **ministériels**: conseillers d'un ministre

commission *(f)* : il s'agit d'une des commissions spécialistes de parlementaires *(voir texte 1.2.1, Article 43)*

grand corps *(m)* : ensemble des hauts fonctionnaires dans un domaine particulier de l'administration, hautement qualifiés et réputés jouir d'une grande influence

initiatique: qui les admettrait à des mystères sacrés

belle lurette: longtemps

dans les délais *(m)* : dans la période prescrite

opéras *(m)* **bouffes**: opéras comiques

tribune *(f)* : emplacement d'où les orateurs s'adressent à l'Assemblée

tribuns *(m)* : orateurs

travées *(f)* : rangées de bancs

crise *(f)* **lycéenne**: manifestations des lycéens en novembre 1990

notable *(m)* : personnalité importante dans sa localité

le cumul des mandats: le fait d'exercer plus d'une fonction d'élu. Depuis 1985, le cumul est limité à deux mandats, sauf dans le cas du maire d'une commune de moins de 20 000 habitants.

poujadisme *(m)* : mouvement incarné dans l'Union de défense des commerçants et artisans, parti politique mené par Pierre Poujade qui a connu une éphémère flambée dans les années 50. Le mouvement est caractérisé par un antiparlementarisme virulent.

vilipendant: (vilipender) dénonçant comme vil, méprisable

Compréhension

1. Expliquez pourquoi le 'fait majoritaire' est aussi important que la Constitution dans l'affaiblissement du Parlement. Quel effet a eu l'arrivée d'un gouvernement sans majorité absolue?
2. Pourquoi le Parlement souffre-t-il des lois sur la décentralisation, et des compétences accrues des institutions européennes? Et de l'importance de la télévision?
3. Résumez la défense que fait l'auteur de l'utilité du Parlement.

1.3 Les rapports de force

La Constitution, à elle seule, ne suffit pas à définir le caractère d'un régime politique, et l'étude de l'évolution ultérieure de la Cinquième République n'est pas possible en faisant abstraction des forces sociales et politiques qui s'expriment, comme dans toute démocratie représentative, à travers les partis politiques. Par contre, les 'règles du jeu' que pose la nouvelle Constitution modifient en profondeur la manière dont ces forces sont organisées en structures partisanes.

La Cinquième République, marquée par le dégoût du Général pour 'le régime des partis' qu'il tient pour responsable des faiblesses de la Quatrième, n'accorde qu'un rôle réduit aux partis politiques, auxquels la Constitution consacre un seul article (Article 4). Celui-ci prévoit simplement que 'les partis et groupements politiques concourent à l'expression du suffrage. Ils se forment et exercent leur activité librement. Ils doivent respecter les principes de la souveraineté nationale et de la démocratie.'

Cependant, le Général lui-même s'appuie sur une formation politique, l'Union pour la Nouvelle République (**UNR**), qui succède en 1958 au RPF défunt. Il est vrai que, selon la mystique gaullienne, cette nouvelle formation est conçue plutôt comme un rassemblement de tous ceux qui, au-delà des différences idéologiques et partisanes, soutiennent l'action du Général dans le renouveau de la nation.

Il est vrai aussi qu'au début, l'électorat de l'UNR dépasse largement les frontières de la droite traditionnelle. Les fidèles de la première heure comprennent des 'gaullistes de gauche', et c'est même en partie aux dépens du Parti communiste que l'UNR connaît ses premières réussites électorales. Cet appel non-partisan et inter-classiste doit beaucoup cependant aux circonstances exceptionnelles, et à mesure que le sentiment d'urgence s'éloigne, l'Union se manifeste de plus en plus comme un parti politique parmi les autres – et, de surcroît, comme un parti de droite.

C'est la droite traditionnelle, que le gaullisme de 1958 avait occultée, qui se réaffirme la première, avec la formation à la suite d'une scission au sein du CNI, des **Républicains indépendants**. Ceux-ci, sous l'égide de Valéry Giscard d'Estaing, pratiquent un soutien qualifié au gaullisme, sous la formule 'Oui, mais . . .'.

Remous aussi au centre, où, la plupart de ses adhérents ayant été attirés dans la mouvance gaulliste, le MRP s'est sabordé en 1960. Mais les fidèles du mouvement chrétien-démocrate, qui ne se résignent pas à disparaître sous le monolithe gaulliste, cherchent bientôt de nouvelles voies, sous diverses étiquettes.

Quant à la gauche, tandis que certains acceptent comme un mal nécessaire non seulement l'appel au Général, mais aussi les ajustements constitutionnels, la tendance générale est d'abord de supposer qu'ils peuvent attendre patiemment la fin de l'orage pour revenir à leurs anciennes habitudes. Ce n'est que lentement que la gauche se rend compte qu'il faut composer avec les nouvelles données.

La première de ces données, c'est le fait que le pouvoir suprême repose dès maintenant sur la Présidence. Pour être en mesure d'imposer leur programme, les partis doivent pouvoir proposer un candidat ayant une chance réelle de réussite dans une élection présidentielle.

Or, aux débuts du régime, aucun parti – sauf, bien sûr, l'UNR – n'est, à lui seul, dans une telle position. Pour atteindre la majorité absolue des voix dans une élection présidentielle, un candidat doit s'assurer de l'appui, non seulement de sa propre formation, mais aussi d'une ou même plusieurs autres – qui, en échange de cet appui, chercheront naturellement à apporter leur propre contribution au programme proposé par le candidat et son parti. Tandis que, pour les élections législatives de la Quatrième République, il était normal que les partis se présentent seuls à l'électorat – quitte à former ultérieurement des coalitions parlementaires de circonstance – la logique de l'élection présidentielle encourage les partis à chercher un accord minimum *avant* de solliciter l'approbation du peuple.

Cette logique est étayée par le mode de scrutin adopté par les fondateurs du régime. Abandonnant la représentation proportionnelle pratiquée par la Quatrième République, la Cinquième revient, pour les élections présidentielles, mais aussi pour les élections législatives, au mode de scrutin favorisé vers la fin de la Troisième, le **scrutin majoritaire uninominal à deux tours**. Pour bien comprendre les effets de ce mode de scrutin, il est nécessaire d'en présenter les grandes lignes.

Sous ce système, les électeurs sont appelés aux urnes une première fois pour choisir librement parmi de multiples candidats. Si, cependant, aucun n'obtient la majorité absolue des voix, il y a ce qu'on appelle **ballottage**, c'est-à-dire que les électeurs sont appelés une deuxième fois, une semaine plus tard dans le cas des législatives, deux dans le cas des présidentielles, et sont confrontés à un choix plus restreint. Dans le cas d'une élection présidentielle, la restriction est brutale: seuls les deux candidats les mieux placés au premier tour sont autorisés à se représenter au deuxième. Ce tour voit donc forcément deux candidats s'affronter, dont le vainqueur sera normalement celui dont l'attrait n'est pas forcément le plus profond, mais le plus large.

Pour les élections législatives, le jeu est plus subtil. Les candidats qui n'auront pas dépassé un certain seuil sont obligés de se retirer. Les autres sont libres de se représenter au deuxième tour, auquel celui qui obtient le plus grand nombre de voix est élu. Cependant, même s'ils sont libres de se représenter, les candidats ayant surmonté la barrière du premier tour n'y sont pas obligés, et la logique du système les encourage dans beaucoup de cas à **se désister**, c'est-à-dire, se retirer en faveur d'un autre candidat dont l'appartenance partisane, sans être identique, est proche, plutôt que de courir le risque de voir élire un candidat du camp opposé. C'est ce qu'on appelle parfois la '**discipline républicaine**'.

Le système n'encourage pas forcément le bipartisme, comme le scrutin majoritaire simple (pratiqué par exemple au Royaume Uni): chaque parti peut se présenter devant l'électorat au premier tour sans grand risque de voir son intervention produire des effets pervers. Il encourage cependant le regroupement des partis pour des accords préalables de désistement mutuel.

Les effets conjugués de l'importance de l'enjeu présidentiel, et du scrutin majoritaire à deux tours, résultent en un processus de **bipolarisation**, par lequel les partis multiformes de la Quatrième République se transforment et se regroupent en deux blocs opposés qui s'affrontent directement dans la lutte pour le pouvoir.

Nous allons maintenant suivre cette évolution en détail, à travers un texte qui dépasse l'étude de la simple mécanique que nous venons d'esquisser, pour considérer les effets conjugués de cette dynamique institutionnelle et de l'évolution des forces sociales. La période qui va de 1958 à l'élection de François Mitterrand comme Président de la République en 1981 voit des transformations profondes dans la société française, qui, en modifiant les rapports de force politiques, ont produit un résultat quelque peu surprenant – l'élection au poste clé de la Cinquième République d'un de ses plus virulents détracteurs de 1958.

Texte 1.3.1

Gérard Grunberg, 'La Dynamique de la Ve République', extrait de 'Le Comportement électoral des Français', *La Vie politique en France*, sous la direction de Dominique Chagnollaud, © Seuil, Paris, 1993, pp. 387–95

L'avènement du nouveau régime a profondément transformé les conditions dans lesquelles les Français ont exercé leur droit de vote. Les nouvelles institutions et la pratique qui a été celle du général de Gaulle et de ses successeurs ont entraîné une augmentation notable du nombre des consultations électorales. Entre 1958 et 1992, les citoyens ont été appelés aux urnes trente-huit ou trente-neuf fois selon les séries cantonales*, soit en moyenne plus d'une fois par an. La gravité et la dramatisation des enjeux qui ont marqué la période fondatrice de la Ve République, avec la succession des référendums (quatre dans les cinq premières années), ont joué dans le sens d'une implication forte et directe des citoyens dans la vie politique. Puis l'élection présidentielle s'est imposée peu à peu, à partir de la réforme de 1962, comme l'élection clef de la Ve République. D'un côté, le fait pour les citoyens d'être amenés à trancher directement la question des majorités, par l'élection présidentielle et les élections législatives au scrutin majoritaire, la personnalisation croissante de la vie politique et le rôle de plus en plus grand des médias et des sondages ont joué en faveur de la participation électorale. [. . .]

Le rétablissement, en 1958, du scrutin majoritaire à deux tours pour les élections législatives, qui est demeuré en vigueur pendant toute la période, à l'exception des élections de 1986, l'existence de modes de scrutin majoritaires à deux tours pour les élections municipales* et cantonales et l'élection présidentielle, qui ne laisse que deux candidats en lice* au second tour, ont imposé une logique majoritaire à l'ensemble du système politique. Cette logique a fini par s'imposer aux électeurs et aux partis et, malgré les forces qui la contrarient depuis quelques années, elle n'a pas pour autant fini de produire ses effets. Cette logique a contribué à donner aux scrutins locaux un enjeu politique national. La 'nationalisation' des comportements électoraux a été favorisée également par l'importance accrue des médias et des sondages dans les campagnes électorales. Tout cela a contribué à faire du vote, plus encore que par le passé, le mode de participation politique central des Français. Peut-être faut-il voir là l'une des raisons pour lesquelles, dans la période récente, la baisse de la participation électorale a été perçue par certains observateurs comme le symptôme d'une crise générale et grave du rapport des Français à la politique. En réalité, au cours des trente-quatre années qui nous séparent de 1958, les Français ont fait l'apprentissage des nouvelles règles du jeu électoral et ont tenté d'exprimer leurs attentes et leurs intérêts dans le cadre de celles-ci. Les acteurs politiques, pour leur part, se sont efforcés de s'adapter aux nouvelles règles du jeu et de renouveler l'offre électorale à l'intérieur du système de contraintes généré par les transformations du système politique.

La période fondatrice (1958–62)

Quatre référendums et deux élections législatives ont jalonné* la courte période entre 1958 et 1962. Au cours de cette période, la vie politique s'est organisée entièrement autour de la personne et de la politique du général de Gaulle, revenu au pouvoir après le 13 mai 1958. Deux enjeux fondamentaux ont nourri le débat: l'enjeu institutionnel et l'enjeu algérien. La recomposition des forces politiques et des électorats s'est effectuée en deux temps. En 1958 se sont opposés les partisans et les adversaires du compromis institutionnel et politique de 1958. Les adversaires se situaient d'abord à gauche – les communistes, François Mitterrand et Pierre Mendès France* –, mais aussi à l'extrême droite – les poujadistes* et nostalgiques du régime de Vichy. Face à cette double opposition, l'ensemble des autres forces politiques ont soutenu le général de Gaulle, tandis qu'une nouvelle formation gaulliste, l'UNR, apparaissait. Les élections législatives de 1958 ont marqué la déroute électorale des opposants au nouveau régime: recul très sensible du Parti communiste, disparition du poujadisme *(tableau 12, p. 183)*. Les Français ont massivement voté lors des trois référendums, celui de 1958 sur les institutions et ceux de 1961 et 1962 sur l'Algérie (respectivement 85,76 et 79%). Et ils ont voté oui à 80,75 et 91%. Cette période est donc, malgré l'opposition communiste, celle d'un large rassemblement populaire autour du général de Gaulle.

Le référendum d'octobre 1962* et les élections législatives qui l'ont suivi ont entraîné la rupture de ce relatif consensus, les formations politiques qui avaient accepté le compromis avec le général de Gaulle en 1958 étant hostiles à la révision constitutionnelle instituant l'élection du Président de la République au suffrage universel. Cette crise a accéléré les reclassements de l'électorat déjà entamés* en 1958. 77% des électeurs ont participé au référendum, mais 62% seulement ont appuyé le général de Gaulle. Ce score n'en traduisait pas moins la défaite des partis hostiles au régime, défaite qui se transforma en déroute aux élections législatives de novembre 1962. Le vote des Français au référendum montra une correspondance entre le clivage politique et les clivages sociodémographiques, faisant ressortir la structure des soutiens au général de Gaulle dans l'opinion. Du côté du oui, les femmes, les retraités, les cadres moyens* et les employés*. Du coté du non, les ouvriers et une part importante des cadres supérieurs* et professions intellectuelles. L'absence de clivage dans les différentes classes d'âge témoignait de la difficulté de l'opposition à faire passer le général de Gaulle pour un homme du passé. Lors des élections de novembre*, la fragilité des opposants était encore plus grande que ne le laissaient supposer les résultats, dans la mesure où la majorité des électeurs des partis du centre et de la droite hostiles au général de Gaulle, ainsi qu'une forte minorité des électeurs du Parti socialiste et du Parti radical avaient voté oui au référendum. Les consultations de l'automne 1962 condamnaient la formule du 'cartel des non'* et installaient le Parti gaulliste comme parti dominant. Une stratégie efficace d'opposition au régime obligeait à faire fond sur la classe ouvrière, et donc à passer un accord avec le Parti communiste. Par ailleurs, l'irruption de l'élection présidentielle dans le jeu politique, plébiscitée* par les Français, forçait l'opposition à prendre cette échéance* au sérieux. François Mitterrand, en choisissant cette double option, allait, à partir de 1964, élaborer une nouvelle stratégie politique.

La difficile relève du défi gaulliste (1965–73)

L'élection présidentielle de 1965 permet à François Mitterrand* d'asseoir* la crédibilité de sa démarche (*tableaux 14 et 15, p. 185*). Candidat unique de la gauche, il devance nettement le candidat du centre, Jean Lecanuet*, et contribue au premier chef* à mettre le Président de la République en ballottage. Au second tour, le général de Gaulle est largement réélu, mais les 45% de son adversaire de gauche créent les conditions d'une bipolarisation des forces politiques entre la gauche et la droite. Outre l'appui des ouvriers, le candidat de gauche prend l'avantage chez les hommes et les jeunes et réalise sa moyenne nationale chez les employés et les cadres moyens. L'hostilité de la direction de la SFIO, la volonté du MRP et d'une partie des radicaux de privilégier une alternative centriste au gaullisme et les événements de 1968 auront raison* de la première tentative mitterrandienne. Après ses succès relatifs de 1965 et 1967, le désastre électoral de la gauche en 1968 redonne l'initiative aux tenants d'autres formules politiques face au gaullisme.

L'année 1969 est capitale car elle voit les électeurs sanctionner* les formules politiques qui ne s'inscrivent pas dans la logique majoritaire articulée sur l'opposition gauche/droite. Le référendum d'avril entraîne la défaite et le départ du général de Gaulle. Celle-ci résulte de la conjonction des oppositions de la gauche et de la droite non gaulliste. Elle marque l'échec de la tentative du général de Gaulle d'échapper à l'opposition gauche/droite et d'organiser la vie politique autour du soutien du peuple français à sa personne et à sa politique. Elle clôt la période plébiscitaire de la Ve République.

L'élection présidentielle du printemps est à la fois le moment du relatif succès et le chant du cygne* de la tentative centriste. Alain Poher*, le candidat du centre, parvient au second tour mais est nettement battu par Georges Pompidou, le successeur du général de Gaulle à la tête du mouvement gaulliste. L'écrasement du candidat socialiste* et le bon score du candidat communiste au premier tour achèvent de ruiner les espoirs de ceux qui voulaient organiser l'opposition au régime sans l'appui du Parti communiste. En effet, le mot d'ordre d'abstention lancé par celui-ci pour le second tour est nettement suivi par son électorat. En particulier, 44% des ouvriers s'abstiennent. Et parmi ceux d'entre eux qui votent, la moitié choisissent Georges Pompidou. Il est ainsi avéré* que les centres ne disposent pas des bases populaires nécessaires pour l'emporter sur les gaullistes et leurs alliés. La voie est libre pour François Mitterrand, qui conquiert le Parti socialiste en 1971 et signe avec le Parti communiste en 1972 le Programme commun de gouvernement. Les élections législatives de 1973 accélèrent les progrès de la dynamique majoritaire. Le centre effectue sa dernière tentative pour échapper à cette dynamique. Vainement. Entre les deux tours, Georges Pompidou élargit son alliance avec le centre, et les électeurs de celui-ci optent en majorité pour la droite. La victoire de Georges Pompidou n'est pas celle du seul gaullisme, elle est celle d'un regroupement des droites. A gauche, les résultats du Parti socialiste sont néanmoins encourageants et l'écart entre l'UGSD* (socialistes et radicaux de gauche) et le Parti communiste est faible. Les conditions de mise en place de la bipolarisation sont partiellement réunies.

Le quadrille bipolaire (1974–81)

L'élection présidentielle de 1974* ouvre une période nouvelle qui voit s'affronter deux coalitions, l'une, à gauche, dominée par le Parti socialiste, l'autre, à droite, où la droite non gaulliste rassemblant l'ancien centre et les modérés favorables à la Ve République équilibre le parti gaulliste affaibli par sa division, Jacques Chirac* ayant dès le premier tour soutenu Valéry Giscard d'Estaing contre le candidat officiel du parti gaulliste, Jacques Chaban-Delmas*. Le second tour de l'élection revêt un enjeu politique considérable, compte tenu de l'incertitude du résultat et de l'opposition profonde entre la droite et la gauche du Programme commun. Les communistes, comme en 1965, n'ont pas présenté de candidat contre François Mitterrand. La période 1974–81 sera marquée par cet affrontement serré entre les deux coalitions et par une participation très forte des électeurs aux différents scrutins. Elle s'ouvre par la courte victoire de Valéry Giscard d'Estaing et s'achève, sept ans plus tard, par l'élection de François Mitterrand à la présidence de la République. Ce long affrontement entre deux coalitions aux projets politiques inconciliables va modifier pour partie et aiguiser les clivages sociopolitiques au sein de la société française. Le tableau 1 *(p. 40)* montre comment les Français ont voté au second tour des élections présidentielles au cours de la Ve République selon le sexe, l'âge, la profession du chef de ménage et la pratique religieuse. Entre 1965 et la période 1974–81, la gauche marque des points* importants chez les femmes, les jeunes, les ouvriers, les employés et les cadres moyens. En 1974 et 1981, les jeunes, les hommes, les salariés, à l'exception des cadres supérieurs, les catholiques non pratiquants et les personnes sans religion se prononcent nettement en faveur de François Mitterrand, tandis que les plus de cinquante ans, les indépendants, les cadres supérieurs et professions libérales, les inactifs et les catholiques pratiquants votent en majorité pour Valéry Giscard d'Estaing. En schématisant, on peut dire que deux France s'affrontent à travers ces duels au sommet.

Les années 70 correspondent à la rencontre d'une nouvelle offre politique – la gauche du Programme commun et surtout le renouveau du Parti socialiste – et de nouvelles demandes. La progression démographique très rapide des couches moyennes salariées* modifie profondément la physionomie de la société française. Entre 1962 et 1982, la part des salariés non ouvriers passe de 30 à 50% de la population active, tandis que celle des ouvriers passe de 40 à 33% et celle des patrons et travailleurs indépendants de 30 à 17%. Après 1968, la libération des moeurs, l'évolution de la place des femmes dans la société, les transformations des modes de vie et de consommation et les modifications des rapports parents-enfants donnent à ce changement de la physionomie de la société son contenu idéologique. Le processus d'urbanisation tend à détruire ou à affaiblir les cadres sociaux, idéologiques et politiques à l'intérieur desquels s'organisait la vie sociale dans les campagnes. L'Église catholique voit son influence sociale diminuer, notamment dans la population féminine. Les couches nouvelles, jeunes, scolarisées, féminisées, partagent de manière croissante les valeurs du libéralisme culturel. Ni le Parti communiste et son 'ouvriérisme'*, ni la droite conservatrice, malgré les réformes importantes qui ont marqué le début du septennat de Valéry Giscard d'Estaing (droit de vote à dix-huit ans et légalisation de l'avortement), n'offrent des structures d'accueil adéquates aux nouvelles demandes. L'union de la gauche, dominée de plus en plus nettement par le Parti socialiste, constitue en revanche une offre mieux adaptée à une société en pleine mutation, au croisement des aspirations culturelles de Mai 68* et des aspirations sociales portées par la tradition de gauche. La synthèse mitterrandienne doit alors son succès au fait qu'elle traduit sur le plan politique l'alliance de la classe ouvrière et des couches moyennes salariées. Si les élections législatives sont un échec politique pour les socialistes, dû largement au sabotage* du Parti communiste, qui refuse d'admettre la prééminence du Parti socialiste, elles marquent néanmoins l'installation de ce dernier comme le premier parti de gauche et amènent un rééquilibrage électoral de la gauche et de la droite. La comparaison de la composition des électorats des quatre grands partis aux élections de 1978 montre les similitudes entre les électorats socialiste et communiste d'un côté et entre les électorats de l'UDF et du RPR de l'autre. Les électorats des deux grands partis de gauche sont plus masculins, plus jeunes, plus salariés et plus détachés de l'Église catholique, tandis que les électorats de droite sont plus féminins, plus âgés, plus catholiques et moins salariés.

Cette période qui s'achève avec l'élection présidentielle de 1981 a vu les quatre grandes formations, unies deux à deux, rassembler près de 90% des voix des électeurs. La dynamique politique, en organisant la vie politique autour de l'affrontement des deux grandes coalitions de droite et de gauche, a entraîné une marginalisation des autres courants politiques. L'élection de François Mitterrand en 1981 va ouvrir une période nouvelle. [. . .]

Notes et lexique

cantonales: élections pour les conseils généraux des départements, appelées 'cantonales' parce que le canton sert de circonscription. Il y a un chiffre variable parce que la moitié des conseils généraux est renouvelée tous les trois ans.

élections *(f)* **municipales**: élections pour les conseils municipaux, responsables de la gestion des communes

en lice *(f)* : engagé dans le combat

jalonné: (ici) marqué

Pierre Mendès France: homme politique radical, président du Conseil 1954–55

poujadistes: adhérents de l'Union de défense des commerçants et artisans, parti politique dirigé par Pierre Poujade qui a connu une éphémère flambée dans les années 50

octobre 1962: il s'agit du référendum sur l'élection du Président au suffrage universel

entamés: qui ont déjà commencé

cadres *(m)* **moyens**: section de la population selon l'ancienne classification des catégories socio-professionnelles de l'INSEE; aujourd'hui regroupés sous la rubrique 'professions intermédiaires', les cadres moyens comprennent entre autres les instituteurs, les contremaîtres et techniciens, et les fonctionnaires administratifs dans les rangs moyens *(voir ci-dessous)*

employés *(m)* : personnel chargé des tâches administratives sans grande responsabilité

cadres *(m)* **supérieurs**: personnel administratif supérieur dans la fonction publique ou l'entreprise

élections *(f)* **de novembre**: il s'agit des élections législatives, les premières au mode de scrutin majoritaire

'cartel *(m)* **des non'**: regroupement de partis politiques hostiles à la révision constitutionnelle

plébiscitée: approuvée dans un référendum

échéance *(f)* : date à laquelle une chose doit arriver

François Mitterrand: à cette époque membre de la Convention des institutions républicaines, et candidat de la gauche plutôt à titre personnel

asseoir: établir solidement

Jean Lecanuet: à l'époque président du MRP

au premier chef: en premier lieu

auront raison: (avoir raison de) feront échouer

sanctionner: punir

chant *(m)* **du cygne**: dernier effort

Alain Poher: président du Sénat en 1969, il assure, selon les provisions de la Constitution, l'intérim de la Présidence causé par le départ subit du général de Gaulle

candidat *(m)* **socialiste**: Gaston Defferre, plus tard ministre de l'Intérieur et de la décentralisation dans le gouvernement Mauroy (1981–84), à l'époque partisan d'une union centre-gauche plutôt que de l'union PS-PCF

avéré: démontré

UGSD: Union des gauches socialistes et démocrates
1974: élections présidentielles suivant la mort de Georges Pompidou, le 2 avril
Jacques Chirac: à l'époque, député gaulliste et ministre de Pompidou
Jacques Chaban-Delmas: Premier ministre 1970–72, et fidèle du général de Gaulle depuis la Résistance
marque des points: (marquer des points) gagne en faveur
couches *(f)* **moyennes salariées**: employés et cadres moyens
'ouvriérisme': attitude qui consiste à privilégier les intérêts de la classe ouvrière
Mai 68: 'événements', allumés par de gigantesques manifestations étudiantes, suivies d'une grève générale, qui ont paralysé le pays en mai-juin 1968 et ébranlé le régime du général de Gaulle. Ils ont été accompagnés d'un ferment d'idées libertaires, voire anarchiques.
sabotage *(m)* : Peu avant les élections de 1978, le Parti communiste a rompu les négociations avec le Parti socialiste sur l'actualisation du Programme commun de gouvernement. Cette rupture a été communément interprétée comme voulue, à un moment où le PC se rend compte que le PS le devance dans l'opinion.

Compréhension

1. Justifiez en vous référant au jeu des partis la périodisation de la Cinquième République indiquée dans les sous-titres du texte.
2. Expliquez l'affirmation de l'auteur selon laquelle 'deux France s'affrontent' aux élections présidentielles de 1974 et de 1981.
3. Quelles sont, selon l'auteur, les racines politiques et sociologiques de la victoire de François Mitterrand en 1981?

Tableau 1: Sociologie du vote en faveur de François Mitterrand au 2e tour des élections présidentielles (1965, 1974, 1981 et 1988) en %

	1965	1974	1981	1988
Ensemble	45	49	52	54
Sexe				
Homme	51	53	56	53
Femme	39	46	49	55
Age				
18–21 à 34 ans	51	59	63	63
35 à 49 ans	45	49	51	51
50 à 64 ans	45	46	47	51
65 ans et plus	35	40	40	47
Profession du chef de ménage				
Agriculteur	41	31	33	35
Commerçant, artisan	33	36	40	37
Cadre sup., profession libérale	37	34	38	36
Cadre moyen et employé	45	51	58	61
Ouvrier	55	68	67	68
Inactif	40	44	45	52
Religion				
Catholique pratiquant régulier		23	20	27
Catholique pratiquant occasionnel		49	40	44
Catholique non pratiquant		74	61	58
Sans religion		86	88	75

Source: SOFRES

1.4   La Cinquième République à l'épreuve

L'élection de François Mitterrand à la Présidence de la République en 1981 ne modifie en rien le régime constitutionnel. En effet, lorsque le nouveau Président utilise sa prérogative de dissolution de l'Assemblée, pour appeler de nouvelles élections législatives, la situation qui en résulte ressemble étonnamment à celle qui avait suivi les élections de 1962, apogée du système gaullien. Président, Premier ministre et majorité à l'Assemblée nationale sont tous les trois issus du même parti.

C'est plutôt l'effritement du pouvoir socialiste à travers la décennie suivante qui a mis les institutions de la République à l'épreuve, et cela à deux niveaux. Au niveau institutionnel, avec la 'cohabitation' d'un Président socialiste avec un gouvernement et une majorité parlementaire de droite, de 1986 à 1988, et à partir de 1993. Au niveau partisan, avec la relative déstructuration du système bipolaire qui résulte de la montée de partis 'hors système'.

Ces développements sont tous les deux, du moins en partie, les conséquences de la déception électorale qui a suivi l'enthousiasme généré au départ par la victoire de la gauche.

Dans l'opposition, le Parti socialiste a développé un programme ambitieux. Son programme officiel de 1972 portait le nom 'Changer la vie' et le Parti n'hésitait pas à parler d'une 'rupture avec le capitalisme'. Les '110 propositions' publiées pour les élections de 1981, comportaient des revendications généreuses en faveur des moins riches: hausse des bas salaires et extensions de la Sécurité sociale, dont le coût serait payé par une relance audacieuse de l'économie, accompagnée de nationalisations massives dans le domaine industriel et financier pour assurer au gouvernement les moyens de sa politique.

Il n'est pas possible ici de considérer les causes de l'échec de ces ambitions. Il suffit de noter qu'à la suite d'une inflation en spirale, et de dévaluations successives du franc, le gouvernement a annoncé dès juin 1982 une 'parenthèse' dans les réformes, avant de battre de plus en plus définitivement en retraite.

Son échec patent, l'adoption d'une politique de rigueur et de 'modernisation', et pour beaucoup le sentiment désabusé que le pouvoir socialiste n'est après tout pas tellement différent de celui qu'il avait remplacé, ont des répercussions d'abord au niveau électoral, puis au niveau constitutionnel.

En 1986, les députés élus en 1981 arrivent au terme de leur mandat de 5 ans, et les élections législatives donnent la victoire à une coalition de droite, composée de l'UDF et du RPR. La majorité parlementaire, libérale-conservatrice, se trouve donc opposée politiquement au Président de la République, socialiste, auquel il reste deux années de son mandat de 7 ans (ou **septennat**).

On a beaucoup discuté, avant les élections, des intentions du Président dans une telle situation: devait-il démissionner; devait-il chercher un Premier ministre dans les rangs de la nouvelle majorité; et, dans ce cas, pourraient-ils travailler ensemble? En l'occurrence, le Président est resté en poste, et a très correctement nommé Premier ministre le leader du parti le plus important à l'Assemblée nationale, Jacques Chirac. La France commence l'expérience de la **cohabitation**.

Cette expérience dure deux années, et soulève une question implicite dans la Constitution, mais qui jusque-là était restée plutôt théorique, vu la convergence politique entre Président et Premier ministre: le pouvoir effectif se trouve-t-il à l'**Elysée** (résidence officielle du Président), ou à **Matignon** (celle du Premier ministre)?

Les affaires étrangères et la défense nationale présentent un intérêt particulier, d'une part parce que le texte constitutionnel est ambigu, sinon contradictoire sur la division de compétences dans ces domaines (comparez les articles 5 et 15 d'un côté, et les articles 20 et 21 de l'autre); d'autre part, parce que depuis la présidence du général de Gaulle, la tradition a voulu qu'elles constituent un '**domaine réservé**' du Président de la République – une tradition d'autant plus facile à soutenir pour le Président Mitterrand que sa préséance protocolaire lui assure une bonne situation dans les réunions internationales.

Tout est rentré dans l'ordre en 1988, quand le Président Mitterrand, s'étant représenté devant le peuple au terme de son premier mandat, et ayant confortablement battu son Premier ministre devenu son rival, exerce une deuxième fois sa prérogative de dissolution de l'Assemblée, et réussit à faire revenir à l'Assemblée une majorité (relative) socialiste. Cinq ans après, cependant, la cohabitation recommence, après une victoire écrasante de la droite aux élections législatives de 1993, alors qu'il reste encore à courir deux années du deuxième septennat du Président de la République.

Les politologues ont beaucoup discuté la question de la 'vraie' nature du régime, selon le degré de 'présidentialisme' qu'il comporte. L'histoire montre cependant que son ambiguïté ne peut être résolue à partir du seul texte constitutionnel: elle dépend aussi du rapport de force politique entre Président et Premier ministre.

Pour illustrer cette situation, nous présentons ici les principales dispositions de la Constitution relatives à leurs pouvoirs, et l'analyse d'un spécialiste face à cette mise à l'épreuve décisive du texte constitutionnel qu'est la cohabitation.

Texte 1.4.1
Constitution (extraits)

TITRE II: LE PRÉSIDENT DE LA RÉPUBLIQUE
Article 5

Le Président de la République veille au respect de la Constitution. Il assure, par son arbitrage, le fonctionnement régulier des pouvoirs publics ainsi que la continuité de l'État.

Il est le garant de l'indépendance nationale, de l'intégrité du territoire, du respect des accords de Communauté* et des traités.

Article 8

Le Président de la République nomme le Premier ministre. Il met fin à ses fonctions sur la présentation par celui-ci de la démission du Gouvernement.

Sur la proposition du Premier ministre, il nomme les autres membres du Gouvernement et met fin à leurs fonctions.

Article 9

Le Président de la République préside le Conseil des ministres.

Article 10

Le Président de la République promulgue les lois dans les quinze jours qui suivent la transmission au Gouvernement de la loi définitivement adoptée.

Il peut, avant l'expiration de ce délai, demander au Parlement une nouvelle délibération de la loi ou de certains de ses articles. Cette nouvelle délibération ne peut être refusée.

Article 11

Le Président de la République, sur proposition du Gouvernement pendant la durée des sessions ou sur proposition conjointe des deux assemblées, publiées au *Journal Officiel*, peut soumettre au référendum tout projet de loi portant sur l'organisation des pouvoirs publics, comportant approbation d'un accord de Communauté ou tendant à autoriser la ratification d'un traité qui, sans être contraire à la Constitution, aurait des incidences sur le fonctionnement des institutions. [. . .]

Article 12

Le Président de la République peut, après consultation du Premier ministre et des présidents des assemblées, prononcer la dissolution de l'Assemblée nationale.

Les élections générales ont lieu vingt jours au moins et quarante jours au plus tard après la dissolution. [. . .]

Il ne peut être procédé à une nouvelle dissolution dans l'année qui suit ces élections.

Article 15

Le Président de la République est le chef des armées. Il préside les conseils et comités supérieurs de la défense nationale.

Article 16

Lorsque les institutions de la République, l'indépendance de la Nation, l'intégrité de son territoire ou l'exécution de ses engagements internationaux sont menacées d'une manière grave et immédiate et que le fonctionnement régulier des pouvoirs publics constitutionnels est interrompu, le Président de la République prend les mesures exigées par ces circonstances, après consultation officielle du Premier ministre, des présidents des assemblées ainsi que du Conseil constitutionnel.

Il en informe la Nation par un message. [. . .]

Article 19

Les actes du Président de la République autres que ceux prévus aux articles 8 (1er alinéa), 11, 12, 16, 18, 54, 56 et 61* sont contresignés* par le Premier ministre et, le cas échéant, par les ministres responsables.

TITRE III: LE GOUVERNEMENT

Article 20

Le Gouvernement détermine et conduit la politique de la Nation.

Il dispose de l'administration et de la force armée.

Il est responsable devant le Parlement dans les conditions et suivant les procédures prévues aux articles 49 et 50.

Article 21

Le Premier ministre dirige l'action du Gouvernement. Il est responsable de la défense nationale. Il assure l'exécution des lois. [. . .]

Notes et lexique

Communauté *(f)* : *voir lexique 1.2.1*
articles *(m)* **8 (1er alinéa), 11, 12, 16, 18, 54, 56 et 61**: il s'agit de la nomination du Premier ministre; de la soumission au référendum

d'un projet de loi; de la dissolution de l'Assemblée nationale; de la communication d'un message aux deux assemblées; de la saisine du Conseil constitutionnel sur une clause dans un engagement international; de la nomination de trois membres du Conseil constitutionnel et de son président; et de la saisine du Conseil constitutionnel sur un projet de loi

contresignés: une deuxième signature est donnée pour exprimer le soutien à la première

Texte 1.4.2

Jean Massot, 'Les Cohabitations', *Chef d'État et chef du Gouvernement. Dyarchie et hiérarchie*, La Documentation Française, Paris, 1993, pp. 49–54

Comme nous venons de l'indiquer, la discordance de durée des mandats présidentiel et législatif pose, depuis les origines de la Ve République, à chaque fois qu'intervient une élection législative en cours de mandat présidentiel, la question de la cohabitation. Évitée, parfois de justesse, tant que l'élection de l'Assemblée nationale intervenait à terme normal et pour une Assemblée ayant commencé son mandat avant le Président (hypothèses de 1967, 1973, 1978), elle paraît devenir la règle cinq ans après l'élection présidentielle quand le Président nouvellement élu a procédé à une dissolution (hypothèses de 1986 et 1993).*

Cela conduit à décrire:

– les stratégies précohabitationnistes de la part du Président et de la future majorité prévisible;

– la stratégie du Président en période de cohabitation;

– la stratégie du Premier ministre dans la même hypothèse;

– et à s'interroger sur les conséquences possibles de ces changements répétés d'équilibre au sein de nos institutions.

Les stratégies précohabitationnistes

De la part du Président en fonction, on constate une attitude permanente: le refus d'accepter que l'élection législative puisse avoir une incidence sur la durée de son mandat. On trouve déjà cette affirmation dans la bouche du général de Gaulle en 1967: 'Les dirigeants de toutes les oppositions espéraient, en faisant élire à l'Assemblée nationale une majorité négative, [obliger] le chef de l'État à "se soumettre ou se démettre", autrement dit, contrairement aux obligations du mandat national qu'il a reçu, lui, du peuple entier, à abandonner la responsabilité suprême de la République et de la France'. Il est vrai que cette formule restait savamment ambiguë et ne permettait pas de savoir si, aux yeux du général de Gaulle, la victoire de l'opposition aux législatives l'aurait effectivement contraint à 'retourner à Colombey'* ou à voir avec amusement 'comment on peut gouverner avec la Constitution'.

L'ambiguïté subsistait encore avec Georges Pompidou qui, après avoir indiqué le 2 janvier 1973 que son rôle n'était pas de faire voter pour Dupont ou Durand mais de rappeler aux Français les incompatibilités entre les grandes options sur lesquelles il avait été élu et leur mise en cause par l'opposition, déclarait de façon sibylline*: 'Le pays en tirera les conséquences qu'il voudra et moi-même je tirerai les conséquences de ces conséquences'. Mais il avait indiqué, le 21 septembre précédent, qu'au lendemain des élections, il formerait un Gouvernement et que, si ce Gouvernement était renversé, il aurait la possibilité de dissoudre et de faire appel au pays.

Cette ambiguïté allait disparaître totalement avec Valéry Giscard d'Estaing qui, dès le 21 mai 1976, au cours d'un entretien avec des journalistes, lors d'un voyage aux États-Unis, indiquait de la façon la plus formelle qu'élu pour sept ans, il resterait en fonction pendant ces sept ans. Mais il est vrai que, dans son discours de Verdun-sur-le-Doubs, le 27 janvier 1978, il précisait bien que si les Français choisissaient le Programme commun*, lui, Président de la République, n'aurait pas le pouvoir d'empêcher son application et qu'il laissait entendre qu'il se retirerait . . . à Rambouillet* pour ne plus exercer que les aspects formels de sa fonction.

C'est à François Mitterrand qu'il reviendra d'être le plus précis: en 1985–86, alors qu'il peut encore, notamment du fait des incertitudes engendrées par le retour au scrutin proportionnel*, contester que le résultat soit acquis d'avance, il précise à plusieurs reprises que, quoi qu'il arrive, ayant été élu pour un mandat de sept ans, il ira jusqu'au bout. Si dans sa dernière intervention avant le scrutin le 2 mars 1986, il fait monter la pression en laissant entendre qu'il préférerait démissionner si l'opposition voulait lui contester le droit d'exercer les compétences de sa fonction, c'est pour affirmer son intention d'assumer ses responsabilités quelle que soit la majorité politique. En 1992–93, la victoire de l'opposition se faisant plus probable, il se place davantage dans cette perspective, mais c'est pour être tout aussi ferme: 'Je n'ai pas l'intention de démissionner si se produit un changement de majorité, comme beaucoup le prévoient au mois de mars' déclare-t-il dans son entretien avec des téléspectateurs le 18 février 1993, ajoutant, en forçant un peu le trait: 'Je vous fais une réponse qui est exactement celle du général de Gaulle, celle de M. Pompidou et celle de M. Giscard d'Estaing . . .'.

Mais, à côté de leur refus permanent de se voir contraints à la démission, les Présidents ont laissé planer beaucoup plus de doute sur leur conduite en cas de victoire de l'opposition: en 1967, on avait, dans l'entourage du Général, esquissé la menace d'un recours à l'article 16; en 1973, Georges Pompidou avait évoqué le recours à 'l'Edgar Faure* du moment'; en 1978, Valéry Giscard d'Estaing avait développé la thèse d'une présidence réduite à l'inauguration des chrysanthèmes*. En 1986 comme en 1993, François Mitterrand a clairement annoncé son intention de ne renoncer à aucune de ses prérogatives constitu-tionnelles, notamment en matière de choix du Premier ministre, de dissolution, de diplomatie et de défense et sa volonté de défendre 'les acquis sociaux'*, dans des termes presque à l'opposé du discours de Verdun-sur-le-Doubs.

Du côté de l'opposition, on a toujours trouvé des attitudes conflictuelles et des positions plus pacifiques. Mais les secondes l'emportent généralement sur les premières. Déjà, en 1973, François Mitterrand affirmait à propos du Président, dans la perspective d'une victoire de l'Union de la gauche*: 'On le gardera', affirmation qui ne témoignait pas d'un respect excessif pour la fonction présidentielle, mais qui ne laissait pas présager une cohabitation de combat. Si, en 1976, Georges Marchais* croyait devoir reprendre à l'intention de Valéry Giscard d'Estaing l'alternative 'se soumettre ou se démettre', François Mitterrand déclarait, le 3 février 1978, 'il n'est pas dans l'intention du Parti socialiste de greffer* une crise présidentielle sur le changement de majorité'. En 1985–86, il n'était guère que Raymond Barre* pour récuser la cohabitation et dans sa déclaration du 20 mars 1986, Jacques Chirac déclarait: 'Les règles de notre Constitution et la volonté du peuple français doivent être respectées. Les prérogatives et les compétences du Président de la République telles qu'elles sont définies dans la Constitution sont intangibles'*. Enfin, en 1993, le pronostic d'une très large victoire de l'opposition a sans doute renforcé le camp de ceux qui, tel Jacques Fauvet* en 1976, considèrent que la Constitution interdit 'en fait et en dignité, sinon en droit' le maintien à l'Elysée d'un Président désavoué par le suffrage universel. Ces adversaires de la cohabitation n'ont pu pourtant que constater que rien ne peut contraindre le Président à la démission.

Le Président en cohabitation: un arbitre au sens fort

L'expérience de 1986–88 a clairement donné tort à Valéry Giscard d'Estaing qui avait déclaré qu'en cas de cohabitation, le Président ne pouvait garder que l'exercice de ses fonctions formelles et la présidence du Conseil des ministres en tant que simple président de séance. Si, en effet, François Mitterrand a clairement entendu laisser le Premier ministre déterminer et conduire la politique de la nation et s'il a décliné toute responsabilité pour une politique économique et sociale qu'il désapprouvait, il n'en a pas pour autant abdiqué les responsabilités constitutionnelles qu'il tient de l'article 5 de la Constitution. La notion d'arbitrage au sens fort, si présente dans les travaux préparatoires de la Constitution, a pris tout son sens, alors que, précédemment, le phénomène majoritaire l'avait en quelque sorte éclipsée. S'est trouvé ainsi entièrement vérifié ce que nous avions écrit en 1985, à la veille de la première cohabitation: 'Aucune disposition constitutionnelle ne permet de dire que le Président de la République n'a à assumer ces responsabilités – celles qu'il tient de l'article 5 – que si la majorité parlementaire y consent.'

Nous reviendrons sur l'interprétation des pouvoirs présidentiels en période de cohabitation. Signalons simplement ici qu'elle a permis au Président:

– de refuser en 1993, comme en 1986, tout diktat quant au choix du Premier ministre, même s'il a finalement estimé opportun d'appeler à Matignon le candidat du principal parti de la nouvelle majorité;
– de refuser dans la période 1986–88 de signer les ordonnances* qui lui paraissaient aller trop loin dans le domaine du dessaisissement* du Parlement de ses droits naturels (nationalisations, réforme électorale), étant entendu qu'il a dû, ensuite, s'incliner devant le vote de ces réformes par le Parlement;
– de rappeler qu'avec le droit de dissolution il conservait le rôle, inhérent à la fonction d'arbitre, de 'siffler la fin de la partie';
– d'affirmer, dans le domaine de la politique intérieure, son droit à en appeler à l'opinion quand des réformes entreprises par la nouvelle majorité lui paraissaient de nature à mettre en cause la cohésion sociale;
– enfin, de maintenir son leadership en matière de politique extérieure et de défense.

L'important est que, si cette attitude présidentielle – lors de la première cohabitation – a pu agacer, voire exaspérer, certains membres du Gouvernement ou de la nouvelle majorité, elle a été très largement approuvée par l'opinion publique: la cote* de popularité de François Mitterrand a réalisé un redressement tout à fait inattendu qui l'a finalement conduit à la victoire à l'élection présidentielle de 1988.

Le Premier ministre en période de cohabitation, capitaine à l'intérieur, mais second du navire à l'extérieur?

Quelles que soient les dispositions constitutionnelles et leur interprétation, le Premier ministre, en période de cohabitation, dispose d'une marge de manoeuvre réduite.

Certes, il bénéficie, par construction, du soutien d'une majorité parlementaire solide et est donc assuré de pouvoir faire voter les lois nécessaires à l'application de son programme de gouvernement. Et si l'opposition recourt trop systématiquement à des techniques d'obstruction, il dispose des armes constitutionnelles du parlementarisme rationalisé, y compris l'article 49–3* pour l'usage duquel il doit seulement obtenir une 'délibération du Conseil des ministres': même en période conflictuelle, et même si l'on considère que la délibération du Conseil requiert l'accord du Président, on peut constater que, jamais, le Président Mitterrand n'a refusé de donner son accord à l'utilisation de cet article.

Certes aussi, le Président de la République a toujours fait, dans la période 1986–88 comme depuis mars 1993, un usage modéré de sa faculté de 'refuser de signer' un acte pour lequel cette signature était requise: ordonnances, décrets réglementaires, décrets de nomination, convocation du Parlement en session extraordinaire, voire plus simplement ordre du jour du Conseil des ministres.

On ne peut donc nier qu'en période de cohabitation, le Gouvernement détermine et conduit la politique de la nation et que l'article 20 reprend toute sa force.

Mais, d'une part, le Premier ministre reste sous la menace d'une initiative présidentielle qui viendrait bouleverser le calendrier politique: par la faculté qu'il a de décider, seul, soit de dissoudre l'Assemblée nationale, soit de démissionner et de provoquer une élection présidentielle anticipée, le Président conserve deux armes, certes très lourdes et d'une utilisation malaisée, mais qui lui permettent de garder une certaine marge d'initiative et, en tout cas, un ultime recours face aux empiétements* du Gouvernement.

D'autre part, le Premier ministre est dans la position difficile d'un candidat virtuel à la Présidence de la République (hypothèse Chirac 1986–88) ou, en tout cas, du principal soutien du candidat de son camp à cette fonction (hypothèse Balladur-Chirac 1993*): il ne peut donc chercher à dépouiller* de ses principaux attributs une fonction à laquelle il aspire pour lui-même ou en tout cas pour un de ses amis: imaginons que Jacques Chirac ait obtenu en 1986 de représenter seul la France dans les rencontres internationales et qu'il ait triomphé dans l'élection présidentielle de 1988, puis ait dû subir lui-même une cohabitation en 1991 si les élections législatives s'étaient tenues à cette échéance normale: il aurait perdu pour quatre ans ce qu'il n'aurait gagné que pour deux années. Ni l'ampleur de la victoire de l'opposition en 1993, ni la circonstance que François Mitterrand ne sollicitera pas un troisième mandat ne peuvent rien y changer: personne, en France, n'a intérêt à vider l'article 5 de la Constitution de sa substance.

Dans le domaine de la politique étrangère comme dans celui de la défense, le Premier ministre ne peut ainsi être que 'second du navire'. Aussi bien François Mitterrand avait-il clairement annoncé, avant les élections de 1993, qu'il ne choisirait pas un Premier ministre hostile à la construction européenne. Mais être le second du navire n'est pas sans importance: l'article 5 confère certes d'importants pouvoirs au Président mais il ne peut les exercer sans un minimum de consensus de la part du Gouvernement. Si, en effet, le choix du Premier ministre est une prérogative que le Président exerce sans contreseing, il n'en va pas de même des pouvoirs qu'il tient de l'article 5. Nous y reviendrons.

La cohabitation change-t-elle durablement l'équilibre institutionnel?

Nous n'avons, pour l'instant, qu'une expérience, celle de la période d'après-cohabitation qui s'est ouverte en 1988.

Une première leçon peut en être tirée: l'expérience de 1986–88 ayant montré que le système pouvait fonctionner, les Français n'ont pas été dissuadés de refaire une expérience du même genre en 1993, alors qu'il en serait peut-être allé autrement si la première cohabitation conflictuelle avait débouché sur une crise de régime.

Pour le reste, deux thèses s'affrontent. Pour les uns, les promesses faites pendant la campagne présidentielle, notamment à travers la 'Lettre à tous les Français'*, de laisser le Gouvernement gouverner et présenter lui-même son programme ont été tenues. Nous avons déjà relevé, à cet égard, la différence de ton entre la déclaration de politique générale de Michel Rocard* en 1988 et celle de ses prédécesseurs de 1981 ou 1974.

Pour les autres, en revanche, la logique propre aux institutions de la Ve République a vite repris le dessus: interventions présidentielles dans tous les domaines de l'activité gouvernementale (par exemple, lors de la crise lycéenne* de novembre 1990), modifications de la composition du Gouvernement (en juillet et octobre 1990), puis changements de Premier ministre* (en mai 1991 et avril 1992) à l'initiative du chef de l'État; enfin, propositions de référendum ou de modifications constitutionnelles très fortement suggérées au chef du Gouvernement par le chef de l'État, alors que le schéma devrait normalement être inverse.

Il nous semble finalement que la cohabitation doit, dans notre système présidentialiste, être plutôt considérée comme une parenthèse qui permet au Président de sauvegarder ses prérogatives 'incontournables' que comme un retour durable à la lecture parlementariste de la Constitution: le Premier ministre ne redevient responsable de la politique intérieure que le temps nécessaire pour rétablir l'équilibre en faveur du Président ou en tout cas de la majorité présidentielle, ou pour aboutir à un changement de Président de la République.

Notes et lexique

hypothèses *(f)* **de . . .** : il s'agit des années où une cohabitation aurait pu se produire

Colombey: Colombey-les-deux-églises, résidence privée du général de Gaulle

sibylline: ambiguë, énigmatique

Programme *(m)* **commun**: Programme commun de gouvernement du Parti communiste et du Parti socialiste *(voir 1.3)*

Rambouillet: résidence de campagne officielle du Président de la République

scrutin *(m)* **proportionnel**: les élections législatives de 1986 se déroulent, exceptionnellement, au scrutin proportionnel, sur un système de liste *(voir 1.5)*

Edgar Faure: homme politique centriste, deux fois président du Conseil sous la Quatrième République, ministre de l'Éducation sous de Gaulle, et président de l'Assemblée nationale de 1973 à 1978. Il serait le type même de l'homme politique, consensuel plutôt que partisan, auquel on pourrait avoir recours dans une situation bloquée.

inauguration *(f)* **des chrysanthèmes**: expression courante pour des engagements anodins, sans contenu politique, comme les commémorations

'les acquis *(m)* **sociaux'**: les réformes socialistes de 1981–86, surtout dans le domaine de la Sécurité sociale et des droits des ouvriers

Union *(f)* **de la gauche**: union du Parti communiste et du Parti socialiste, dont François Mitterrand fut le candidat unique aux élections présidentielles de 1974

Georges Marchais: secrétaire général du Parti communiste 1969–94

greffer . . . sur: (ici) ajouter à

Raymond Barre: Premier ministre de droite 1976–81

intangibles: intouchables, qu'on n'a pas le droit de changer

Jacques Fauvet: ancien directeur (1969–82) du quotidien *Le Monde*

ordonnances *(f)* : textes législatifs émanant de l'exécutif, sans être soumis au Parlement

dessaisissement *(m)* : privation, dépossession

cote *(f)* : taux (normalement exprimé comme le pourcentage des électeurs qui approuvent la politique de la personne concernée) l'**article 49–3**: article 49, alinéa 3 *(voir texte 1.2.1)*

empiétements *(m)* : usurpations, interventions abusives

hypothèse Balladur-Chirac: à la nomination d'Édouard Balladur comme Premier ministre en 1993, il était attendu que Jacques Chirac serait candidat de son parti aux élections présidentielles de 1995, les deux hommes appartenant au même parti

dépouiller: déposséder

'Lettre à tous les Français': programme de candidature de François Mitterrand aux élections présidentielles de 1988

Michel Rocard: Premier ministre nommé par le Président Mitterrand après sa victoire aux élections présidentielles de 1988, et reconduit dans ses fonctions après les élections législatives de la même année *(voir 1.5 et 2.2)*

crise *(f)* **lycéenne**: à la suite d'importantes manifestations de lycéens sur le niveau d'équipement dans les lycées, le Président a reçu les manifestants et laissé entendre qu'il sympathisait avec leurs critiques de la politique gouvernementale

changements *(m)* **de Premier ministre**: en 1991, le Président a invité Michel Rocard à soumettre sa démission. Il est remplacé par Édith Cresson, qui est à son tour remplacée par Pierre Bérégovoy en 1992.

Compréhension

1. Expliquez pourquoi on parle de 'l'arbitrage au sens fort' pour décrire le rôle du Président de la République dans une situation de cohabitation.
2. Quelles sont les armes dont dispose le Président de la République pour faire valoir sa désapprobation d'une politique gouvernementale? Et les armes dont dispose le Premier ministre pour contourner les obstacles éventuels érigés par le Président?
3. Pourquoi le Premier ministre a-t-il intérêt à ne pas chercher à réduire trop les pouvoirs du Président?

1.5 La bipolarisation à l'épreuve

Si les déceptions engendrées par la première expérience du pouvoir socialiste ont, par le biais des élections de 1986 et la cohabitation qui s'ensuivit, mis à l'épreuve un des aspects les plus fondamentaux du régime au niveau constitutionnel, une déception plus généralisée, englobant droite et gauche, menace, dans la deuxième moitié de la décennie, le système bipolaire qui soutient le régime au niveau partisan. A partir du 'tournant' de 1984, quand le remplacement du Premier ministre Pierre Mauroy par Laurent Fabius, plus jeune et 'technocratique', marque l'enterrement définitif des ambitions de 1981, toute une série d'indices vont dans cette direction.

Premier indice, le refus du Parti communiste d'entrer dans le nouveau gouvernement, dont il juge le programme insuffisamment socialiste. Ce refus marque la décomposition d'un des deux pôles du système bipolaire.

Deuxième indice, l'abandon, pour les élections législatives de 1986, du scrutin majoritaire, dont nous avons vu qu'il est un puissant soutien au système bipolaire, et un retour à la proportionnelle, dont le résultat le plus évident est l'arrivée à l'Assemblée nationale d'un parti 'hors système', le Front national.

Troisième indice, la réaction de l'électorat au gouvernement de droite de 1986 à 1988. Celle-ci revient au pouvoir en 1986 avec un programme aussi ambitieux, en sens contraire, que celui des socialistes en 1981: aux nationalisations répondent les privatisations, au renforcement de la Sécurité sociale un engouement pour le jeu du marché, modelé sur le libéralisme économique de Reagan et Thatcher. Il apparaît assez tôt que l'électorat ne s'enthousiasme guère plus pour cette politique que pour celle des socialistes, et c'est sur une plate-forme de défense des 'acquis sociaux' que le Président Mitterrand gagne les élections présidentielles de 1988, qu'il parvient à prolonger par une courte victoire du PS aux législatives suivantes.

Quatrième indice: la nomination comme Premier ministre de Michel Rocard, longtemps rival de François Mitterrand dans les rangs du PS, et longtemps critique du programme socialiste traditionnel et de l'Union de la gauche. Sa nomination signale une reconnaissance par le Président de la République que le paysage politique est en train de se transformer, et est suivie par une tentative d'attirer vers le Parti socialiste les centristes du CDS. Son succès n'est que mitigé, mais la tentative d'**'ouverture'** marque encore un pas dans l'effritement des blocs opposés.

Cinquième indice: la percée électorale des Verts, à partir des élections municipales et européennes de 1989, avec un slogan qui sonne comme un défi à la bipolarisation: 'Ni droite, ni gauche . . .'.

Nous allons étudier de plus près, dans le chapitre suivant, ces mutations ou nouveautés idéologiques. Ici, nous présentons un texte qui considère leurs effets sur le système partisan, et pose la question de savoir si la bipolarisation peut survivre à ces nouvelles données.

Texte 1.5.1

François Borella, 'La Bipolarisation à l'épreuve' extrait de 'Le Système des partis', *La Vie politique en France*, sous la direction de Dominique Chagnollaud, © Seuil, Paris, 1993, pp. 234–9

A partir de 1984, le système partisan subit de rudes assauts, dus aux divisions de chaque camp, mais il prouve aussi sa force contraignante.

L'épreuve de la proportionnelle et de la cohabitation

En juillet 1984, le PC refuse de participer au gouvernement socialiste et instruit un interminable procès contre l'Union de la gauche au sommet et ses 'vingt-cinq ans d'erreur stratégique' (XXVIe congrès, décembre 1987). Le PS, de son côté, est troublé par les exigences du réalisme gouvernemental en matière économique et sociale. Les perspectives d'un échec électoral aux législatives de 1986 se dessinent dans les médiocres résultats des élections municipales de 1983 et surtout des élections européennes de juin 1984 (20,84% des voix, le PC descend à 11%). La droite unie peut au contraire espérer la victoire, elle obtient près de 43% des suffrages, mais elle voit se confirmer la concurrence du Front national (11%). Les partis du système n'obtiennent plus, ensemble, que les deux tiers des suffrages.

Pour éviter une défaite écrasante, la majorité socialiste de l'Assemblée nationale change le mode d'élection des députés; la représentation proportionnelle dans le cadre départemental* est instaurée en juillet 1985 et le nombre des députés est porté à 577. Ce régime électoral n'empêche cependant pas la droite de remporter, de peu, la majorité absolue des sièges en mars 1986. Partout, UDF et RPR ont présenté des listes uniques*, qui ont obtenu 42% des voix; le FN, avec 9,8%, dépasse le PC (9,69%) et fait son entrée au Parlement avec trente-cinq députés. Le PS s'est bien redressé (31,6%) mais perd le contrôle du gouvernement. C'est la cohabitation entre un Président de la République de gauche et une majorité parlementaire de droite. La bipolarisation, loin de disparaître, se manifeste aux sommets du pouvoir d'État.

Au Parlement le système bipolaire est absolu. Le 10 avril 1986, l'Assemblée nationale vote la confiance au gouvernement Chirac par 292 voix (RPR et UDF) contre 285 (PC, PS, FN); il n'y a pas d'abstention, mais l'opposition est hétéroclite*. L'une des premières lois votées par la majorité rétablit le scrutin majoritaire à deux tours pour l'élection des députés, garantissant ainsi la cohésion sans faille de l'union RPR-UDF tout au long de la cohabitation. Paradoxalement, cette situation inédite et difficile à gérer, loin d'affaiblir le Président de la République, lui fournit l'occasion d'une pratique fort 'gaullienne' d'interprétation de la Constitution: il refuse en juillet 1986 de signer les ordonnances de l'article 38* que le Premier ministre a soumises au Conseil des ministres, il exerce pleinement ses prérogatives de chef des armées et de la diplomatie. En pratique, il apparaît à la fois comme le gardien de l'intérêt supérieur du pays et comme le chef de l'opposition au gouvernement, situation qui ne peut être que transitoire.

La bipolarisation menacée?

L'élection présidentielle de 1988 est exceptionnelle en ce qu'elle oppose le Président de la République et le Premier ministre. Mitterrand est réélu sans difficulté; il a rassemblé non seulement les voix socialistes et communistes, dont le candidat n'obtient que 6,86% au premier tour, mais aussi des forces nouvelles venant de l'extrême gauche, du centre et de l'écologie. La droite est divisée. Chirac et Raymond Barre (respectivement 19,75% et 16,5%) voient avec inquiétude le résultat spectaculaire de Jean-Marie Le Pen* (14,6%) bouleverser l'équilibre interne du camp conservateur-libéral. Aux élections législatives qui suivent, le PS et le MRG, avec 36% des voix au premier tour, remportent 48% des sièges; le PC remonte à 11%, mais se présente comme une opposition de gauche. Pour la première fois depuis 1962, il n'y a pas de majorité absolue à l'Assemblée nationale. Mais l'opposition de droite se divise. Les centristes, après le scrutin, forment un groupe autonome indépendant des groupes RPR et UDF et ne répugnent pas à dialoguer avec le gouvernement Rocard* sur les questions législatives et budgétaires.

Cependant les promesses d'ouverture faites par le candidat Mitterrand ne se concrétisent que par quelques ralliements individuels et les centristes vont rentrer rapidement au bercail*. Les limites d'un centrisme autonome sont à nouveau rappelées par les élections européennes de juin 1989. La liste de Simone Veil* obtient 8,4%, contre 28,7% à la liste RPR-UDF conduite par V. Giscard d'Estaing. Ces mêmes élections révèlent aussi l'affaiblissement du PS (23,5%) et l'impuissance du PC (7,7%), désormais dépassé par le FN (11,8%) et par les Verts (10,7%).

La droite va alors tenter de s'organiser plus sérieusement. Giscard d'Estaing, qui a pris la présidence de l'UDF dès juin 1988, est favorable à la constitution d'un seul parti par fusion avec le RPR, mais celui-ci y est hostile. Les deux formations créent donc en juin 1990 l'Union pour la France, structure confédérale qui a deux tâches: élaborer des projets et programmes communs et surtout assurer dans toutes les élections nationales l'unité de candidature. Un système d'élections primaires* 'à la française' pour désigner le candidat unique à la présidence de la République est mis au point en avril 1991 mais son application suscite des doutes. La charte de l'UPF est claire sur la question cruciale de l'attitude à l'égard du FN: elle rejette toute alliance.

En attendant la revanche de 1988, chaque parti se réorganise. L'UDF adopte en juin 1991 de nouveaux statuts qui en font une fédération plus cohérente, dont le PR et le CDS sont les principaux piliers. Le RPR durant son congrès d'octobre 1991 adopte un nouveau programme et refait son unité autour de J. Chirac. Mais il subsiste de graves divergences entre les deux formations, en particulier sur l'Europe, et aux élections régionales de mars 1992 les listes uniques UPF n'obtiennent que 33% des voix.

Cet insuccès est masqué par l'effondrement du PS (18% des voix) et le plafonnement du PC à 8%. Ce sont les partis hors système qui triomphent: le FN (14%) et les écologistes, partagés en deux courants (14%). Pour la première fois depuis 1958, les partis de gouvernement descendent en dessous de 60% des suffrages.

Les élections régionales à la représentation proportionnelle dans le cadre départemental aboutissent donc à l'émiettement des élus et à la nécessité de coalitions circonstancielles et diversifiées pour constituer une majorité de gouvernement dans plusieurs régions. Beaucoup d'observateurs y voient la fin du système bipolaire et du fait majoritaire au profit d'un système multi-partisan souple, au niveau électoral, et fluide, au niveau gouvernemental.

L'avenir du système bipolaire

La ratification du traité d'Union européenne signée à Maastricht* le 7 février 1992 est une pierre d'achoppement* du système des partis. La révision constitutionnelle, préalable à la ratification exigée par la décision du Conseil constitutionnel du 25 février 1992, est obtenue par des majorités formées pour l'essentiel des parlementaires socialistes, UDF et centristes dans chaque chambre du Parlement et au Congrès* (vote final le 23 juin 1992: 592 voix contre 73 et 14 abstentions, le RPR ne prenant pas part au vote).

Mais la décision du Président de la République de soumettre au peuple l'autorisation de ratifier le traité entraîne tout le corps électoral dans le débat. Le référendum du 20 septembre aboutit à une réponse positive: 51% de oui, avec une participation de plus de 70%. Seuls le PC et le FN ont été unanimes pour le non, tous les autres partis ont connu des divisions. Elles sont telles au RPR et chez les Verts que ces organisations ne donnent pas de consigne de vote*, mais même à l'UDF et au PS, qui se sont prononcés pour le oui, les dissidents, partisans du non, se font entendre haut et fort. La victoire du oui et la défaite du non sont cependant l'une et l'autre trop courtes pour entraîner une recomposition des forces politiques, c'est-à-dire une remise en cause du système bipolaire.

Les élections législatives de mars 1993 ont eu lieu au scrutin majoritaire à deux tours, après l'abandon par le gouvernement Bérégovoy en avril 1992 des projets de réforme électorale. La droite gouvernementale a présenté des candidats uniques dans plus de 80% des circonscriptions et a obtenu 39,7% des suffrages au premier tour (44% avec les divers droites*), mais fait élire au total 472 députés, soit 82% des sièges. Le pôle de droite a bénéficié puissamment de l'effondrement du pôle de gauche. La gauche tout entière, de l'extrême aux divers, est descendue à 30,76%; c'est le plus faible score depuis 1945. Le PS a subi une terrible défaite: 17% seul, 19% avec ses alliés radicaux et divers.

Les partis du système au sens strict (UPF, PS et divers droites et gauches) ne rassemblent plus que 64% des suffrages, soit 42% des inscrits. Mais les partis extérieurs ne sont pas renforcés; le PC avec 9% et surtout les écologistes avec 10,7% doivent choisir leur camp ou faire de la figuration*. Même le Front national qui obtient pourtant 12,5% n'inquiète plus la droite gouvernementale.

Le corps électoral n'a donc pas remis en cause le système bipolaire, même si les candidats protestataires de tout bord et les votes blancs et nuls*, 5,5% des votants, ont été plus nombreux que d'habitude. Il a puni la gauche gouvernementale et lui pose la question de sa recomposition. La réussite ou l'échec de celle-ci et la rénovation programmatique qui peut la fonder sont les conditions de la capacité de la gauche socialiste à prétendre remporter l'élection décisive, celle du Président de la République.

La rupture de l'Union de la gauche par un PC affaibli et la baisse d'influence du PS posent à l'évidence un redoutable problème, que les socialistes sont contraints d'aborder de front. Si le PC rompt ses derniers liens avec le pôle de gauche pour devenir un parti purement protestataire, les socialistes devront chercher de nouveaux alliés puisqu'il est certain qu'ils ne peuvent former à eux seuls ce pôle. C'est la question de la position du mouvement écologiste. Celui-ci n'a pu et ne peut surmonter sa diversité et donc s'unir que sur la ligne 'ni droite, ni gauche'*; mais cette stratégie le condamne à un rôle protestataire et à l'impuissance. Sa progression électorale le contraindra à se poser la question du pouvoir et à se diviser. Le PS peut espérer trouver là des alliés incommodes mais nécessaires.

En effet, le centrisme autonome faisant pencher la balance tantôt à gauche, tantôt à droite ne paraît pas possible, non seulement du fait de nos institutions, mais aussi pour des raisons sociologiques. Les centristes ont trop souvent fait l'expérience de la dilution de leur électorat pour entretenir des illusions sur cette stratégie. Le pôle de droite paraît donc dans une bonne situation. Il a clairement choisi l'exclusion de toute alliance avec le Front national et, ce faisant, a assuré sa cohésion interne et limité l'influence du FN. Il semble donc qu'il y a de grandes probabilités pour que le système partisan bipolaire se maintienne si les institutions et le régime politique de la Ve République sont conservés. La composition de chacun des camps peut se modifier, leurs forces respectives évoluer, mais le mécanisme demeurera.

Notes et lexique

cadre *(m)* **départemental**: c'est-à-dire que dans chaque département, chaque parti présente une liste de candidats, dont un nombre correspondant au pourcentage de voix recueillies est élu

listes *(f)* **uniques**: listes comprenant des candidats des deux partis

hétéroclite: sans homogénéité, disparate

l'article 38: article qui permet au gouvernement de demander au Parlement l'autorisation de prendre par ordonnances, pendant un délai limité, des mesures normalement du domaine de la loi

Jean-Marie Le Pen: président du Front national

gouvernement Rocard: gouvernement de Michel Rocard, 1988–91

bercail *(m)* : *(fig.)* à la famille (ici: politique)

Simone Veil: femme politique centriste (CDS). Ministre sous Giscard d'Estaing, elle a depuis poursuivi sa carrière plutôt au Parlement européen, dont elle fut présidente de 1979–82; ministre d'État depuis 1993.

élections *(f)* **primaires**: élections préalables, entre militants, pour décider qui sera candidat

traité *(m)* **de Maastricht**: traité confirmant la libre circulation des salariés et des marchandises dans l'Union européenne

pierre *(f)* **d'achoppement**: obstacle contre lequel on bute

Congrès *(m)* : assemblée formée par la réunion du Sénat et de l'Assemblée nationale pour voter les modifications de la constitution

consigne *(f)* **de vote**: instruction à voter d'une certaine façon

divers droites: rubrique sous laquelle sont regroupés les candidats indépendants, mais se réclamant de la droite

faire de la figuration: être présent, sans jouer de rôle important

votes *(m)* **blancs et nuls**: un vote blanc est compté quand l'électeur ne met aucun bulletin de vote dans l'enveloppe déposée dans l'urne; un vote nul quand il invalide le bulletin (par exemple, en écrivant dessus)

ligne *(f)* **'ni droite, ni gauche'**: position du parti politique 'Les Verts' depuis 1986

Compréhension

1. Résumez les différents facteurs qui ont contribué depuis 1981 à la déstructuration du système bipolaire.
2. Comment le référendum sur le traité de Maastricht a-t-il contribué à brouiller les repères?
3. Pourquoi l'auteur considère-t-il que le système bipolaire se maintiendra malgré les difficultés?

Thèmes de réflexion: les institutions

1. Est-il légitime d'expliquer une tradition politique par le 'tempérament national', comme l'a fait le général de Gaulle? Quels autres types d'explication sont possibles?
2. Le 'parlementarisme rationalisé' de la Cinquième République est-il moins démocratique qu'un système pleinement parlementaire (ou pleinement présidentiel)?
3. Le scrutin majoritaire à deux tours remplit-il la fonction de réconcilier représentativité et efficacité? Comparez-le de ce point de vue au système en vigueur dans votre pays.
4. Quels sont les avantages et les inconvénients d'un système de partis organisés autour d'un affrontement bipolaire?
5. Sous quelles circonstances l'utilisation du référendum vous paraît-elle souhaitable? Existe-t-il des circonstances où elle peut être mauvaise?

Chapitre 2

Les idéologies

2.1 Que sont devenues droite et gauche?

Dans notre premier chapitre, nous avons voulu surtout brosser un tableau de la vie politique sous la Cinquième République en ce qui concerne les institutions et le système partisan. Dans ce chapitre nous présentons des textes choisis pour approfondir l'étude des affrontements idéologiques qui s'expriment à travers le jeu des partis.

Il n'y a sans doute jamais une concordance parfaite entre les idéologies et les partis. Mais à l'heure actuelle les identifications semblent particulièrement compliquées. Même la distinction traditionnelle et apparemment fondamentale entre gauche et droite paraît brouillée aux yeux de beaucoup de commentateurs et, comme nous le verrons au troisième chapitre, de beaucoup d'électeurs.

Il convient peut-être de distinguer entre les **valeurs** de base, relativement stables d'une génération à la suivante, et le contenu idéologique que revêtent ces valeurs à un moment donné. L'histoire ne cesse de poser de nouveaux défis, auxquels répond le monde politique en repensant les **idéologies** en fonction d'une part de ses convictions de base, d'autre part des nouvelles données sociales, nationales et internationales.

Or, le vingtième siècle, et surtout l'après-guerre, a vu des mutations profondes de ces données. Au plan international, de grande puissance relativement autosuffisante qu'elle était, la France est devenue une puissance moyenne inextricablement impliquée dans l'Europe. Au plan national, la société française a connu des bouleversements sans précédent, surtout pendant les 'Trente glorieuses' – les trois décennies de croissance et d'enrichissement continus séparant la Libération de la première crise pétrolière de 1974 – qui ont vu la disparition presque complète des paysans, le déclin du monde ouvrier et de la bourgeoisie traditionnelle, la montée en puissance des classes moyennes, et une nouvelle mobilité sociale. Il n'est donc pas étonnant que les idéologies de l'avant-guerre aient été obligées de s'adapter à la situation.

Ainsi, les idées-clefs, ou **mots d'ordre**, qui, à un moment donné, marquent l'identification idéologique, changent avec le passage des années.

Sous la Troisième République, par exemple, ce qui signalait surtout l'appartenance à gauche, c'était l'attachement à la laïcité, voire à l'anticléricalisme, point de rassemblement des gauches républicaines, radicales et socialistes (*voir 1.1*). Bien qu'en apparence étouffé, ce thème peut toujours connaître des flambées nouvelles, surtout par rapport à la question de l'école libre (en majorité l'école catholique) et ses relations avec le système d'enseignement public, qui, lui, est laïque. En 1984, c'est le tollé suscité par la proposition du gouvernement socialiste de retirer les subventions d'État à l'école libre qui contribue au renvoi du gouvernement de Pierre Mauroy par le Président de la République – enterrant en même temps la période 'héroïque' du socialisme au pouvoir. Encore plus récemment, la proposition en sens inverse du gouvernement d'Édouard Balladur – l'augmentation des subventions publiques à l'école libre – a ranimé la flamme, et donné un thème de combat inattendu à un Parti socialiste en désarroi après sa défaite écrasante aux urnes en mars 1993.

Depuis le Front populaire des années 30, plus encore sous le coup des affrontements internationaux de la guerre froide, on a de plus en plus tendance à identifier la gauche avec le seul socialisme – tendance accélérée sous la Cinquième République par la bipolarisation, qui laisse de moins en moins de place aux idéologies perçues comme de centre-gauche.

Pendant les années 60 et 70 donc, les pierres de touche idéologiques de gauche et de droite sont de plus en plus définies par rapport à l'ordre du jour socialiste – en pratique, par un certain nombre de questions concernant l'intervention de l'État dans la vie économique. Le champ a même tendance à se resserrer encore plus, pour se concentrer sur la question des **nationalisations**: c'est sur l'étendue des nationalisations que se querellent les Partis socialistes et communistes lors des négociations pour l'actualisation du Programme commun de gouvernement avant les élections législatives de 1978.

Pendant cette période, la droite tend à s'identifier de plus en plus par opposition à l'ordre du jour socialiste, qu'elle dénonce comme 'collecti-viste'. Ce faisant, elle se dote d'une idéologie mieux définie que par le passé, en faisant siens les mots d'ordre du **libéralisme économique** – économie de marché, libre concurrence – que nous allons étudier de plus près dans la troisième section de ce chapitre.

Nous avons vu que les nationalisations figuraient au premier rang des préoccupations des socialistes en 1981 – et que les privatisations occupaient un rôle similaire pour le gouvernement de Jacques Chirac en 1986. La prise de conscience que ce qu'on appelle parfois 'la valse nationalisation–dénationalisation' est en partie dénuée de sens (les nationalisations ne suffisent pas pour créer une société socialiste, et les privatisations ne sont pas toujours la baguette de fée qui transforme l'efficacité commerciale) entre pour une grande part dans les incertitudes idéologiques de la fin de la décennie. Elle est consacrée par l'annonce du candidat François Mitterrand, lors des élections présidentielles de 1988, qu'il n'est favorable ni à de nouvelles nationalisations ni à des privatisations supplémentaires. Assez grossièrement, on peut dire que **l'économie mixte** règne dorénavant, même si les doses varient entre gauche et droite.

Ce qui ne veut pas forcément dire que la distinction droite-gauche perd toute sa pertinence. Un mot d'ordre, longtemps discriminatoire, perd de sa force, mais d'autres prennent sa place.

Notre premier texte replace cette évolution toute récente dans un contexte historique plus long. Il montre en premier lieu comment la distinction entre gauche et droite a revêtu des formes changeantes à des époques différentes depuis la Révolution. En deuxième lieu, cependant, il suggère que la distinction reste valable dans la mesure où elle sépare des valeurs essentielles, qui, vers la fin du vingtième siècle, s'affrontent moins sur les questions économiques que sur les questions sociales.

Texte 2.1.1

René Rémond, 'Droite-gauche: où est la différence?', *L'Histoire*, no 162, janvier 1993, pp. 26–9

De toutes les distinctions qui ont structuré la représentation de l'univers politique, celle de droite et gauche est la plus ancienne. Depuis deux cents ans, elle préside à nos choix et régit nos affrontements idéologiques. C'est aussi la plus fondamentale, le principe organisateur de nos comportements.

Et pourtant, la question se pose aujourd'hui de sa pérennité*: cette division, sans laquelle le passé deviendrait inintelligible, est-elle encore pertinente? Cette dichotomie rend-elle bien compte des motivations de nos contemporains? Ceux qui en doutent sont nombreux, si l'on en croit les sondages d'opinion. Ainsi, nos concitoyens, interrogés en novembre 1989 à ce propos, se partageaient exactement par moitié – 44% contre 44% – les 12% restants refusant de se prononcer, ce qui était encore une façon d'exprimer leur incertitude: ceux qui estimaient que les notions de droite et de gauche n'étaient plus d'aucune utilité pour comprendre les débats de notre temps étaient aussi nombreux que ceux qui leur restaient fidèles.

La validité de la distinction droite-gauche se mesure en effet à son efficacité. Si la simple juxtaposition de la droite et de la gauche recouvre la totalité du champ des opinions possibles, et si l'histoire politique se réduit à l'affrontement de ces deux grandes tendances, à la fois antagonistes et complémentaires, la ligne de partage devrait être aisément repérable*. Le problème est donc de la détermination de critères objectifs et constants.

Pour savoir qui est de droite ou de gauche, il ne saurait être question de s'en remettre aux déclarations des intéressés: ils sont ordinairement plus nombreux à se dire de gauche que de droite, mais combien se réclament de la gauche dont les options n'ont plus grand-chose à voir avec les orientations de celle-ci! Entre 1960 et 1981, la majorité, qui était de droite, avait banni cette appellation de son vocabulaire et ne se désignait que selon sa position par rapport au pouvoir*. Paradoxalement, il a fallu qu'elle en soit écartée pour qu'elle retrouve la fierté de son appartenance. Il est donc nécessaire de définir des critères qui échappent à la passion polémique ou aux calculs d'opportunité*.

Or cette recherche est des plus décevantes. La question du critère qui départagerait infailliblement droite et gauche est le type même de la question qui ne comporte pas, qui ne peut pas comporter de réponse satisfaisante pour l'esprit. La raison en est simple, même si son énoncé ne se prête pas à une exposition en termes également simples. En l'absence d'appellation déposée* et d'une définition adoptée à l'unanimité, il n'est d'autre méthode que de partir à la recherche, dans le passé, des signes qui permettront de construire un concept de droite et de gauche. Ces dernières, en effet, ne sont pas des essences philosophiques intemporelles: elles se sont formées peu à peu, au gré des circonstances, au feu des batailles idéologiques dont notre histoire a été si prodigue* depuis deux cents ans.

Des valeurs communes à la droite et à la gauche

Consultons donc l'histoire. Quels thèmes ont défini depuis la Révolution dont date la division droite-gauche, ces deux grandes tendances? Cette prospection ménage* plus d'une surprise. On ne tarde pas à découvrir que chacun, ou presque, des grands thèmes qui furent les enjeux des controverses idéologiques a été, tour à tour, l'apanage* de la droite, puis de la gauche, à moins que ce fût dans l'ordre inverse, quitte à revenir ensuite dans sa famille d'origine.

Par exemple, au temps de la Révolution, la liberté individuelle est manifestement un thème de gauche; il s'agit de la fonder sur les ruines de l'absolutisme monarchique, mais aussi de tous les corps intermédiaires* qui limitaient l'initiative individuelle. La droite fera longtemps grief à* l'individualisme de 1789 d'avoir détruit l'ordre naturel, subverti les valeurs morales, libéré les égoïsmes, livré sans défense le faible au fort, le pauvre au riche, et fait triompher une société matérialiste. La droite oppose alors à la liberté l'autorité, la grandeur de l'obéissance, le sacrifice des aspirations personnelles à des fins collectives – tradition, grandeur de la patrie, continuité de l'institution familiale.

Or, au fur et à mesure que la gauche s'ouvrira à la préoccupation de la justice sociale, qu'elle fera de la réduction des inégalités un des objectifs de son action, la droite reprendra à son compte le thème de la défense de la liberté individuelle menacée par l'intervention de l'État et les impératifs de la collectivité, jusqu'à faire de cette liberté jadis décriée le drapeau de ses campagnes. Ainsi, un thème aussi essentiel a-t-il eu successivement pour adeptes l'une et l'autre des grandes traditions de notre univers politique.

L'évolution a été analogue pour la notion d'État et pour le rôle dévolu à la puissance publique, puisque c'était en quelque sorte le terme antagoniste de la liberté individuelle. Contre une gauche qui nourrissait une défiance héréditaire de tout pouvoir, aux yeux de qui l'État était de soi suspect et à qui le socialisme apportera plus tard une justification philosophique de cette hostilité – l'État étant nécessairement accaparé* par la classe dominante et ne pouvant de ce fait être qu'un adversaire tant que sa conquête par le prolétariat n'en aurait pas fait l'instrument de la suppression des classes – c'est la droite qui a longtemps tenu le discours de l'État impartial, arbitre des intérêts particuliers, défenseur de l'intérêt général. Or on a vu récemment la droite travailler au démantèlement de la puissance étatique, se faire le chantre de la privatisation, faire campagne contre le 'Tout État'.

Gardons-nous de penser que l'histoire de ces thèmes fait exception: on observe des revirements* analogues pour des problèmes très différents. L'unité et la diversité par exemple: que soit en question la relation entre le centre et la périphérie, entre le tout et les parties, l'État et les collectivités territoriales*, entre la souveraineté nationale et l'intégration de l'État dans des ensembles politiques plus vastes, ou encore du rapport entre l'unité du corps social et la pluralité des familles de pensée, la dialectique de l'unité et de la diversité est toujours impliquée.

Or, sur ce problème majeur, notre temps a été le témoin d'un revirement complet des positions respectives de la droite et de la gauche. Depuis les temps révolutionnaires et jusqu'aux années 60, la gauche était unitaire et avait de l'unité une vision réductrice de toute diversité, pour une raison de fond: la démocratie, c'était l'unité, partout dans le monde – en France, où la république est 'une et indivisible', aux États-Unis, contre le sudisme sécessionniste, en Suisse et ailleurs. Toute diversité – linguistique, juridique, coutumière – est perçue comme une insuffisance démocratique ou, pis, une menace contre la démocratie. Ce sont les forces du passé, les nostalgiques de l'ordre ancien, les fidèles de l'Ancien Régime qui militent pour la diversité: le régionalisme, l'attachement aux petites patries*, aux vieilles provinces, aux langues régionales dénotent la réaction. Mais, depuis les années 60, la gauche s'est convertie à la diversité; elle a pris fait et cause pour les langues régionales; c'est un gouvernement de gauche qui a fait voter les lois de décentralisation, volant à la droite un chapitre essentiel de son programme. Le pluralisme* est aujourd'hui l'autre nom de la démocratie.

Un dernier exemple complétera cet inventaire et achèvera la démonstration: l'idée coloniale. Au XIXe siècle, elle était plutôt de gauche, et pas seulement parce que la droite était réservée à l'égard des conquêtes outre-mer, mais parce que la colonisation était conçue par la gauche comme une grande oeuvre généreuse, par laquelle la France étendait à des peuples moins favorisés par l'histoire les bienfaits de la civilisation et les acquis de la grande Révolution. Après 1945, le vent a tourné: quand se sont éveillées les aspirations des peuples à obtenir leur indépendance, une partie de la gauche a combattu pour mettre fin à un rapport d'inégalité dont elle prenait conscience qu'il était injuste et c'est la droite qui a célébré dans la conquête coloniale une composante de la grandeur nationale.

Les exemples pourraient être multipliés: il n'est pas un des problèmes ayant fait l'objet de débats politiques, pas un des thèmes ayant nourri les controverses idéologiques qui n'ait ainsi vu droite et gauche échanger leurs positions au cours des deux derniers siècles. Impossible, donc, de prendre l'un ou l'autre pour critère de leur distinction. De surcroît, l'ambivalence durable de certains mouvements qui ont tenu une place importante dans l'histoire de nos formations politiques se laisse mal réduire à cette vision dualiste. Ainsi du bonapartisme* qui a revêtu, selon les périodes, des visages différents, penchant tantôt à gauche et tantôt à droite en fonction des conjonctures et aussi de sa position par rapport au pouvoir. Le cas n'est pas unique: l'écologie aujourd'hui se prête pareillement à des lectures contradictoires qui la sollicitent, les unes vers une orientation de gauche, d'autres vers une vision réactionnaire du rapport de l'homme à la nature.

Le déclin des idéologies

Et que dire du problème posé par l'existence du (ou des) centre(s) qui se définissent précisément par la récusation* de cette division droite-gauche et refusent leur duopole? A moins de supprimer la difficulté, comme le font certains analystes, en niant la réalité d'un centrisme qui ne serait qu'une droite n'osant pas s'avouer. C'est d'ailleurs la thèse de la gauche qui ne veut voir dans le centre que le faux nez* de la droite, tandis que la droite intransigeante soupçonne les centristes de nourrir des pensées de trahison. Mais, si l'on se défend d'épouser ces positions plus tendancieuses que scientifiques, le constat qu'il y a bien un électorat centriste, et des formations* qui trouvent une de leurs raisons d'être dans la volonté de surmonter l'antagonisme dualiste, met en échec l'explication qui réduit le débat politique au combat frontal de deux blocs que tout est censé opposer.

Les défenseurs de la grande distinction droite-gauche feront observer que si, dans les temps d'apaisement et de consensus, la ligne de partage perd de sa netteté et tend à s'effacer du paysage politique, il suffit que les tensions resurgissent pour que les centres se désunissent et soient contraints de rallier l'un ou l'autre des camps antagonistes. Ainsi en 1936 ou, plus récemment, pour les élections présidentielles de 1974 et 1981, toute la gauche était rassemblée contre toutes les droites faisant bloc. Le contraste entre ces deux types de situation et le passage de l'un à l'autre n'autoriseraient-ils pas à conclure que la division gauche-droite, puisqu'elle prévaut sur les divergences secondes et les nuances quand il y a de grands enjeux, est bien la *summa divisio** de la vie politique?

Pareille conclusion emporterait la conviction et réconcilierait les observations contraires si, dans les crises les plus graves – celles qui mettent en jeu l'existence de la nation ou impliquent des options sur des valeurs essentielles –, la distinction ne volait pas en éclats pour faire place à des regroupements qui n'ont plus rien à voir avec les affinités de droite ou de gauche. Dans la crise de Munich*, sur l'armistice de 1940, dans la querelle de la Communauté européenne de défense* en 1954, lors du retour du général de Gaulle en mai 1958, sur l'affaire algérienne et, plus récemment, à l'occasion de l'intervention dans la guerre du Golfe* ou dernièrement dans le grand débat suscité par le référendum sur la ratification du traité de Maastricht* et la nouvelle étape de la construction européenne, où l'on a vu la gauche socialiste et la droite libérale faire campagne côte à côte pour le oui contre les communistes et une partie des droites, tandis que le RPR se divisait entre le oui et le non; les alliances qui se nouent, les coalitions qui se forment n'empruntent pas leur principe à l'opposition de la droite et de la gauche. Qu'est-ce donc que cette distinction qu'on prétend être la plus fondamentale et qui ne résiste pas aux épreuves les plus décisives pour s'effacer devant des reclassements obéissant à des affinités ou à des considérations plus secrètes et plus déterminantes?

Faut-il donc conclure à l'abandon pur et simple de la distinction droite-gauche et considérer que, même si elle a pu avoir autrefois quelque pertinence, elle n'éclaire plus aujourd'hui l'intelligence des débats politiques? La recherche du critère absolu serait aussi vaine que celle de la pierre philosophale. C'est ce que pensaient les 44% de nos concitoyens interrogés qui répondaient que les notions de droite et de gauche n'étaient plus pertinentes. *

Et pourtant, les mêmes – ou une partie d'entre eux –, qui déclarent que ces notions de droite et de gauche n'ont plus de signification, ne répugnent pas à se situer par rapport à elles. Dans le même sondage, ils étaient 43% à se dire de gauche, 31% de droite. Nos concitoyens seraient-ils incohérents? N'est-ce pas plutôt le constat qu'on ne peut pas se passer en politique d'un cadre de référence? Et si le cadre de référence est dualiste, c'est parce que toute décision prend presque inéluctablement la forme d'un choix binaire: le régime sera-t-il monarchique ou républicain? Demandera-t-on l'armistice ou continuera-t-on le combat? Se prononcera-t-on pour ou contre Maastricht?

Tout réducteur qu'il soit de la complexité des données objectives et de la variété des opinions possibles, le dualisme exprime une dimension de l'action politique. En outre, les choix politiques ne surgissent pas du néant, sur une table rase: ils s'inscrivent dans une continuité, ils constituent des séries, ils prennent en compte des héritages. Autant de facteurs qui composent, avec le temps, des comportements stables acquérant une consistance durable. La division bipolaire qui a pris naissance aux débuts de la Révolution à propos de la Constitution et de la prérogative monarchique est devenue la structure permanente de notre représentation politique.

Mais, pour être aussi durable, cette division n'est pas immuable; son contenu se modifie et épouse les fluctuations de l'histoire. Si la forme du régime a été au principe de la division et est longtemps restée un de ses enjeux majeurs, l'extinction de la controverse n'a pas aboli l'opposition droite-gauche: celle-ci a seulement changé de repère et de critère. La question religieuse, c'est-à-dire celle de la place que l'Église catholique devait tenir dans la société moderne et de la référence de la démocratie nouvelle à cette composante de l'identité française, est en voie de perdre aujourd'hui, elle aussi, toute pertinence pour discriminer droite et gauche.

Quels sont alors les enjeux qui pourraient aujourd'hui, dans la France des années 90, prendre le relais de ceux devenus caducs*? Où trouver les thèmes appelés à jouer un rôle comparable à celui tenu jadis, dans nos controverses, par la république, la laïcité ou les nationalisations? Les enquêtes récentes montrent que la plupart des questions sur lesquelles se divisaient alors droite et gauche ont cessé de les départager. Les seules qui font apparaître des écarts significatifs entre ceux qui se disent de gauche et ceux qui se situent à droite n'étaient pas considérées, jusqu'ici, comme politiques: elles concernent plutôt des problèmes dits de société – la libéralisation des moeurs, l'abolition ou le rétablissement de la peine de mort*.

D'une question à l'autre se devinent des passerelles*, se dessinent des affinités qui ébauchent des systèmes de valeurs ayant une certaine cohérence et s'inscrivant dans une certaine continuité. Si, par exemple, les électeurs de droite sont nettement plus nombreux à se prononcer en faveur du rétablissement de la peine de mort, bien qu'elle trouve beaucoup de partisans à gauche aussi, c'est probablement en fonction d'une certaine idée de la nature humaine: l'homme de droite serait moins porté à croire à la possibilité de réintégration des criminels et plus enclin à établir une distinction tranchée entre innocents et coupables.

D'autres indices vont dans le même sens: ce n'est pas un accident si, par exemple, la gauche est plus favorable à la libéralisation des mœurs, à la déculpabilisation de l'homosexualité après avoir lutté pour la contraception et la libéralisation de l'avortement*. C'est de gauche qu'est venue la proposition de doter les couples homosexuels d'un statut juridique qui légalise leur situation et on a vu, lors du récent débat sur la réforme du Code pénal, les clivages* entre la majorité de droite du Sénat et la majorité de gauche de l'Assemblée.

La droite est en général plus attachée aux valeurs traditionnelles, à l'institution familiale, à une morale de l'effort: elle croit aux vertus de la contrainte et au respect des règles. La gauche, ou sa majorité, retrouve des inclinations libertaires*. Les problèmes à propos desquels droite et gauche se redéfiniront et qui rendront un sens à leur opposition concernent la sexualité, la vie, le corps, la culture, la justice; ils ont en commun une résonance éthique. La demande unanime de réflexion éthique qui émerge dans notre société ne fait peut-être que combler le vide qui s'est soudain creusé avec le déclin des idéologies et l'échec des grands systèmes qui avaient inspiré les choix politiques des générations précédentes. La division droite-gauche a toujours des implications qui vont au-delà du politique.

Notes et lexique

pérennité *(f)* : la permanence
repérable: qui peut être située

rapport *(m)* **au pouvoir**: entre 1960 et 1981, la droite avait tendance à s'appeler simplement 'la majorité'

calculs *(m)* **d'opportunité**: calculs qui consistent à tirer parti des circonstances du moment

appellation *(f)* **déposée**: dont le nom est enregistré et protégé

prodigue: qui dépense trop, trop généreuse

ménage: (ménager) réserve, prépare

l'apanage *(m)* : le privilège

corps *(m)* **intermédiaires**: l'ensemble des administrations et organisations situées entre le souverain et ses sujets

fera grief à: (faire grief à) en voudra à

accaparé: saisi et monopolisé

revirements *(m)* : changements d'opinion

collectivités territoriales *(f)* : communes, départements, régions

petites patries *(f)* : le lieu d'où l'on vient, à l'échelon local

pluralisme: la tolérance de la diversité

bonapartisme *(m)* : *voir 1.1*

récusation *(f)* : le fait de repousser une idée

faux nez *(m)* : déguisement

formations *(f)* : ici, partis, organisations politiques

summa divisio: la somme des divisions

crise *(f)* **de Munich**: accord international de 1938 qui marque le recul des démocraties occidentales devant Hitler et le laisse envahir la Tchécoslovaquie

Communauté *(f)* **européenne de défense**: la France avait proposé une telle communauté, puis avait hésité à la ratifier

guerre *(f)* **du Golfe**: intervention de plusieurs pays dont la France, sous l'égide de l'ONU, pour répondre à l'invasion du Koweït par l'Irak (1990–91)

traité *(m)* **de Maastricht**: traité confirmant la libre circulation des salariés et des marchandises dans l'Union européenne *(voir 1.5.1 et lexique)*

. . . n'étaient plus pertinentes: *voir 3.2.2*

caducs: dépassés

rétablissement *(m)* **de la peine de mort**: la suppression de la peine de mort a été un des premiers actes du gouvernement socialiste en 1981

passerelles *(f)* : *(fig.)* passages, des choses qui les lient

la libéralisation de l'avortement: cette législation s'est faite pendant le septennat de Valéry Giscard d'Estaing, mais avec le soutien de la gauche, et contre une partie de la majorité de l'époque

clivages *(m)* : divisions
libertaires: qui refusent toute limitation à la liberté individuelle, souvent
identifiés aux anarchistes

Compréhension

1. Retracez l'évolution des perspectives de droite et de gauche sur la liberté individuelle et sur le rôle de l'État.
2. Expliquez pourquoi, selon l'auteur, 'le dualisme exprime une dimension de l'action politique'.
3. Définissez, à partir du texte, 'l'homme de gauche' et 'l'homme de droite'.

2.2   Dilemmes du socialisme

Nous avons vu que pendant la Cinquième République, 'gauche' est devenu pratiquement synonyme de 'socialisme'. Qui plus est, depuis la création du Parti socialiste en 1971 au congrès d'Épinay, le socialisme en France est devenu de plus en plus identique, du moins dans la perception publique, avec la politique de celui-ci. Certes, le Parti communiste continue à se réclamer du mot, fidèle à l'exactitude sémantique qui veut que l'on considère le communisme comme une variante du socialisme. Hors du Parti, cependant, on n'utilise guère le mot 'socialisme' pour se référer au PC que dans un but polémique, c'est-à-dire pour laisser supposer que PS et PC partagent les mêmes ambitions que le PS n'ose avouer . . . .

Cependant, d'autres formations socialistes continuent à exister, mais marginalisées par la montée en puissance du PS pendant les années 70. Cela ne veut pourtant pas dire que le PS ait jamais été un monolithe idéologique – plutôt le contraire. La création du Parti d'Épinay était consciemment un rassemblement sous un seul toit de plusieurs traditions socialistes qui ont continué à mener une vie vigoureusement indépendante au sein du PS. Jusqu'à la déroute historique du Parti en 1993, qui a nécessité une remise à jour tant organisationnelle qu'idéologique, sa gestion même a été structurée en fonction de '**courants**' regroupés autour d'une position idéologique particulière, normalement incarnée dans un individu.

Sans entrer dans l'analyse détaillée de ces courants, d'ailleurs moribonds, considérons brièvement les grandes lignes de divergence au sein du Parti.

Nous avons parlé plus haut *(voir 1.1)* de la tradition spécifiquement française du socialisme antérieur à la diffusion du marxisme en France. En effet, la tradition remonte pour l'essentiel aux années d'avant 1848, où fleurissaient toute une variété de doctrines plus ou moins socialistes que Marx avait condamnées comme 'socialisme utopique'. Rappelons que la ligne de partage passait autour de conceptions différentes du rôle de l'État dans la marche vers le socialisme, divisant un socialisme aux traditions **libertaires** qui visait en priorité la création d'organisations mutualistes indépendantes de l'État dont on attendait peu, et un socialisme qui voyait dans la **conquête de l'État** le moyen essentiel d'assurer l'amélioration du sort des ouvriers.

La tendance dominante au PS, depuis sa création jusqu'en 1984, est plutôt marxisante, dans le sens d'une confiance dans les mécanismes 'étatiques'. Y entre une dose de considérations stratégiques, à savoir la rivalité avec le PC, et en même temps la nécessité de négocier avec lui. Le Programme commun de gouvernement est le fruit, au niveau de la théorie idéologique, de l'action du Centre d'éducation et de recherche socialistes (CERES) dirigé par le leader de l'aile gauche du Parti, Jean-Pierre Chevènement; il parle, dans un langage directement emprunté au marxisme, de la nécessité d'une '**rupture avec le capitalisme**'. Bien que la nécessité stratégique ne joue plus, le PS ayant su établir son hégémonie à gauche, le programme suivi en 1981 porte toujours la marque de cet ancrage dans une gauche marxisante.

La tradition 'alternative', cependant, n'est jamais morte en France. Dans les années 60, elle s'exprime surtout – mais mélangée à d'autres traditions – au PSU qui, malgré sa faiblesse électorale, sert longtemps de couveuse au renouvellement idéologique du socialisme. Cette tradition entre au PS en 1974 avec Michel Rocard, leader du PSU, et ses alliés. Ceux-ci, à la suite des 'événements' de mai 1968, cherchent une formule pour exprimer, dans le monde industriel contemporain, les aspirations à la participation directe qui ont inspiré les socialistes des débuts du dix-neuvième siècle.

Cette formule qu'ils baptisent '**autogestion**' et qu'ils imposent comme doctrine officielle du PS, déborde en effet la question du meilleur cadre de la gestion industrielle et commerciale; elle traduit aussi une certaine méfiance vis-à-vis de l'État et un intérêt pour les possibilités d'action politique efficace dans ce qu'on appelle 'la société civile', notamment les réseaux d'associations à buts spécifiques. (Selon certains commentateurs et apologistes, cette tradition se retrouve, dans les années 90, dans le mouvement écologiste qui relie action politique au niveau national et action locale sur des bases associatives.)

L'entrée des 'rocardiens' au PS marque aussi une dilution de l'anti-cléricalisme hérité de la SFIO, dans la mesure où elle est accompagnée d'une tradition de progressisme catholique né (paradoxalement) du dialogue chrétien-marxiste des années 60.

En 1978, Michel Rocard se pose en challenger de François Mitterrand pour le poste de Premier secrétaire; battu, il doit attendre son moment qui, nous l'avons vu, vient en 1988. Pendant ce temps, le rocardisme évolue, laissant derrière lui ses origines quasi révolutionnaires pour se diriger vers ce que certains considèrent comme la '**social-démocratie**'.

L'appellation est historiquement peu exacte, puisque la social-démocratie, développée surtout en Allemagne et dans les pays scandinaves, comporte comme élément essentiel un lien étroit entre parti politique et mouvement syndical, ce qui n'a jamais été le cas en France. Dans le langage des socialistes français – et surtout dans la bouche de son aile gauche – le terme 'social-démocratie' désigne plutôt un abandon des ambitions radicales du socialisme marxisant en faveur d'un réformisme graduel.

Les mécanismes caractéristiques de la social-démocratie sont, en bref, l'encouragement de la croissance économique par un partenariat entre l'État et le capitalisme – celui-ci n'étant contrôlé que pour s'assurer que l'intérêt public reste suprême – suivi d'une redistribution des gains par un impôt sur le revenu progressif et le développement systématique de la Sécurité sociale par l'**État-providence**.

Ce sont, en effet, ces mécanismes qui, avec des infléchissements mineurs, ont assuré à la plupart de l'Europe occidentale – sous des gouvernements de centre-droite comme de centre-gauche – une croissance continue depuis la fin de la guerre jusqu'aux années 70, c'est-à-dire, jusqu'au moment où le consensus a été rompu par les gouvernements de Margaret Thatcher et de Helmut Kohl.

Le paradoxe du socialisme français, c'est qu'il s'est réconcilié avec la social-démocratie au moment même où la faiblesse de celle-ci devient apparente. Elle repose en effet sur une hypothèse de croissance continue et de plein emploi, tandis que la tendance, apparente déjà pendant les années 70 et de plus en plus évidente dans les années 80, est à la crise économique et au chômage. S'il y a moins de croissance économique, il y a moins de gains à redistribuer; s'il y a plus de chômage, le coût de l'État-providence flambe.

C'est dans ce contexte peu prometteur que le socialisme français doit chercher une nouvelle voie. Il doit en même temps éteindre les restes d'un socialisme trop ambitieux dont l'échec est patent; faire face à l'échec du communisme en Europe de l'est; trouver des moyens de défendre les acquis plus modestes contre un libéralisme qui a le vent en poupe; et en venir aux prises avec les nouvelles demandes véhiculées, par exemple, par les écologistes.

C'est à ces nouvelles exigences, ainsi qu'à la nécessité de ce qu'il appelle une 'rupture' avec le socialisme traditionnel, qu'a voulu répondre Michel Rocard dans un discours controversé qu'il a prononcé en février 1993, en pleine campagne électorale. Dans ce discours, il a plaidé pour un '*big-bang* électoral' visant à fondre dans un vaste mouvement nouveau non seulement les socialistes, mais aussi 'tout ce que l'écologie compte de réformateurs, tout ce que le centrisme compte de fidèles à une tradition sociale, tout ce que le communisme compte de véritables réformateurs, et à tout ce que les droits de l'homme comptent aujourd'hui de militants actifs et généreux'.

Reste à voir si les socialistes sont prêts à suivre une telle direction. Devenu Premier secrétaire du Parti au lendemain des élections législatives, Rocard lui-même est écarté après le mauvais score socialiste aux élections européennes de 1994 et remplacé provisoirement par un socialiste plus traditionnel, Henri Emmannuelli. L'impression qu'un cycle – celui du Parti d'Épinay – se termine, est soulignée par le fait que, pour ces élections, le Parti est concurrencé à gauche par une liste séparée présentée par Jean-Pierre Chevènement et à droite par une liste MRG conduite par l'entrepreneur Bernard Tapie. Chevènement et Tapie sont tous deux d'anciens ministres de gouvernements socialistes.

Nous présentons ici deux textes écrits par deux anciens Premiers ministres socialistes. Le premier, de Laurent Fabius, résume l'histoire du socialisme français pour insister sur la nécessité d'opérer une nouvelle synthèse dont l'idée-maîtresse serait la démocratie, au sens le plus large.

Le deuxième texte est l'avant-propos de Pierre Mauroy au 'Projet socialiste' de 1992, résultat d'une large collaboration au sein du PS pour préciser cette nouvelle synthèse. Le texte reconnaît d'abord que le Parti a changé, avant d'offrir une critique vigoureuse du libéralisme en vogue et une robuste défense des valeurs fondamentales du socialisme.

Texte 2.2.1
Laurent Fabius, 'Le Socialisme et la dynamique de la démocratie' (extrait), Entretien avec *Le Débat*, no 49, mars–avril 1988, pp. 15–17

Le Débat. – Le socialisme français est aujourd'hui devant un problème de définition. Il lui faut assumer en pensée ce qu'il a pratiqué en fait comme socialisme de gouvernement. Vous avez vous-même mentionné tout à l'heure vos réserves à l'égard du dogme central de l'appropriation collective des moyens de production* comme levier de la transformation sociale. Vous revendiquez volontiers le projet d'un 'socialisme moderne'. Pourriez-vous préciser son contenu?

L. F. – Cette expression, que j'emploie souvent, n'est peut-être pas la meilleure, mais elle a le mérite à la fois de revendiquer une tradition – le socialisme – et d'indiquer la nécessité d'une ouverture et d'un enrichissement de cette tradition. Au plan le plus général, le socialisme tel que je le conçois repose sur trois idées qui opèrent trois distinctions par rapport à d'autres familles politiques: la nécessité d'une transformation organisée de la société, qui nous sépare des conservateurs; l'approfondissement de la démocratie et de la justice, qui qualifie le contenu de la transformation à conduire; le centrage sur la personne humaine qui nous distingue notamment de l'approche communiste.

Le Débat. – Mais est-ce que l'idée de justice est vraiment discriminante? Personne ne met l'injustice à son programme!

L. F. – Bien sûr! Mais lorsqu'on creuse un peu, on constate que s'opposent nettement deux perceptions. Il y a ceux – disons en gros la gauche – pour qui la justice est une condition de l'efficacité. Cependant que d'autres pensent, même s'ils le reconnaissent difficilement, que l'efficacité implique un prix à payer en termes de justice.

Le Débat. – Et l'élément proprement 'moderne' du socialisme, en quoi le faites-vous consister?

L. F. – Le socialisme a assumé l'héritage révolutionnaire de 1789, puis la pensée de Marx et de ses descendants. Or voici qu'à l'approche du nouveau siècle, ce socialisme, qui ne peut plus être le collectivisme dont beaucoup pensaient – avant la leçon soviétique – qu'il était sa condition même, le socialisme opère des synthèses nouvelles: il devient évident que contraire-ment aux caricatures c'est la personne humaine qui fonde notre démarche et qu'elle est pour nous la lumière qui éclaire tout. Pourquoi cette démarche socialiste est-elle spécialement actuelle? Parce qu'on mesure avec une force particulière aujourd'hui qu'il faut chercher à prévenir et à corriger les graves déséquilibres du pays et du monde par une organisation plus juste, faute de quoi, au nom d'une prétendue liberté, la société se disloquera, les crises se multiplieront, des millions d'enfants mourront de faim, le monde continuera de se surarmer jusqu'à l'explosion et la nature fera naufrage.

Disons-le en d'autres termes: un concept central du socialisme, le point central selon moi est désormais l'extension maximale de l'idée de démocratie. Beaucoup a déjà été réalisé sur le plan de la démocratie politique, pas tout:

par exemple manque encore une réelle intégration des immigrés. Il reste aussi de considérables progrès à accomplir dans l'ordre de la démocratie économique, sociale et culturelle. C'est retrouver et prolonger dans un contexte différent l'approche de Jaurès*. Bref, il existe une continuité entre la démocratie et le socialisme.

Le Débat. – Ce que vous dites oblige à vous poser la question de l'aggiornamento* implicite opéré par le Parti socialiste. Le PS a réalisé une sorte de congrès de Bad-Godesberg muet ou tacite. Va-t-il attendre longtemps avant d'expliciter son changement d'orientation?

L. F. – Il y a eu un Bad-Godesberg de fait. A son congrès de Bad-Godesberg, en 1959, vous savez que la social-démocratie allemande a rompu avec la vulgate* marxiste. Face à l'orientation de la RDA*, elle a proclamé que le respect sourcilleux des 'libertés formelles'*, des droits de l'homme, constituait le socle* de la démocratie et du socialisme; et que toute 'transition au socialisme' qui bafouerait* ces droits ne constituait pas un autre chemin vers le même but, mais un chemin différent vers un but différent, et au demeurant* détestable. Elle s'est ralliée au principe de l'"économie mixte' en formulant sa célèbre devise: 'La concurrence dans toute la mesure du possible, la planification autant que nécessaire.'

Par rapport à son programme de 1972 – 'Changer la vie' – la nouvelle plate-forme du PS adoptée en janvier 1988 opère une mise à jour notable. L'approfondissement progressif de la démocratie est présenté comme le but et le moyen du socialisme. L'"économie mixte' est opposée au 'tout-État' des communistes comme au 'tout-privé' des libéraux. Le socialisme sait aujourd'hui ce qu'il ne veut pas être. Il doit – et c'est normal – préciser davantage encore ce qu'il veut être.

Le Débat. – Plus précisément?

L. F. – Nous avons connu jusqu'à présent deux grands stades dans l'histoire du socialisme français. La première période a correspondu en gros à la SFIO. Elle s'est caractérisée au plan de la doctrine par l'adhésion au marxisme. Au plan de l'organisation, le Parti était une sorte de contre-État devant être tourné essentiellement vers le prolétariat et destiné à le protéger d'un monde qui l'opprimait. Cette période a connu de grands moments puis des contradictions graves. Contradiction entre le langage révolutionnaire du Parti et sa pratique gouvernementale d'une part; entre cette forme d'organisation et la réalité d'un électorat de moins en moins spécifiquement ouvrier, d'autre part.

Le deuxième stade a correspondu au renouveau du parti socialiste des années 70 jusqu'à aujourd'hui. La doctrine a intégré, en plus de l'héritage de 1789 et du marxisme, des approches nouvelles comme le courant autogestionnaire. Des synthèses se sont opérées. Une stratégie nouvelle a été définie. Le Parti s'est ouvert. La pratique du gouvernement l'a fait également évoluer entre 1981 et 1986. L'électorat s'est beaucoup élargi. Il s'est mis à ressembler davantage à l'ensemble de la population française.

Est-ce que nous n'entrons pas dans une troisième phase, caractérisée par des approfondissements doctrinaux, par des évolutions d'organisation, et par la recherche d'une nouvelle extension de l'audience du Parti socialiste? Comme les autres socialistes européens, nous sommes aujourd'hui confrontés à une difficulté stratégique que nous travaillons à surmonter. La société et le monde ont formidablement changé, et cette métamorphose a rendu inadéquates certaines solutions. Pour le dire brièvement: les modes de régulation inventés par les sociaux-démocrates des années 30 face à la première grande crise du capitalisme, expérimentés en vraie grandeur pour la première fois en Suède en 1932 et généralisés après la Seconde Guerre mondiale sous la forme de l'"État-providence", ces modes de régulation rencontrent de sérieux obstacles. Nous vivons la seconde grande crise du capitalisme au cours du siècle. Il appartient à notre génération d'inventer de nouveaux modes de régulation de l'économie et de la société, adaptés à la nouvelle donne mondiale, capables de la prévoir et de la corriger, conformes à nos idéaux et à nos valeurs.

Notes et lexique

l'appropriation *(f)* **collective des moyens de production**: normalement conçue comme les nationalisations, elle peut englober aussi des formules telles que l'entreprise coopérative

Jaurès: socialiste français (1859–1914), l'un des premiers leaders de la SFIO, ancêtre du Parti socialiste

aggiornamento *(m)* : l'adaptation aux nouvelles conditions du monde moderne

vulgate *(f)* : la version populaire de la théorie marxiste

RDA: République Démocratique Allemande, Allemagne de l'est

'libertés formelles': les marxistes ont longtemps opposé les 'libertés formelles' (suffrage universel, égalité devant la loi) aux 'libertés réelles' qui, selon eux, ne sont possibles que sous le communisme

socle *(m)* : base sur laquelle repose un édifice

bafouerait: (bafouer) traiterait avec mépris

au demeurant: du reste

Compréhension

1. Expliquez le sens concret que donne Fabius au concept de 'l'extension maximale de l'idée de démocratie'.
2. Résumez les trois phases du socialisme français identifiées par Fabius.
3. Quels sont, selon Fabius, les défis particuliers auxquels est confronté le socialisme aujourd'hui?

Texte 2.2.2

Pierre Mauroy, 'Avant-Propos', (extrait) *Un nouvel horizon. Projet socialiste pour la France*, Le Débat/Gallimard, Paris, 1992, pp. 9–15

Qu'est-ce que le socialisme? Pourquoi devient-on socialiste? Ces interrogations sur notre identité, sur le sens de notre combat, sur les valeurs de notre engagement appellent une réponse nouvelle et adaptée à un monde en pleine mutation.

Qu'est-ce que le socialisme? Un refus de l'ordre des choses. Une révolte devant les injustices et les inégalités. Un engagement pour les libertés, toutes les libertés. Un combat pour cette tolérance qui a pour nom laïcité. Une exigence de solidarité et de responsabilité pour chacun et pour tous. Une finalité: l'épanouissement de la personne humaine dans un monde en progrès.

Ces valeurs, qui n'ont pas été altérées par le temps, témoignent de la permanence du socialisme. Il n'est pour autant pas contradictoire d'affirmer que le socialisme doit sans cesse s'adapter, intégrer d'autres valeurs, réaliser de nouvelles synthèses, tenir compte de l'expérience du pouvoir, modifier ses méthodes d'action.

L'objectif qui a présidé à l'élaboration de notre projet est clair: faire la part de ce qui est immuable et de ce qui doit changer; en un mot, redéfinir notre identité de socialistes en cette fin de siècle.

Nous nous sommes attelés à cette tâche, il y a plus de dix-huit mois. Notre ambition a suscité des interrogations. Les uns louaient notre audace. Les autres s'inquiétaient de notre témérité.

Alors que l'idéologie et l'engagement politique sont accueillis avec scepticisme, il est vrai qu'une telle entreprise constituait un pari audacieux. Cet exercice était pourtant indispensable, non seulement pour nous-mêmes mais aussi pour tous ceux qui partagent l'espérance, toujours ouverte, du socialisme démocratique.

La victoire de la social-démocratie

Avec l'effondrement du communisme et la révolution technologique, notre projet s'inscrit dans une période de l'histoire de l'humanité tout à fait exceptionnelle. Il marque une étape importante de notre propre histoire. Il consacre la victoire d'un combat idéologique de plus de soixante-dix ans dont nous pouvons être fiers.

Ce sont en effet les sociaux démocrates qui ont formulé les critiques les plus pertinentes contre le régime qui s'installait en URSS en 1917. Ce sont eux qui se sont livrés à la réfutation la plus acérée* de ses soubassements* idéologiques.

C'est Blum* qui analysait de manière prophétique la logique de la dérive communiste. C'est Kautsky* qui soulignait la profondeur du divorce intervenu avec les bolcheviks en constatant que 'l'opposition des deux courants socialistes n'est pas fondée sur de mesquines* rivalités de personnes mais repose sur deux méthodes foncièrement différentes: la méthode démocratique et la méthode dictatoriale'.

Nous n'avons jamais failli sur l'essentiel, même et surtout lorsque nous étions légitimement rassemblés à gauche pour combattre la droite.

Nos adversaires, à droite, voudraient pourtant que le socialisme s'efface parce que le communisme s'effondre. Ils souhaiteraient jeter le discrédit sur la social-démocratie. Ils voudraient convaincre que, par nature, toute pensée réformatrice, toute volonté de combattre les inégalités serait suspecte et susceptible d'étouffer les libertés.

Et, dans le même mouvement, que proposent-ils? L'exaltation d'un individualisme exacerbé jusqu'au rejet de la solidarité. La célébration des vertus du marché comme symbole et fin ultime de la démocratie. La glorification de l'argent comme valeur suprême. La compromission avec des idées d'exclusion qui sont à l'opposé de tout ce qui fait 'l'exception française': la France des droits de l'homme.

Force est pour tous de reconnaître, cependant, que les années 80 resteront marquées par la victoire de l'économie de marché sur l'économie administrée*. Mais s'il est vrai que nous ne croyons plus depuis longtemps à celle-ci, il est vrai aussi que nous n'acceptions pas vraiment celle-là.

Pour un rapport critique avec le capitalisme

Nous avons changé. Par notre pratique d'abord. Dans nos textes ensuite. Notre déclaration de principes hier, notre projet aujourd'hui théorisent cette évolution que nous devons pleinement assumer.

Oui, nous pensons que l'économie de marché constitue le moyen de production et d'échange le plus efficace.

Non, nous ne croyons plus à une rupture avec le capitalisme. C'est déjà beaucoup que de le dire. Mais accepter le marché ne signifie en aucun cas laisser la victoire idéologique au capitalisme.

Nous devons redéfinir un rapport critique avec le capitalisme. Nous sommes conscients que le capitalisme borne* notre horizon, pour la décennie à venir et sans doute pour bien longtemps encore. Mais nous sommes également décidés à en corriger les excès en instituant tous les contrepoids nécessaires.

La vague libérale a déferlé pendant les années 80. Les signes de reflux se multiplient. A nous d'en accélérer le rythme et l'ampleur, en dénonçant les limites et les excès du libéralisme et souvent même les ravages qu'il provoque.

Les inégalités se sont dramatiquement creusées au niveau mondial. Entre les pays riches et les pays pauvres, mais aussi entre les pays pauvres eux-mêmes. Année après année, les transferts financiers entre le Nord et le Sud se font au détriment du Sud, et pour des montants sans cesse croissants. Année après année, le nombre de ces pays que l'on appelle les 'moins avancés', c'est-à-dire les pauvres parmi les pauvres, augmente. Année après année, des dizaines de millions d'hommes, de femmes et d'enfants meurent de faim ou de maladies curables.

Dans les pays riches eux-mêmes, l'échec social du libéralisme est patent. L'opposition entre le Nord et le Sud de la Grande-Bretagne témoigne d'une cohésion sociale abîmée. Les ghettos des grandes villes américaines donnent l'exemple de la misère qui gagne, qui ronge et qui charrie son cortège de violence et de drogue.

Allons plus loin. Sur le plan économique également, le libéralisme montre ses limites. Poussé dans sa logique extrême, il dégénère dans une 'économie casino'* qui n'est plus en rien facteur de dynamisme. Tout est subordonné aux profits financiers à court terme: le tissu industriel s'étiole*, la recherche est en jachère*, la compétitivité s'érode.

Aux États-Unis, le mirage reaganien* s'évapore, et les Américains découvrent combien leur appareil productif est affaibli. En Grande-Bretagne, les Anglais constatent que dix années d'idéologie thatchérienne conduisent leur pays à céder le pas à l'Italie.

Et qui sont les véritables vainqueurs de la décennie? Le Japon et l'Allemagne, bien sûr. Mais aussi, dans une autre catégorie, les nouveaux pays industrialisés. C'est-à-dire des pays qui ont pour dénominateur commun d'avoir su résister aux sirènes* libérales et mettre en place des contrepoids efficaces au marché, notamment par le rôle stratégique de l'État.

Renouveler la dimension éthique du socialisme

Approfondissons davantage encore l'analyse, au-delà même des échecs économiques et sociaux du libéralisme. Maurice Allais, prix Nobel d'économie et pur théoricien de l'école libérale, reconnaissait récemment que, sur le plan de l'éthique, l'économie de marché entraînait des dérives.

Cette éthique, ignorée du marché, constitue l'un des fondements de notre socialisme que nous devons réaffirmer et revendiquer plus fortement encore aujourd'hui dans tous les domaines, et en particulier politiques et économiques.

Les choix éthiques prennent en effet une dimension de plus en plus grande. L'histoire humaine a toujours été marquée par la violence. Violence de l'homme contre lui-même avec la cohorte d'injustices, d'exploitations et de guerres. Violence de l'homme contre la nature aussi.

Ces violences furent destructrices. Et pourtant, le pire, le risque du pire, était encore à venir.

Le développement des technologies est tel qu'aujourd'hui, pour la première fois, l'homme se trouve en position de détruire la nature et de modifier profondément l'espèce humaine elle-même.

Cette mutation majeure doit nous conduire à entreprendre un véritable tournant idéologique. Nous devons aujourd'hui, avec ce projet, réussir une nouvelle synthèse et introduire l'écologie dans notre combat. Non pas parce que c'est une mode: les modes passent. Tout simplement parce que notre civilisation technologique nous en donne les moyens et nous en fait obligation. Nous devons assumer la responsabilité qui est la nôtre à l'égard des générations futures.

Pour de nouvelles régulations

Comment réussir à relever ces immenses défis? Tel est l'enjeu du projet. Il analyse les problèmes dans leur complexité. Il ouvre des pistes de réflexion. Il propose avec ambition mais modestie des solutions.

Ces solutions reposent en tout cas sur une certitude commune: le libéralisme économique est une théorie du XIXe siècle, désuète et qui n'a constitué qu'un moment de l'histoire de l'humanité.

Dès les années 20 déjà, le libéralisme – tel qu'il avait été défini par les économistes classiques – s'est révélé incapable de résoudre la crise. C'est tout au contraire en lui échappant, en incorporant des éléments de socialisation, en jetant les bases d'un compromis social dont les régulations keynésiennes* ont été l'expression, que les sociétés industrialisées ont pu retrouver le chemin de la croissance.

Aujourd'hui, ce compromis keynésien est à son tour caduc. La mondialisation de l'économie dans sa sphère productive et peut-être davantage encore dans sa sphère financière l'a rendu inopérant à l'échelle d'un pays.

Il nous faut donc inventer de nouvelles régulations.

Nouvelles régulations internationales d'abord. Au début du siècle, la faiblesse des salaires ouvriers entraînait une sous-consommation, freinait le développement économique et interdisait toute paix sociale durable. Aujourd'hui, il ne saurait pas davantage y avoir de paix durable alors que la sous-consommation des quatre cinquièmes du globe se double de crises permanentes de surproduction dans les pays industrialisés.

Nous appelons de nos vœux la naissance d'un nouvel ordre mondial fondé sur un large désarmement – catégoriel et géographique – et sur une organisation efficace de la sécurité collective, grâce aux Nations unies et à la mise en place de plans de paix et de sécurité régionaux.

Mais nous savons aussi que la paix reposera à terme sur un préalable: l'alliance de la démocratie et du développement partout dans le monde. Et donc dans la recherche permanente de nouveaux équilibres.

Il en va de même dans chacun de nos pays. Partout ce sont les structures dépassées, les schémas de pensée trop timides, les modernisations inachevées qui bloquent aujourd'hui le développement économique.

L'invention démocratique

Nous devons prendre pleinement conscience de cette donnée nouvelle: la démocratie est aujourd'hui devenue un facteur de production à part entière.

Trop longtemps, notre pays est resté prisonnier de schémas de production tayloriens*. Peu à peu, la possession d'un outil de production plus flexible, mieux adapté à une demande plus diversifiée, est apparue comme un impératif. Et pourtant!

Quelles sont les solutions que toutes les forces conservatrices et trop de chefs d'entreprise ont préconisées? Le renforcement du taylorisme* plutôt que le développement de la formation. La compression des salaires plutôt que l'accroissement des qualifications. La recherche de la précarisation plutôt que de nouvelles méthodes d'organisation, moins hiérarchisées, plus souples et plus démocratiques. Or, il n'existe pas d'efficacité sans communications fluides, et donc sans structure profondément démocratique.

C'est peut-être là d'ailleurs, lorsqu'on y réfléchit bien, la cause profonde de l'échec des sociétés communistes. Tant qu'il s'agissait de produire des grandes séries, de satisfaire aux besoins primaires, voire de développer des technologies de pointe dans des secteurs précis, la société soviétique fondée sur la hiérarchie et l'ordre rigoureux du Gosplan* se montrait relativement performante. Mais plus la société s'est complexifiée, plus la demande s'est diversifiée, plus la fluidité de la communication s'est imposée – et plus le modèle autoritaire est devenu contre-performant.

Définition d'un rapport critique avec le capitalisme, promotion d'une éthique écologique, mise en place de nouvelles régulations, réinvention permanente de la démocratie, telles sont quelques-unes des avancées de notre projet. Certaines s'inscrivent dans la droite ligne de notre histoire. D'autres l'infléchissent. D'autres enfin traduisent un véritable renouvellement. Toutes ensemble, elles constituent l'identité des socialistes en cette fin du XXe siècle et présentent des objectifs ambitieux pour l'action que nous allons proposer aux Français de poursuivre, avec eux, ces prochaines années.

Notes et lexique

acérée: dure, tranchante

soubassements *(m)* : ce qui est à la base, les fondements

Blum: socialiste français (1872–1950), chef de la SFIO, Premier ministre du Front populaire (1936–37) puis de nouveau après la Libération (décembre 1946-janvier 1947)

Kautsky: homme politique allemand (1854–1938), théoricien du parti social-démocrate allemand

mesquines: qui manquent de générosité

administrée: c'est-à-dire par l'État

borne: (borner) limite

'économie *(f)* **casino'**: économie dominée par les spéculations financières

s'étiole: (s'étioler) s'affaiblit

en jachère *(f)* : non cultivée, laissée à l'abandon

reaganien: ayant rapport aux politiques de Ronald Reagan, Président des États-Unis 1980–88, marquées par un libéralisme économique agressif

sirènes*(f)* : animaux fabuleux aux voix séductrices qui attirent les marins dans des lieux dangereux

régulations *(f)* **keynésiennes**: interventions de l'État pour assurer le plein emploi, inspirées par les travaux de l'économiste anglais J. M. Keynes

tayloriens: qui relèvent de l'organisation scientifique du travail (mécanisation, spécialisation) préconisée par l'américain F. Taylor

taylorisme *(m)* : l'application de la théorie de Taylor
Gosplan: système centralisé de planification de la production en URSS

Compréhension

1. Comment l'auteur répond-t-il à ceux qui utilisent l'effondrement du communisme pour jeter le discrédit sur le socialisme démocratique?
2. Définissez les rapports que l'auteur cherche à établir entre 'un rapport critique avec le capitalisme', 'la dimension éthique du socialisme' et la nécessité pour de 'nouvelles régulations'.
3. Comment la démocratie est-elle devenue, selon l'auteur, un 'facteur de production'?

2.3 Ambiguïtés du libéralisme

Grossièrement, on peut résumer l'histoire des affrontements idéologiques des décennies récentes en disant que pendant les années 70, c'est l'ordre du jour socialiste qui tient le devant de la scène, la droite libérale étant souvent réduite à des réactions négatives aux dangers qu'elle perçoit dans le projet socialiste; tandis que depuis le milieu des années 80, c'est le libéralisme qui a le vent en poupe, la gauche étant souvent réduite à une critique des insuffisances de celui-ci.

Ce revirement n'est pas un phénomène purement français. En fait, la France a connu un certain retard, dans la mesure où le libéralisme économique agressif des années Reagan-Thatcher coïncide à peu près avec l'expérience du socialisme mitterrandien au pouvoir. Le libéralisme ne trouve son écho en France qu'avec le gouvernement Chirac de 1986–88.

De plus, cet écho est de courte durée, et plutôt en sourdine. Car en France, le libéralisme, en tant que credo économique, rencontre autant de résistances puissantes au sein de la droite que de critiques à gauche, en raison, d'une part, de l'héritage du gaullisme et, d'autre part, des hésitations de la démocratie-chrétienne française.

Nous avons vu dans le premier chapitre que le gaullisme s'est voulu dès son origine un rassemblement au-dessus des conflits de classe. Au plan idéologique, cette ambition se traduit par l'importance, dans la vision gaullienne, de la '**participation**' qui va jusqu'à l'idée d'une 'troisième voie' entre capitalisme et socialisme. La vision est restée plutôt théorique même pendant la période gaulliste proprement dite, et se trouve occultée sous le régime de Georges Pompidou, sans jamais cependant disparaître entièrement.

Au plan des politiques concrètes, le gaullisme proclame traditionnellement la nécessité d'une planification de l'économie, au nom d'un 'volontarisme' qui considère le libéralisme comme un 'laisser-aller' auquel répugne son goût traditionnel pour un État fort. Dès la Libération, le gaullisme s'est même associé à la gauche dans une importante série de nationalisations certes justifiées à partir de perspectives idéologiques différentes, mais dans lesquelles les partenaires se rejoignaient pour freiner ou canaliser le libre jeu du marché.

C'est plutôt dans le rang des Républicains indépendants, devenus plus tard Parti républicain, que se développe une théorie française du libéralisme. Pendant son septennat, le Président Giscard d'Estaing élabore le concept de la 'société libérale avancée', qui associe un libéralisme économique plus énergique avec un libéralisme culturel qui trouve son expression dans une importante série de mesures sociales (abaissement de l'âge de la majorité, légalisation de l'avortement, etc.).

Signe des ambiguïtés du libéralisme, Giscard se trouve dans la nécessité, pour faire passer certains éléments de son programme de libéralisation culturelle, de s'appuyer sur l'opposition de gauche qui, par contre, monte au créneau contre son programme de libéralisation économique. Les gaullistes, eux, se montrent réservés sur les deux fronts, et c'est contre le 'libéralisme' que Jacques Chirac s'insurge quand il démissionne de son poste de Premier ministre en 1976 pour restructurer le gaullisme en rival du pouvoir giscardien.

C'est donc à son successeur, Raymond Barre, que revient la tâche d'ouvrir l'industrie et le commerce français, perçus comme trop protégés par la tradition étatique française, au défi de la concurrence internationale posé par le développement de la communauté européenne. Il prend cette tâche en main au moment même où les effets de la première crise pétrolière de 1974 commencent à se faire jour dans un brusque ralentissement du taux de croissance des économies occidentales, auquel il répond par la 'rigueur' au niveau de la politique salariale.

La France est toujours loin du libéralisme 'à tous crins' de Reagan ou Thatcher. Barre lui-même vient des rangs du CDS, qui reste fidèle à l'appel chrétien-démocrate pour la 'solidarité', tempérant ainsi les vents froids du libre marché et de la 'loi du plus fort'.

Pendant les années 80, cependant, le RPR sous Jacques Chirac se convertit à un libéralisme économique plus militant, en partie sous le coup du climat idéologique international, en partie sous l'influence de personnes venues du monde des affaires qui entrent au RPR et deviennent donc plus nombreuses dans les rangs du groupe parlementaire de 1986 à 1988.

Nous avons vu cependant que l'expérience est de courte durée, et après la défaite de 1988, le RPR revient à un libéralisme plus modéré. Il est poussé dans ce sens par un renouveau du gaullisme traditionnel, plus 'social', exprimé par exemple par les voix de Philippe Seguin et de Charles Pasqua qui, en 1990, montent un défi à la direction du RPR.

Leur appel aux valeurs traditionnelles du gaullisme se dirige aussi contre le développement de l'union européenne, perçue comme une consécration du libéralisme économique – c'est le même Philippe Seguin qui mène la bataille contre le traité de Maastricht – et contre une association trop étroite avec l'UDF libérale et centriste. La révolte est étouffée, et l'acceptation d'un gaulliste plutôt libéral, Édouard Balladur, comme Premier ministre de la coalition RPR/UDF en 1993, consacre une trêve qui peut néanmoins s'avérer fragile.

Le 'libéralisme' est peut-être devenu le mot d'ordre autour duquel la droite se rassemble, mais il suscite toujours des réserves importantes. L'expression comporte en tout cas une ambiguïté profonde. Dans l'ordre culturel, nous l'avons vu, c'est plutôt à gauche qu'on trouve les 'libéraux', tandis que dans l'ordre économique, le libéralisme est loin de faire l'unanimité de toutes les droites.

Dans ce contexte, nous présentons deux textes contrastés. Le premier est composé d'extraits d'un livre récent d'Édouard Balladur, Premier ministre depuis 1993, dans lesquels on peut déceler la tension entre un attachement fondamental au libéralisme, surtout économique, et les valeurs traditionnelles du gaullisme, qui en appellent au 'volontarisme' critiqué dans le deuxième texte.

Ce texte est un entretien avec François Léotard, à l'époque président du Parti républicain et héritier du giscardisme des années 70, qui considère les relations, pas toujours confortables, de la droite avec le libéralisme.

Texte 2.3.1
Édouard Balladur, *Dictionnaire de la réforme* (extraits), © Librairie Arthème Fayard, Paris, 1992, pp. 142–5, 172–3, 205–6

Gaullisme

C'est l'une de nos traditions nationales, l'un des traits distinctifs de notre tempérament qui se manifeste à travers notre histoire. Il n'est pas surprenant

qu'il ait repris vie depuis cinquante ans, à l'occasion de la plus grande défaite*
que la France ait jamais subie.

- Le gaullisme est un patriotisme. Il met au-dessus de tout le culte de la
  nation, de son indépendance, de sa défense, sans faire fi* cependant des
  contraintes du monde qui imposent de coopérer avec d'autres nations.
- Le gaullisme est une intransigeance et, dans cette mesure-là, une forme de
  dédain pour la politique dans la mesure où elle se définit par la recherche
  systématique du compromis.
- Le gaullisme est un pragmatisme. Il se tient loin des idéologies et des
  systèmes. Selon les époques, de Gaulle fut plus ou moins favorable aux
  Américains, aux Russes, aux Anglais, aux nationalisations, au dirigisme, ou
  à la liberté économique. Ce qui comptait par-dessus tout, pour lui, c'était
  l'intérêt de la France.

S'inspirant de son exemple, nous tenant loin de tout dogmatisme, nous
devons nous interroger: nos institutions doivent-elles rester éternellement ce
qu'elles sont, dans toutes leurs règles, alors que la télévision et l'élection du
Président au suffrage universel en ont changé l'équilibre? Notre défense et
nos relations avec nos alliés, définies il y a trente ans, sont-elles intangibles*,
alors qu'en l'espace de quatre ans le monde entier a été bouleversé*? La
décentralisation et la régionalisation prônées par de Gaulle et réalisées par
les socialistes n'ont-elles pas conduit à un trop grand affaiblissement de l'État
face à des collectivités locales* dont on a le sentiment qu'elles ont morcelé
le territoire en autant de baronnies*?

De Gaulle nous a laissé une leçon, celle d'une perpétuelle remise en cause
des structures et des habitudes quand il s'agit d'adapter la France à l'évolution
du monde. Ce qui est intangible, ce sont les principes, pas les politiques ni
les mécanismes.

- Le gaullisme est une volonté de sortir des affrontements et des cassures
  nées de la Révolution française. Il entend réconcilier liberté individuelle et
  autorité de l'État, liberté économique et dignité sociale pour tous,
  organisation efficace de la nation et autonomie locale.
- Le gaullisme est une apologie* de la politique, c'est ce qu'il met au premier
  plan. L'économie n'est qu'un moyen au service de la grandeur du pays,
  comme du bien-être de ses habitants. On pourrait presque dire que, pour
  le gaullisme, tout est politique.
- Le gaullisme n'est pas un populisme*. Il ne flatte pas les instincts que la
  raison n'éclaire pas, ne se fonde pas sur la peur du mouvement, ne se met
  pas au service des intérêts de toutes les catégories particulières au
  détriment de l'intérêt général. Il vise au contraire à entraîner le peuple tout
  entier rassemblé dans l'effort au service de la Nation, dans la construction

de l'avenir, forcément différent du présent et plus encore du passé; il se
tient éloigné de toutes les facilités, de toutes les démagogies, car il se fait
une haute idée de la politique et du respect dû aux citoyens.
• Le gaullisme est un humanisme. Dans la mesure justement où il exalte la
nation, il reconnaît la dignité des autres nations et c'est ce qui a donné sa
force et son prestige universel au message de de Gaulle. Entendant
réconcilier le progrès économique et la justice, il s'inspire des enseignements du christianisme.
Pour toutes ces raisons, son message demeure une source d'inspiration
féconde, durable. [. . .]

Le bien français

Il est vrai, la France a poussé trop loin le modèle centralisé, uniformisé,
hiérarchique, juridique, que ce soit dans l'organisation de l'État, de la société,
de l'entreprise ou de la cité en général. Durant des siècles, elle a bâti son
destin comme l'héritière de Rome, de son droit, de sa civilisation à vocation
universelle.

De cette centralisation uniformisatrice sont résultés à la fois une certaine
sclérose* et le perpétuel affrontement idéologique entre deux conceptions
politiques également archaïques, la conservatrice et la socialiste. Il y a eu, il
y a toujours un mal français* dont le socialisme est la plus récente expression
et dont les caractères demeurent inchangés: intervention de l'État comme
seul moyen de résoudre les problèmes, évocation à l'échelon central de
toutes les questions sans égard à leur importance, conception purement
juridique et égalisatrice de la justice sociale, prédominance systématique de
la loi sur la coutume et sur le contrat, de la contrainte réglementaire sur
l'initiative individuelle, du monopole sur la concurrence.

Il est juste, cependant, de rappeler que la France s'est bâtie contre l'Empire
germanique qualifié de romain, contre les féodalités, contre les révoltes
provinciales, contre l'anarchie de coutumes et de traditions antagonistes.
Sans ce combat séculaire, il n'y aurait sans doute pas eu de France. C'est
l'État qui a fait la France. Le 'mal français' fut à l'origine un bien, avant d'être
porté aux extrêmes. Peut-il redevenir un bien?

La société moderne est antisocialiste, puisque anti-uniformisatrice. Elle est
bâtie sur la diversité, la décentralisation, le contrat préféré à la loi, l'extension
du secteur privé, l'assouplissement des réglementations, la diminution des
impositions collectives. C'est dans cette souplesse qu'elle trouve son élan, sa
force et sa réussite.

Mais, après mille ans d'une histoire mouvementée, souvent terrible, les

Français ne veulent pas être laissés à eux-mêmes sans protection. Ils redoutent la trop grande compétition. Ils appellent solidarité leur soif d'égalité; ils appellent égalité leur besoin de justice.

L'État n'est pas mort, il ne mourra pas et c'est tant mieux. Une politique de réforme a besoin de lui pour réussir, résister aux excès, tempérer les enthousiasmes ignorants, harmoniser les relations au sein de la société, définir une règle du jeu, la faire respecter.

Aussi libérale que doive devenir la société française – elle a tant de progrès encore à accomplir! –, elle ne ressemblera pas aux sociétés anglo-saxonnes. Sans État, les Français seraient comme privés de repères. Pour réussir, la réforme ne doit pas viser à affaiblir l'État, mais à le recentrer sur ses missions essentielles tout en l'y renforçant.

Plus la liberté sera étendue, plus l'arbitre devra être solide et respecté: voilà la conception de la société nouvelle que la France peut apporter au reste du monde, voilà le Bien français. [. . .]

Ordre et mouvement

Éternelle oscillation des idées et des opinions. Selon le schéma convenu, les conservateurs seraient partisans de l'ordre, et les réformateurs du mouvement. Mais qui est conservateur et qui est réformateur, la droite ou la gauche? Cela varie selon les époques.

Au XIXe siècle, le mouvement, c'était le libéralisme qui entendait détruire les structures corporatistes* et autoritaires des anciens régimes afin que l'initiative individuelle pût s'épanouir et engendrer le progrès.

Au XXe siècle, le mouvement, ce fut longtemps le socialisme qui entendait réagir contre les excès d'un libéralisme efficace, mais dur aux faibles, et faire régner la justice.

Voici que, depuis dix ans, c'est à nouveau la liberté qui représente le mouvement. Cette liberté revêt un sens autre, qui n'est plus tout à fait celui du XIXe siècle. Chacun exige qu'elle soit ordonnée, c'est-à-dire soumise à une loi, à une règle, et qu'elle soit partagée afin que tous en tirent un juste profit. Mais cet ordre, ce partage ne doivent entraver ni l'émancipation, ni l'épanouissement, ni le dynamisme individuels.

La liberté a évolué, le socialisme aussi. Ce dernier, une fois évaporées les utopies millénaristes et égalisatrices, acceptés les échecs, enregistrées les réalités, a l'ambition d'une société mieux organisée, mais principalement grâce à l'État, et d'une protection mieux assurée des individus contre les aléas de la vie, l'État y jouant là encore le rôle principal. La différence essentielle avec le libéralisme, elle est bien dans le rôle assigné à l'État, avec tout ce qu'il suppose de réglementations, d'interventions, d'impositions. Ce n'est pas une différence mineure, ou simplement de degré, voire de moyens employés. Elle exprime toute une conception de l'homme et de la collectivité. Désormais, la société française étant ce qu'elle est devenue, les socialistes représentent l'ordre conservateur, la droite l'émancipation libérale.

Notes et lexique

la plus grande défaite: devant l'Allemagne nazie en 1940

faire fi (de): dédaigner

intangibles: sacrées, que l'on ne peut pas changer

le monde . . . bouleversé: référence à l'échec du communisme en Europe de l'est et au nouvel ordre mondial

collectivités *(f)* **locales**: communes, départements, régions. Parfois appelées aussi collectivités territoriales.

baronnies *(f)* : autrefois, territoires plus ou moins indépendants, à la tête desquels on trouvait un baron

apologie *(f)* : une défense

populisme *(m)* : mouvement politique qui cherche à s'attirer les faveurs du peuple en lui proposant ce qu'il demande (*voir 2.4*)

sclérose *(f)* : incapacité à changer, à évoluer

mal *(m)* **français**: allusion au livre du gaulliste Alain Peyrefitte (1976) qui met en cause l'importance du rôle de l'État

corporatistes: qui défendent des intérêts particuliers, souvent professionnels

Compréhension

1. Essayez d'expliquer comment l'auteur peut en même temps définir le gaullisme comme 'une forme de dédain pour la politique' et 'une apologie pour la politique'.
2. Comparez le concept de l'État exprimé dans ce texte avec celui exprimé dans le discours de Bayeux *(texte 1.1.1)*.
3. Montrez comment l'auteur distingue le gaullisme et du libéralisme et du socialisme.

Texte 2.3.2

François Léotard, 'La Révolution libérale', (extrait), Entretien avec *Le Débat*, no 49, mars–avril 1988, pp. 29–33

Le Débat. – Ce qui est très frappant, c'est votre indifférence aux repères traditionnels de la droite à laquelle vous appartenez. Votre langage est celui d'une génération, plus que celui d'un camp politique, et une certaine gauche postmoderne, post-soixante-huitarde, a, au fond, le même langage et à peu près le même type de vocabulaire: consensus, modernisme, sentiment national, réformisme, libéralisme au sens le plus vrai et premier du terme.

Essayons donc d'explorer ce qui vous lie à votre génération et ce qui vous lie au camp auquel vous appartenez. Vous vous situez à droite, et cependant vous vous opposez à ce que fait la majorité de la droite, à savoir une doctrine et un tempérament puissamment conservateurs, et si vous vous opposez irréductiblement à l'extrême droite, quelle chance vous donnez-vous de subvertir l'énorme poids de la tradition de la droite classique? Autrement dit, quelle est en vous la part de la solidarité générationnelle, quelle est celle de la solidarité verticale avec une tradition?

Fr. L . – Parlons d'abord de la solidarité verticale, car je ne me sens pas du tout 'de gauche'. Je crois que nous sommes une démocratie qui va vers sa propre modernité et dans laquelle apparaissent aujourd'hui deux grandes forces, l'une, à gauche, dominée ou près de l'être, par la social-démocratie, l'autre, à droite, conservatrice et libérale, dans laquelle les libéraux vont, je l'espère, l'emporter, mais dans laquelle il y a des pesanteurs* conservatrices considérables. Pour ma part, je ne suis pas conservateur. A maints égards, je me sentirais même plutôt libertaire*: je suis hostile à ceux qui défendent des privilèges, et très sensible, au contraire, aux aspirations à plus de justice sociale, à plus de solidarité. Votre question n'est donc pas facile. Je ne me sentirai parfaitement à l'aise à droite que lorsque la droite sera vraiment libérale. Je fais volontiers mienne cette phrase de Tocqueville*, souvent citée, mais jamais comprise: 'Le principal mérite d'un gouvernement, c'est d'habituer les peuples à se passer de lui.' Elle montre le long chemin qu'il reste encore à parcourir, y compris par la droite, *a fortiori* par cette droite dont les racines autoritaires sont fortes. La société à laquelle j'aspire est une société décentralisée, non autoritaire, en partie même éclatée, pluriculturelle. Or je crois que c'est le libéralisme qui répond le mieux à cette aspiration. Une préoccupation partagée par beaucoup de ceux qui naguère* ont été fascinés par Mai 68 et qui, convaincus que les sociétés modernes seront des sociétés d'équilibre des pouvoirs et de reflux de l'État, sentent bien aujourd'hui que la gauche aura du mal à y parvenir. Même si cette orientation existe aussi à gauche – un récent débat que j'ai eu avec Daniel Cohn-Bendit* me l'a montré. Je pense que la gauche éprouvera beaucoup plus de difficultés que nous, parce qu'elle a des corporatismes* à défendre, parce qu'elle a une tradition d'interventionnisme et parce que le débat économique fera gagner les libéraux. La gauche, actuellement, est piégée* par le débat économique, elle est libérale, contrainte et forcée; nous autres, les libéraux, nous serons toujours meilleurs que les socialistes dans la logique de l'économie de marché, dans la logique d'entreprise. Voilà pourquoi je crois la gauche condamnée, en déclin pour plusieurs dizaines d'années, sauf à toujours surenchérir*, sans jamais l'avouer, sur le libéralisme.

Le Débat. – A vous entendre et à vous lire, on a l'impression que vous considérez que le conservatisme est à gauche et le non-conservatisme à droite.

Fr. L. – C'est plus compliqué, j'en conviens. Mais s'il est vrai que la droite a des pesanteurs, j'ai été frappé, durant la période où les socialistes ont été au pouvoir, par le fait que les vrais conservateurs étaient à gauche. On l'a bien vu pour l'Éducation nationale et le système universitaire, où le soubassement syndical* de la gauche s'est révélé fantastiquement conservateur.

Le Débat. – Bien. Mais votre sensibilité politique profonde ne vous mène-t-elle pas, finalement, à vous sentir plus solidaire de la manière de Rocard ou de Fabius, que de celle de Giscard ou de Barre?

Fr. L. – La tolérance n'est pas en elle-même un message politique. Je suis profondément tolérant et m'efforce de l'être le plus possible. Je peux donc trouver sympathique la manière de certains leaders de gauche, mais elle me paraît le plus souvent formelle: leurs discours recouvrent en fait une pratique d'étatisation – et ni Michel Rocard ni Laurent Fabius n'échapperont à cette pratique d'étatisation, car la pesanteur naturelle de la gauche les y conduit. Le chômage, et beaucoup des difficultés des Français, sont dus à l'ampleur des prélèvements obligatoires*: ils représentent, par rapport au PIB*, jusqu'à vingt points de plus que chez certains de nos partenaires. Pourtant, la politique de la gauche n'est pas de les réduire, mais de les augmenter. Elle ne peut pas faire autrement. Je ne prétends nullement que la droite y soit toujours parvenue. Mais j'affirme que ce sont les libéraux qui ont raison dans cette affaire: si on n'a pas le courage d'aller contre cette tentation, la France échouera. Cela dit, si vous voulez me faire dire que les libéraux sont minoritaires à droite, oui, je l'admets, c'est vrai aujourd'hui encore, mais cela change.

Le Débat. – Et c'est aussi l'économie qui fera changer la droite conservatrice?

Fr. L. – La droite est encore tentée – il suffit d'entendre ses candidats – par un discours pudiquement baptisé de volontariste. Mais derrière le volontarisme se cache l'étatisme, ou du moins le keynésianisme*. On assiste actuellement à un extraordinaire retour en force des idées de Keynes, à droite comme à gauche, sans doute suscité par la crise boursière récente et un ensemble d'autres faits. Je trouve ce renouveau très inquiétant et je souhaite qu'on y réfléchisse. Les 'projets' autour de Jacques Delors* sont significatifs de ce point de vue.

Le Débat. – Vous attendez en somme que, de l'incertitude actuelle, naisse un débat d'idées à l'intérieur de la droite, où les libéraux l'emporteraient?

Fr. L. – Où les libéraux pourraient, du moins, progresser, continuer leur longue marche, malgré les embuscades* et les bourrasques*. Ce sera long, car je vois revenir, au sein de nos propres troupes, les tentations de l'économie dirigée, de la culture dirigée, de la prédominance de l'État. Cela sans doute parce que nous sommes le plus vieux pays d'Europe à structure étatique forte.

[. . .]

Le Débat. – L'affrontement politique majeur se joue dans nos sociétés entre ces deux valeurs: liberté et justice sociale. Or, alors qu'à gauche on a un sentiment très fort de leur conflit jusqu'à estimer que la seconde doit être préférée à la première, on a l'impression que pour vous il n'y a pas de vrai conflit. Non que vous ignoriez l'antagonisme momentané des deux types d'exigence, entre lesquels l'homme politique doit précisément arbitrer, mais pour vous la conciliation des deux dimensions ne fait pas problème, leur harmonisation s'opérant sans conflit fondamental . . . .

Fr. L. – De façon beaucoup moins conflictuelle, c'est vrai, que pour la gauche, et pour plusieurs raisons. En premier lieu, nous sommes revenus à une certaine lucidité, à un certain pessimisme. Nous avons fait, je crois, le tour des mécanismes étatiques: nous les avons vus s'amplifier, se développer, se dégrader, devenir finalement impuissants. Partant de la nécessité de protéger le salarié et l'enfant – pour prendre la législation sociale à son début –, on est allé vers une législation qui handicape le travail et va contre ceux qu'elle devrait protéger. Chacun, du reste, le sait. Une partie du chômage des Français vient d'un excès de protection, mais sûrement pas d'une sous-protection. En second lieu, le discours sur la générosité tenu par la gauche s'est révélé être un échec à l'épreuve des faits: de 1981 à 1986, on a vu apparaître les 'nouveaux pauvres', se multiplier les déséquilibres de la Sécurité sociale*, et le chômage progresser fortement, bref, l'impasse où conduit le 'toujours plus' de François de Closets*. Je crois donc qu'on a touché tout cela du doigt, qu'on en a fait le tour. En revanche, on n'a pas encore fait le tour, tant s'en faut, des mécanismes libéraux de la solidarité, puisque les Français continuent de s'en remettre à l'État. Or, pourquoi n'y aurait-il pas la place pour l'initiative privée et pour la concurrence? Pourquoi pas 'l'entreprise de solidarité', comme il y a 'l'entreprise culturelle'? Regardez l'exemple de Médecins sans frontières* . . . Je suis tout à fait convaincu qu'il peut y avoir là génération de richesse et d'emploi. Que l'on compare, par exemple, la part des fonds privés affectés à la solidarité en France et en Amérique: même si l'on tient compte de la différence démographique, l'écart est fantastique. De 1 à 10. Nous sommes très au-dessous de ce que nous pourrions faire. Et que l'on regarde, en contrepoint, l'ampleur des fonds publics et les résultats obtenus: d'un côté, une croissance constante des cotisations*, de l'autre, une diminution constante des prestations*. L'impasse n'est-elle pas flagrante? Plus j'investis d'argent public – près de mille milliards de francs – moins j'ai, à la fin du processus, de résultats! Dans un pays cartésien, on devrait dire: 'Arrêtons!' car on a touché les limites de l'absurde. On peut faire le même constat sur le logement ou sur bien d'autres sujets. La courbe du logement est extraordinaire: plus on a investi d'argent dans l'aide au logement, moins il y a eu de logements construits en France, et cela depuis dix ans!

Notes et lexique

pesanteurs *(f)* : lourdeurs, réticences à changer
libertaire: qui n'admet aucune limitation de la liberté individuelle
Tocqueville: historien et homme politique français (1805–59), auteur de
    De la démocratie en Amérique et de *L'Ancien Régime et la Révolution*
naguère: autrefois
Daniel Cohn-Bendit: un des leaders étudiants du mouvement de Mai 68
corporatismes *(m)* : qui défendent des intérêts particuliers, souvent
    professionnels
piégée: prise dans un piège (c'est-à-dire attrapée comme un animal)
surenchérir: essayer de proposer plus, de faire mieux que l'autre
soubassement *(m)* **syndical**: la Fédération de l'Éducation nationale
    (FEN) est traditionnellement très proche du PS
prélèvements *(m)* **obligatoires**: ensemble des impôts et cotisations
    sociales. Tout ce que l'État et les institutions associées 'prennent' sur la
    richesse du pays.
PIB: le Produit Intérieur Brut, une des façons de mesurer la valeur des
    productions d'un pays
keynésianisme: *voir note au texte précédent*
Jacques Delors: socialiste français, Ministre des finances (1981–84) puis
    Président de la Commission Européenne (1985–95)
embuscades *(f)* : pièges
bourrasques *(f)* : tempêtes
Sécurité *(f)* **sociale**: l'organisme public qui finance les dépenses de santé,
    les retraites, etc., souvent en déficit
François de Closets: journaliste français, auteur de plusieurs livres dont
    Toujours plus qui attaque en particulier les corporatismes et la défense

des avantages acquis par les syndicats

Médecins sans frontières: organisation humanitaire médicale française

cotisations *(f)* : la part des salaires versée à la Sécurité sociale

prestations *(f)* : ce que l'on reçoit de la Sécurité sociale (allocations, services, etc.)

Compréhension

1. Essayez de dégager le sens concret que donne l'interviewé à l'expression de l'interviewer, 'libéralisme au sens le plus vrai et premier du terme'.
2. Montrez comment l'interviewé se distingue et de la gauche et de la droite conservatrice.
3. Comment l'interviewé voit-il le conflit entre liberté et justice sociale?

2.4   Idéologie et populisme

Il serait facile, mais abusif, d'assimiler l'effritement de la bipolarisation, au niveau électoral, à l'effritement des identifications avec droite ou gauche, au niveau idéologique. Les deux phénomènes sont liés, mais distincts. La rupture de l'Union de la gauche, qui laisse le Parti communiste 'hors système', et l'irruption du Front national sur la scène politique ont sans doute compliqué le jeu électoral, mais ni l'une ni l'autre n'ont brouillé la ligne de partage gauche/droite. Personne ne doute que le Parti communiste se situe à gauche, le Front national à droite.

Il y a cependant un important effet de perspective. La présence d'un important parti de gauche, qui se distingue plus nettement du PS, et d'un important parti de droite, qui reste détaché de la coalition RPR/UDF, a tendance à mettre en relief ce qu'ont en commun les 'partis de gouvernement' et ce qui les distingue des partis plus extrémistes.

L'identification d'une ligne de partage centre/extrêmes, peut-être aussi importante que la ligne de partage gauche/droite, joue un rôle non seulement dans la perception de l'électorat, mais aussi dans les discours du PC et du FN sur eux-mêmes – bien que pour eux, la perception s'exprime dans d'autres termes. Tous les deux ont, en effet, tendance à considérer que la ligne de partage essentielle est celle qui les sépare de tous les autres partis.

Certes, dans la mesure où tous deux se situent volontiers sur l'échelle gauche/droite, ils reconnaissent implicitement qu'ils ont plus en commun avec les partis qui se situent près d'eux sur cette échelle qu'avec ceux qui sont plus éloignés. En outre, chacun reconnaît dans l'autre l'ennemi prioritaire: le PC appelant dans certaines circonstances à l'union de toutes les forces 'républicaines' pour 'barrer la route' au Front national, le FN diabolisant le PC en l'accusant de participer à une conspiration anti-patriotique. Et tous les deux connaissent une tension constante entre cette volonté de se singulariser et les contraintes du système électoral qui leur imposent de rechercher des alliés.

Mais dans les discours idéologiques, c'est la singularisation qui l'emporte. Pour le PC donc, tout ce qui n'est pas communiste est de droite, le PS ayant trahi le socialisme. Pour le Front national, tout ce qui n'est pas frontiste est de gauche, le RPR lui-même étant corrompu par l'idéologie dominante, qualifiée de 'socialo-communiste'.

Pour le PC, la situation partisane actuelle n'est qu'un moment particulier dans une longue histoire d'oscillation entre recherche de l'Union de la gauche et repli sur soi, histoire dont les péripéties ont laissé des traces dans un discours constamment révisé dans le sens, soit d'un durcissement, soit d'une atténuation, de la ligne révolutionnaire.

Tout au long des années 70, dans ce contexte ambigu de rivalité et d'alliance avec le PS, la tendance a été vers une modernisation des doctrines traditionnelles, telles que la 'dictature du prolétariat', et vers l'acceptation d'une voie 'pacifique, démocratique, majoritaire, pluraliste' au socialisme qualifié lui-même de 'socialisme aux couleurs de la France'. En même temps, le PC a pris ses distances par rapport au grand frère de Moscou dont il critique certaines tendances et certaines actions, à commencer par l'intervention en Tchécoslovaquie en 1968, tout en défendant le 'bilan globalement positif' de l'URSS.

Dans les années 80, la tendance semble figée: menacé par un déclin électoral apparemment inéluctable, le Parti traverse une série de crises, où les tentatives de réforme sont vite étouffées par une direction de plus en plus perçue comme sclérosée, d'où les 'rénovateurs' ou 'contestataires' sont exclus ou démissionnent. Reste à voir si la retraite en 1994 de Georges Marchais, secrétaire général du Parti depuis 1969, et son remplacement par Robert Hue permettront au Parti de rajeunir et de mettre son idéologie à jour.

En tout cas, cependant, il est important de considérer la fonction du discours du Parti, qui n'est pas forcément la même pour un parti 'hors système' que pour un 'parti de gouvernement'. Le Parti peut discuter longuement des détails du passage au communisme: l'important n'est pas là, puisque personne n'y croit pour demain. En attendant, le Parti remplit une autre fonction que celle de proposer à l'électorat une vision de l'avenir, et une politique pour y mener; c'est celle de défendre les intérêts d'une certaine partie de cet électorat, de donner une voix à ceux qui n'en ont pas d'autre.

Cette fonction, dite '**tribunitienne**', est importante pour tout parti politique, mais revêt une importance particulière dans le cas du PC, fortement enraciné depuis des décennies dans la classe ouvrière tradition-nelle, où il a opéré souvent comme une espèce de 'contre-société', selon la formule d'Annie Kriegel, surtout par le biais de ses relations privilégiées avec la CGT, syndicat tout-puissant dans certaines industries. Sans perspective immédiate d'entrer au gouvernement, il est bien placé pour dénoncer les effets pervers de la modernisation économique de la France, en particulier le chômage, la précarisation de l'emploi, la 'nouvelle pauvreté' et la perspective d'une France 'à deux vitesses'.

C'est dans ce contexte qu'il devient possible de comprendre un phénomène qui, apparemment, va à l'encontre des positions idéologiques considérées dans l'abstrait, à savoir la rivalité entre PC et Front national, dans certaines grandes villes de France, pour le même électorat.

Car le Front national se pose, lui aussi, comme un parti des 'exclus', tout en proposant des solutions à leurs problèmes radicalement opposées à celles du PC. Comme le PC, il dispose d'importants réseaux qui prolongent son influence dans des milieux divers, et pratique systématiquement la pénétration d'associations de la 'société civile' par des militants qui montrent ainsi l'intérêt du Front pour les problèmes quotidiens des Français.

L'évolution du discours frontiste porte la marque de cette tendance électoraliste. A sa fondation en 1972, à partir de groupuscules d'extrême-droite, il est avant tout un parti des déjà politisés – d'anciens poujadistes, de nostalgiques de Vichy, de déçus de l'Algérie française, etc. Il comporte aussi des idéologues du 'nationalisme-révolutionnaire' néo-nazi à l'anti-parlementarisme virulent et aux visions paranoïaques de conspirations juives–maçonniques; et des proches de la 'Nouvelle Droite' philosophique, qui flirtent avec la 'sociobiologie', sorte de racisme pseudo–scientifique, et avec un certain paganisme s'opposant à la tradition 'judéo–chrétienne'.

Autant de thèmes au retentissement électoral limité. Au cours des années 80, le Front a opéré un recentrage sur des thèmes plus prometteurs: le 'capitalisme populaire', valorisant le sens de l'effort et de l'initiative personnels; une politique de justice préconisant des mesures répressives contre la délinquance; et surtout l'appel virulent à la '**préférence nationale**'.

Ce recentrage s'est accompagné d'un rapprochement avec l'intégrisme catholique, mouvement opposé aux réformes du deuxième Concile du Vatican, renforçant ainsi l'appel aux valeurs chrétiennes traditionnelles. Pour ce qui est de la politique extérieure, le Front est opposé à 'l'Europe de Maastricht' – seul point commun important avec le Parti communiste.

Cet accord n'est pas sans importance. Nous avons vu *(voir 1.5)* que le vote sur le traité de Maastricht a divisé la France selon une ligne de partage qui a peu de rapport avec l'opposition gauche/droite, mais qui reflète surtout une différence d'appréciation entre les 'gagnants' et les 'perdants'. Dans leurs discours, PC et FN se situent du côté des derniers.

Pour chacun, malgré l'opposition profonde de leur projet politique, on peut soutenir qu'ils partagent un thème idéologique vraiment mobilisateur: l'appel aux gens modestes contre une classe politique corrompue.

C'est la définition même du **populisme** – ce qui appelle une réserve en ce qui concerne le Parti communiste. Tandis que l'idéologie du Front national est plutôt un bricolage habile d'éléments disparates, celle du Parti communiste reste – quoi qu'on en pense du point de vue du réalisme – une structure intellectuelle complexe et raffinée. Sur le plan théorique, le Parti réagit frileusement à l'accusation d'**'ouvriérisme'** – déformation qui consiste à n'interpréter le marxisme que comme la promotion des intérêts immédiats des ouvriers. Dire qu'au seuil des années 90, il fonde son appel surtout sur une position défensive – même s'il s'agit d'une défense très honnête des plus démunis plutôt que simplement de sa propre 'clientèle' – c'est dire le déclin intellectuel aussi bien qu'électoral du Parti et l'affaiblissement de l'idéologie en général dans la France d'aujourd'hui.

C'est pourquoi nous avons préféré aux multiples textes possibles sur le marxisme version française, des extraits d'un ouvrage récent de Georges Marchais qui rendent compte de l'attitude du PC face au capitalisme et au pouvoir.

Pour ce qui est du Front national, dont le discours a tendance à osciller entre le pseudo-intellectualisme touffu et la démagogie simplificatrice, nous avons préféré une analyse extérieure qui montre l'habileté avec laquelle le Front en appelle aux craintes, aux déceptions et aux fantasmes des citoyens.

Texte 2.4.1
Georges Marchais, *La Démocratie*, (extraits), Messidor/Éditions sociales, Paris, 1990, pp. 156–60, 212–14

Les forces du capital ont leur programme

C'est vrai: en 1981, la bourgeoisie, qui avait toujours fait les rois et défait les gouvernements, s'est crue menacée. La gauche l'avait emporté. Des gens du peuple allaient-ils pénétrer dans sa chasse gardée? Ce trouble a duré ce que durent les roses: l'espace d'un matin.

Car on s'en rendit compte au fil des années qui suivirent, les mêmes profils, les mêmes pedigrees, les mêmes héritiers issus des mêmes cénacles* étaient en place. Des énarques* socialistes avaient succédé aux énarques de droite, quand ce n'étaient pas les mêmes énarques 'centristes' qui restaient en place, d'abord vassaux des giscardiens ou des chiraquiens, puis fidèles des mitterrandistes. Un livre récent[1] a fait la démonstration, noms à l'appui, de cette mainmise* sur l'État, de l'encadrement serré de l'appareil administratif, économique, judiciaire et médiatique par la coalition socialiste-'centriste' qui dirige le pays. Cette colonisation de l'État n'est pas en soi une nouveauté: il y eut précédemment l'"État-RPR", puis l'"État-Giscard'. Mais ce qui est inédit, c'est l'ampleur de cette colonisation par les proches du Président de la République. Je peux l'écrire sans crainte d'être démenti: le caractère systématique de cette entreprise est sans précédent depuis les débuts de la Ve République. La bourgeoisie française n'a vraiment pas à s'en plaindre. Elle était aux commandes; elle continue de l'être; et elle s'emploie, méthodiquement, à appliquer son programme.

Il faut que je m'explique sur ce point, car il est largement méconnu. Tout le monde peut constater que la politique mise en oeuvre actuellement* par le gouvernement de Michel Rocard* ne diffère pas radicalement de celle qu'appliquait auparavant Jacques Chirac*, lequel a prolongé en l'aggravant la 'rigueur' décidée par Pierre Mauroy* à partir de 1982 et poursuivie ensuite par Laurent Fabius*. Chacun de ces gouvernements, à l'image de leur Premier ministre, a eu son style, sa personnalité. Ils n'ont pas eu à répondre aux mêmes situations et n'ont pas décidé exactement les mêmes mesures, mais ils ont tous inscrit leur action dans une même orientation générale, une même logique.

Comment l'expliquer? Par une raison simple: la politique suivie depuis une dizaine d'années ne doit rien à l'improvisation. Cela fait déjà longtemps que,

[1]Gérard Streiff, *La Rosenclature*, Messidor/Éditions sociales, Paris, 1990.

au contraire des pays socialistes d'hier qui s'étaient fermés à toute évolution, les pays capitalistes – dont la France – se sont posé la question de leur modernisation. Mais, bien sûr, avec leurs critères à eux, ceux de la défense des intérêts de la haute bourgeoisie.

J'ai montré que la crise que connaissent notre société et notre pays résulte de décisions prises par les forces du capital tout au long des années 70. Comment, dans les conditions de cette crise, parvenir à accumuler encore plus de privilèges et de profits? Quelles transformations imprimer à la société pour que les progrès technologiques concourent à cet objectif? Par quels moyens continuer à concentrer le pouvoir entre les mains d'une minorité, alors que la politique de celle-ci heurte profondément les intérêts de l'immense majorité?

Telles sont les questions que, lors d'une multitude de colloques, symposiums et autres séminaires, les hommes du patronat et de la finance se sont posées avec les dirigeants, les idéologues et les économistes de la droite et de la social démocratie. Ils se sont employés à dégager des réponses cohérentes à ces problèmes. Et ils en sont venus à la conclusion suivante: la société française, avec ses acquis sociaux et démocratiques, ne peut pas rester en l'état. Il faut la réorganiser complètement, dans le sens d'un éclatement général qui permettra de mettre en place de nouveaux mécanismes d'exploitation et d'oppression centrés sur la notion de flexibilité, et d'isoler et de diviser leurs victimes.

Tel est le programme des forces du capital.

Précarisation* généralisée

[. . .]

Le projet est clair, et il est mis en oeuvre jour après jour: tout statut, toute garantie collective, toute protection sociale, tout élément de sécurité matérielle et morale des salariés et de leur famille doit être supprimé. Tel est le principe. A quoi conduit-il?

A une société où la pauvreté devait devenir une réalité permanente. Des millions de familles, privées d'emploi et de ressources dignes de ce nom, seraient réduites à vivre d'assistance et d'expédients. *Faire gagner la France* est le titre d'un ouvrage écrit en 1986 par le commissaire au Plan Henri Guillaume. L'évolution actuelle, écrit-il, 'accroît les risques d'une multiplication dramatique des laissés-pour-compte* de la troisième révolution industrielle. Ces masses d'hommes et de femmes, jeunes et vieux, seraient considérés du fait de leur manque de formation, comme irrécupérables* . . . . On peut craindre qu'une telle situation soit génératrice de graves tensions pouvant remettre en cause le principe même de modernisation et, en tout cas, nécessitant, sous peine d'explosion de violences, un fort accroissement des mécanismes de surveillance, de contrôle, voire de répression.'

A côté de ces familles, de ces 'irrécupérables' plongés dans une misère dont ils ne pourraient se dégager, la majorité des gens, les salariés de diverses catégories seraient frappés par la précarité, la flexibilité, la mobilité. Toutes et tous ne connaîtraient évidemment pas le même sort, mais aucun n'aurait la garantie d'être définitivement à l'abri de la récession, de la maladie ou de l'accident, du licenciement, et, au bout du compte, de la chute parmi les plus démunis.

Tout cela pour qu'au sommet de la société, la bourgeoisie et les siens continuent de tenir les rênes et d'amasser des fortunes insolentes. [. . .]

Et le pouvoir?

La France socialiste serait une société de liberté, garantissant l'exercice de toutes celles qui existent, les étendant dans toutes leurs dimensions, individuelles et collectives, jusqu'aux formes neuves de l'autogestion*.

Et le pouvoir, qui l'exercera?

Je ne reviens pas sur les principes que j'ai énoncés: multipartisme, pluralisme de l'information, institutions démocratiques, respect en toute circonstance du suffrage universel, possibilité de l'alternance. . . . C'est parfaitement clair: si notre peuple veut majoritairement revenir en arrière, il aura pleine liberté d'exprimer ce choix et celui-ci sera respecté.

Mais s'il souhaite aller de l'avant, comment voyons-nous les choses? Nous ne le cachons pas: nous pensons que, pour favoriser la transformation socialiste, le pouvoir – démocratisé, décentralisé, débureaucratisé – devra être celui du peuple, et qu'il devra permettre à la force sociale la plus directement intéressée à faire progresser la société, la classe ouvrière, d'accéder à des responsabilités dirigeantes lui permettant d'impulser le processus transformateur.

'Ouvriérisme', diront sans doute ceux qui ne supportent pas l'idée que le pouvoir puisse échapper un jour à ceux qui sont 'faits' pour l'exercer. Mais la classe ouvrière – entendue comme la classe de tous les producteurs et comprenant à ce titre les ouvriers, les techniciens et nombre d'ingénieurs et d'employés – est la classe qui crée les richesses de la nation. Faut-il que les idées de la bourgeoisie aient imprégné depuis si longtemps les esprits pour que beaucoup de gens considèrent spontanément comme inconcevable ce qui, pourtant, est d'une logique élémentaire: la force sociale qui est à la source des atouts du pays devrait accéder à la direction de celui-ci! N'est-il pas évident que des problèmes aussi cruciaux que les inégalités sociales, le chômage, le déclin économique seraient plus vite et mieux résolus si ceux qui sont confrontés aux inégalités sociales, au chômage et au déclin économique pouvaient se faire entendre!

De plus, la classe ouvrière n'est pas seulement celle qui a le plus intérêt à changer la société, c'est aussi la plus progressiste. Personnellement, je ne me lasse pas de lire au lendemain de chaque Fête de l'*Humanité** les mêmes sempiternels articles du *Monde** et de *Libération** sur les merguez* et les casquettes Ricard*. 'Ma chère, ces ouvriers ne changeront jamais. . . .' Seulement voilà: où, à part à la Fête de l'*Humanité*, peut-on rassembler plusieurs centaines de milliers de personnes et que s'y dégage une telle atmosphère de sympathie, de tranquillité, de chaleur humaine? La classe ouvrière s'est forgé depuis des générations des traditions de solidarité, de générosité, de respect d'autrui qui n'existent dans aucune autre couche sociale. Toutes les statistiques l'indiquent, c'est parmi elle, et non chez les petits-bourgeois, qu'on est le plus tolérant, le plus antiraciste, le plus féministe. Enfin, il y a l'humour, qui me semble être une de ses caractéristiques. Moins cynique sans doute que chez d'autres, mais nettement plus décapant*! S'il est un domaine où la société française a besoin de se moderniser, c'est sans doute dans le sens d'une plus grande irrévérence, d'une plus grande impertinence. Il faudra des ouvriers pour cela!

Oui, je pense vraiment que c'est de la capacité de cette force décisive de jouer son rôle d'entraînement du mouvement social que dépend un avenir nouveau. Cela ne signifie pas que nous envisagions que la classe ouvrière exerce seule le pouvoir. La confiscation de celui-ci est une longue habitude pour les forces capitalistes, mais la classe ouvrière, elle, n'aspire à exploiter personne. Rien de ce qu'elle entreprend ne s'oppose aux intérêts des autres composantes de notre peuple et c'est celui-ci, dans son ensemble, qui dirigera la société.

Il faudra une expression politique à la volonté majoritaire de conduire une transformation socialiste de la France. Nous nous prononçons en faveur d'une coopération entre tous les partis politiques s'assignant cet objectif. Nous souhaitons que le Parti socialiste soit de ceux-là, avec d'autres, mais, bien sûr, au point où nous en sommes actuellement, nous ne pouvons que faire preuve d'imagination. Cela demandera à l'évidence un changement sensible du rapport des forces politiques, puisque, pour le moment, il n'est plus qu'un seul parti qui inscrive son action dans une perspective anticapitaliste, socialiste: le Parti communiste.

Notes et lexique

cénacles *(m)* : petits groupes fermés, clubs
énarques *(m)* : diplômés de l'ENA (École Nationale d'Administration),
    qui occupent souvent des postes dans la haute fonction publique
mainmise *(f)* : prise de possession
actuellement: le texte est écrit en 1990, quand Rocard est Premier
    ministre et mène une politique plutôt social-démocrate
Rocard, Chirac, Mauroy, Fabius: anciens Premier ministres *(voir liste
    en annexe, p. 182)*
précarisation *(f)* : processus par lequel les salariés perdent certaines
    protections (durée d'emploi, etc.)
laissés-pour-compte: ceux qui sont exclus, laissés de côté
irrécupérables: qu'on ne peut pas sauver
autogestion *(f)* : gestion d'une entreprise par son personnel
Fête de *l'Humanité*: *l'Humanité* est le journal du PC qui organise chaque
    année en septembre une grande fête populaire
Le Monde: journal du soir de qualité, lu par les intellectuels, les hommes
    d'affaires et tous ceux qui s'intéressent à la vie politique
Libération: journal du matin, situé à gauche, dont le public est plus jeune
    que celui du *Monde*
merguez *(f)* : saucisses épicées, populaires dans les fêtes
casquettes *(f)* **Ricard**: casquettes publicitaires distribuées par Ricard,
    une marque d'apéritif, perçues, comme les merguez, comme des
    symboles de la classe ouvrière
décapant: acide

Compréhension

1. Expliquez le sens de l'expression 'colonisation de l'État'.
2. Expliquez les conséquences, pour l'auteur, de la 'modernisation' de la
    France.
3. Expliquez le lien que cherche à établir l'auteur entre la 'chaleur
    humaine' de la classe ouvrière et le passage au communisme.

Texte 2.4.2
Guy Birenbaum, *Le Front national en politique*, (extraits), Balland,
Paris, 1992, pp. 296–302, 305–6

Le système de pensée national-frontiste

Le FN est, pour beaucoup, un parti qui base toute sa stratégie sur un seul cheval de bataille: l'immigration. En fait, les responsables du parti essaient de capter la clientèle le plus large possible en dénonçant, aussi, les nuisances engendrées par les grèves, en appelant à la suppression de tel ou tel impôt, en se faisant les promoteurs du 'nettoyage' de la vie et des pratiques politiques, en accusant les gouvernants successifs de se vautrer dans le scandale . . . .

• **Des réponses rationnelles.**

Le succès du FN tient donc à ce qu'il sait faire pivoter* autour d'un axe central – toujours le même, l'immigration – toute une série de thèmes mobilisateurs. Son discours recourt à quelques formules choc: 'L'immigration venue du tiers monde compromet les conditions de vie de nombreux Français. Elle est source de délinquance et aggrave le chômage. Elle met en cause la survie de la nation française, la sécurité de son territoire, l'intégrité de son patrimoine*, sa culture, sa langue'.[1] De fait, telle la mythique crise du capitalisme dénoncée par le PCF, l'immigration explique tout. Elle est *la* cause des difficultés sociales du plus grand nombre. Résoudre celles-ci est simple: le FN avance, en novembre 1991, 'cinquante propositions pour régler le problème de l'immigration'.[2] Ne peut-on penser alors que le FN réussit non pas, selon la désormais fameuse rengaine*, parce qu'il pose de bonnes questions auxquelles il donne de mauvaises réponses, mais parce que, dans une conjoncture de crise, il parait être le seul parti à proposer des réponses en apparence cohérentes et simples à des questions désespérément complexes? Les discours, souvent technocratiques, de la majorité de la classe politique ou de la haute administration donnent l'impression que résorber ces problèmes importe peu. Or le discours le plus simple, quel que soit son degré de vérité, est sans doute celui qui s'adapte le mieux à la logique simplificatrice du jeu politique, surtout lorsqu'il existe des conflits durs ou des situations difficiles.[3] De ces deux propositions: il n'y a pas de solution simple au chômage et 'l'immigration [. . .] aggrave le chômage'[4], la première est

---

[1]Brochure *Le Front national, c'est vous!*
[2]Certaines de ces propositions font scandale, notamment le rétablissement du droit du sang et la réintroduction d'un principe de rétroactivité, de manière à remettre en question les naturalisations accordées depuis 1974.
[3]Voir Pierre Ansart, *Idéologies, conflits et pouvoir*, PUF, Paris, 1977.
[4]Brochure *Le Front national, c'est vous!*

intellectuellement ou scientifiquement exacte. Mais sans doute est-elle la moins satisfaisante et, surtout, la moins acceptable par la plupart. Nombre de Français attendent une réponse politique marquée par le bon sens, cohérente et, avant tout, directement opératoire. La rhétorique simple et didactique – voire démagogique – du FN s'adapte le mieux à la situation actuelle. Elle peut servir en de multiples occasions et fournit à tous une grille d'interprétation simple. Elle se nourrit de tout événement et s'entretient aisément une fois que les individus ont acquis ses principes. Elle se présente comme un discours populaire, car elle prétend mettre le savoir à la portée de tous.

• **Une double exclusion.**

Le succès du FN se forge aussi à partir d'une double exclusion. Il semblerait que le clivage gauche-droite s'amenuise. Les séparations fondées sur l'opposition entre la gauche et la droite cèdent le pas à celles entre la base et le sommet. Comme si, après l'ère des affrontements idéologiques, venait celle des pacifications moroses*: la cohabitation, la 'France unie', la thèse rocardienne de la décision délibérée auraient 'atténué les clivages, estompé les frontières, embrouillé les territoires'.[5] Cette perte de la 'politique identitaire' expliquerait le retour à un clivage primitif, un clivage vertical, qui a ses fondements dans l'espace social. D'un côté, ceux d'en haut, ceux qui nous gouvernent; de l'autre, ceux d'en bas, les petits. Malgré le suffrage universel, une majorité de citoyens se sentent exclus du politique[6] avec, notamment, un sentiment d'impuissance devant les décisions politiques, d'incapacité d'imposer des préoccupations que les politiques considèrent comme illégitimes ou marginales, et, plus encore, de maîtriser les valeurs, les règles et les normes qui sont celles des élites. Celles-ci participent aux activités politiques, se font et transmettent une opinion, expriment en des termes adaptés ou choisis la signification qu'elles donnent à leurs pratiques (voter, adhérer, militer) et doivent une bonne part de leur compétence à leur position sociale et au bagage culturel qui y est attaché. Les succès du FN résultent sans doute, pour une part, de cette exclusion, certes ancienne, mais que les médias rendent de plus en plus visible. Sa force réside dans son aptitude à générer un discours rationnel, fondé sur un double registre logique: dénoncer les mécanismes et les responsables de l'exclusion et, en retour, prétendre à représenter politiquement les exclus.

[5]Jean-Luc Parodi, 'L'état de l'opinion, le retour au vertical', *Le Figaro*, 18 décembre 1990.
[6]Daniel Gaxie, *Le Cens caché*, Seuil, Paris, 1978.

L'argument du FN se lit entre ces lignes d'Yvan Blot[7]: 'Deux conceptions de la démocratie s'affrontent. La démocratie directe, qui permet au peuple de participer aux décisions, et la démocratie indirecte, ou représentative, qui oblige le peuple à déléguer ses pouvoirs à des représentants et l'écarte des décisions. Les démocraties occidentales sont des démocraties indirectes. Ces régimes constituent-ils encore des "démocraties"? On peut en douter pour plusieurs raisons. D'abord, parce que tout régime représentatif tend par lui-même à constituer une oligarchie*. En particulier, l'usage que la classe politique fait de la représentation nie la volonté populaire. Ensuite, parce que la classe politique a mis en place des mécanismes de confiscation du pouvoir qui tendent à restreindre et à fausser la représentation, notamment par le scrutin majoritaire. Enfin, parce qu'elle dirige le pays sans tenir compte de cette opinion. D'où la nécessité de réintroduire la proportionnelle* et des mécanismes de démocratie directe pour corriger les abus de la démocratie indirecte et rendre la parole au peuple.'[8] Et il ajoute que 'la crise de la représentation, le déclin militant puis électoral des partis traditionnels, la montée de nouveaux courants politiques, comme la droite nationale*, sont des réactions naturelles à la confiscation de la démocratie'.[9] Le sentiment d'exclusion sur lequel prospère le FN est, à la fois, d'ordre social – imputé, pour l'essentiel, à la place prise par les immigrés – et d'ordre politique. Les responsables du Front jouent de cette double éviction et s'appuient sur la défiance à l'égard du politique, voire son rejet, que gonflent jour après jour les gros titres de la presse et les sondages: 'Aujourd'hui, les Français n'ont plus la parole. On assiste à une confiscation progressive du pouvoir par la technocratie, par les appareils des partis et des syndicats, mais également par les lobbies financiers, médiatiques et idéologiques. Cette exclusion des Français du domaine public n'a été rendue possible que par la passivité, voire la complicité, de la pseudo-droite*. La gauche s'est ainsi emparée du pouvoir dans de nombreux domaines, tels que l'enseignement, la justice, les médias, la culture, le syndicalisme. Le Parlement ne reflète plus l'opinion du peuple.'[10] Les responsables du FN se donnent même pour objectif de capter les suffrages des abstentionnistes:* 'La multiplicité des consultations électorales, liée à l'indigence* du message politique de la bande des quatre*, provoque des records d'abstention. Ces abstentionnistes sont pour nous un potentiel considérable. D'autant que la notion de "vote utile*" tend à

---

[7]Cette tactique est inspirée des thèses du club de l'Horloge, notamment *La Démocratie confisquée*, Jean Picollec, Paris, 1988.
[8]Yvan Blot, 'Rendre la parole au peuple', *Identité*, no 2, juillet-août 1989, p. 17.
[9]*Ibid.*, p. 20.
[10]*Militer au Front*, Éditions nationales, Paris, 1991, p. 122.

s'estomper définitivement. A nous de rétablir l'esprit civique en affirmant que le seul vote utile, c'est le vote pour ses idées.'[11] En outre, le FN peut plaider, avec les écologistes, la virginité dans l'exercice du pouvoir et, par conséquent, sa non-responsabilité dans les divers problèmes qu'il énonce. Enfin, les responsables du FN affirment une similarité de positions entre la masse, exclue du politique, et le FN, exclu dans le politique. Comment comprendre alors plus précisément le système de pensée que révèlent ces discours? Le seul programme du FN[12] ne suffit pas. Ce n'est pas en son sein que se forge l'essentiel du national-frontisme, mais plutôt dans la mise en rapport de ce qu'il énonce et prédit avec tout fait propre à le conforter.[13]

• Les moyens de diffusion du national-frontisme.

Certes, les responsables du FN nient tout rattachement à une idéologie. Pourtant, ils possèdent une idéologie politique. Elle consiste en un système structuré et totalisant, un modèle unifiant du social qui met chacun à sa place[14], capable de fournir des raisons claires à tout événement et dans lequel toute action peut s'inscrire et prendre sens. La doctrine du FN avance des explications concernant 'les meilleurs moyens vers les justes fins'[15] et un programme synthétique, 'verbe explicatif et verbe de vérité'[16], qui cherche à donner une signification d'ensemble à la moindre situation particulière et à trouver des solutions à appliquer. Le FN tente de construire par le discours politique un cadre général 'perceptif et explicatif'[17] qui situe ceux qui soutiennent le parti par rapport aux concurrents, et qui le pose comme unique défenseur des justes causes. Ses leaders et ses porte-parole y apparaissent comme seuls capables d'assurer la direction des affaires. D'où un code de normes, de valeurs et de conduites qu'il est nécessaire d'inculquer* au plus grand nombre, utile à la fois sur le plan idéologique et parce qu'il constitue le fondement de la légitimité du parti et de ses dirigeants. Le FN se structure en

---

[11]*Ibid.*, p. 42.

[12]Sur cette question, voir les deux contributions de Pierre-André Taguieff dans *Le Front national à découvert*, Nonna Mayer et Pascal Perrineau (dir.), FNSP, Paris, 1989.

[13]Nous utiliserons plutôt des articles publiés dans la revue *Identité* (revue du FN et que le FN reconnaît comme sa revue, le détail est d'importance) – qui est 'spécialisée' dans la mise en relation de l'idéologie nationale-frontiste et des événements quotidiens – ou encore des passages de *Militer au Front*.

[14]Nous nous référons en particulier ici aux analyses de Pierre Ansart, *Idéologies*.

[15]*Ibid.*, p. 94.

[16]*Ibid.*

[17]*Ibid.*, p. 95.

dénonçant exclusions et injustices. Ses dirigeants désignent, plus ou moins clairement, les responsables de tous les maux de la nation: les immigrés, bien sûr, mais aussi la classe politique, les syndicats, le socialisme rampant des uns et des autres, l'administration, les lobbies, les francs-maçons, les juifs, etc.[18] Peu importe que ces accusations n'aient aucun fondement objectif; elles trouvent leur cohésion dans 'un ensemble de certitudes passionnées liées aux souffrances ressenties et au désir d'y échapper'.[19] La simplicité et la rationalité de la rhétorique nationale-frontiste parviennent à les réunir en certitudes en les opposant aux discours politiques traditionnels et à ceux qui les émettent. Un tel système de pensée peut être assuré de trouver un écho si ceux qui le colportent* s'attachent à ce que ses destinataires y reconnaissent tout ou une bonne partie de leurs propres préoccupations et de leurs propres situations. Pour ce faire, il faut des relais, et, une fois de plus, les médias proches du FN jouent un rôle important.

Grâce à eux, le FN joue sur les inquiétudes quotidiennes (problèmes de logement, agressions, etc.) et se pose comme un interlocuteur possible – sinon le seul – des victimes. Il énonce un discours vivant, qui théorise les multiples expériences connues et vécues. Ainsi s'empare-t-il systématiquement des faits divers*. [. . .]

Les responsables du FN ne font pas mystère du caractère stratégique de cet intérêt pour les problèmes des Français. Témoin ces extraits de *Militer au Front*: 'Le FN est né des grands problèmes qui agitent la société française et des inquiétudes suscitées par l'incapacité de la classe politicienne à les résoudre [. . .]. C'est parce qu'existent ces grands problèmes que le FN a émergé. Tant qu'ils ne seront pas résolus, le FN se développera et plus ils s'aggraveront, plus notre mouvement prendra de l'extension.[20]' 'Les Français réagissent plus facilement sur les questions qui les touchent directement dans leurs intérêts personnels et immédiats [. . .]. C'est pourquoi il est indispensable, dans notre discours et nos actions, de s'appuyer directement sur tout ce qui porte atteinte aux individus dans leur vie quotidienne indépendamment des grands enjeux. Il s'agit donc de faire comprendre à nos compatriotes que tous les problèmes quotidiens qui sont les leurs n'existent

[18]'La révolte qui se dresse contre l'ordre établi tend à exiger un remaniement général de l'existant, et donc à dresser une représentation unifiante et totalisatrice de l'ordre imposé. En ce sens, la création des mythes sous leur double forme des mythes négatifs et positifs répond à cette exigence de globalisation. Le mythe négatif (le tyran, la concurrence, l'argent) fournit non seulement le pôle affectif d'agression, mais une explication généralisante car le mal qu'on lui impute est ressenti comme omniprésent à l'activité' (Pierre Ansart, *Idéologies*, p. 107.)

[19]*Ibid.*, p. 106.

[20]*Militer au Front*, pp. 41–2.

que parce que l'établissement au pouvoir est néfaste et que les idées du FN, si elles étaient mises en oeuvre, régleraient leurs difficultés.'[21]

Le Front cherche à faire croire qu'il est à l'écoute des Français et qu'il a pour eux des solutions. Réflexe que ses concurrents politiques n'ont pas ou n'ont plus. Réflexe auquel ni la connaissance, intellectuelle ou scientifique, si étayée* soit-elle, ni une quelconque 'raison' ne semblent pouvoir se substituer. Pour ce faire, le Front élabore un discours simplifié qui se révèle, sans nul doute, plus performant que de longs développements fondés. Son efficacité tient à 'sa propriété de pouvoir s'adresser à tous et d'être intériorisé pour l'essentiel par tous'.[22] Lorsque Jean-Marie Le Pen parle de l'immigration, il affirme, en quelques mots faciles mais choisis, que 'deux millions et demi de chômeurs, ce sont deux millions et demi d'immigrés en trop'[23], que 'personne ne sait en France, à un million près, combien il y a d'immigrés'[24], que 'la surpopulation étrangère est aujourd'hui le facteur principal des déséquilibres et partant* des désordres de notre société: chômage, insécurité, fiscalisme, surcharge des systèmes sociaux, faillite de l'Éducation nationale, pénurie de logements, etc.'[25] ou, enfin, 'qu'il y a, en fait, quatre millions de chômeurs en France'.[26] Ces propositions, dénuées de vérité, sont efficaces car rassurantes et désignent une cause unique à tous les maux et donc la voie évidente à suivre pour les guérir.

Notes et lexique

pivoter: tourner
patrimoine *(m)* : ici, tout ce qui est hérité du passé notamment en matière historique et culturelle
rengaine *(f)* : phrase, chanson familière que l'on répète
moroses: tristes, ennuyeuses
oligarchie *(f)* : régime dans lequel la souveraineté appartient à une classe restreinte
proportionnelle *(f)* : le mode de scrutin selon lequel le nombre de sièges attribués à chaque partie est proportionnel au nombre de voix obtenues
droite nationale *(f)* : c'est-à-dire le Front national

[21]*Ibid.*, p. 47.
[22]Pierre Ansart, *Idéologies*, p. 212.
[23]Jean-Marie Le Pen, *La France est de retour*, Carrère, Paris, 1985.
[24]*Ibid.*, p. 52.
[25]Interview à *Présent*, 9 novembre 1990.
[26]Interview à *Figaro magazine*, 12 octobre 1991.

pseudo-droite *(f)* : la droite classique (RPR, UDF) dans les termes du
   FN
abstentionnistes *(m)* : ceux qui ne votent pas
indigence *(f)* : pauvreté
la bande des quatre: PC, PS, UDF, RPR, dans les termes du FN
vote *(m)* **utile**: voter pour faire élire le candidat proche de ses idées qui a
   le plus de chance d'être élu, même s'il n'est pas celui que l'on préfère
inculquer: enseigner, au besoin de force
colportent: (colporter) transportent
faits divers *(m)* : petites informations sans importance, concernant
   souvent des vols, des accidents, etc.
étayée: appuyée, soutenue
partant: donc

Compréhension

1. Expliquez ce qu'est un 'clivage vertical', et montrez comment le FN
   essaie d'y répondre.
2. Montrez comment, selon l'auteur, le FN lie toute une série de thèmes
   au thème de l'immigration.
3. Comment le FN a-t-il bénéficié de l'atténuation du clivage gauche-
   droite?

2.5   L'écologisme: un renouveau idéologique?

Le texte précédent montre comment l'idéologie du Front national, tout en
pivotant autour d'un thème central – l'immigration – cherche à exploiter
d'autres thèmes mobilisateurs. Avec quelque légèreté, on pourrait dire que
l'idéologie du mouvement écologiste pivote autour d'un thème central –
l'environnement – tout en développant autour toute une série de thèmes
plutôt démobilisateurs, qui sont autant de défis à nos habitudes tant
personnelles que sociales.

Défi aussi aux habitudes politiques, puisque 'Les Verts', le principal
parti politique auquel le mouvement a donné naissance en France, se veut,
comme on le disait autrefois du Parti communiste, 'un parti pas comme les
autres', et critique le système de la représentation et le pouvoir politique.
Comme plusieurs aspects de l'idéologie verte, cette critique est à la
confluence des deux traditions qui se disputent le terrain vert depuis les
débuts du mouvement.

D'une part, c'est sur fond de mobilisations ponctuelles – pour la défense de tel ou tel site naturel, contre telle ou telle pollution et surtout, dans les années 70, contre le développement de l'énergie nucléaire – que s'est montrée pour la première fois la volonté de faire de l'environnement un thème politique. Cette volonté se manifeste par la candidature à la présidence, en 1974, de René Dumont, agronome et tiers-mondiste, et par la formation, la même année, du Mouvement écologiste.

Pour la plupart, ceux qui soutiennent la candidature ou le mouvement, considèrent l'action politique comme un moyen parmi d'autres de tirer la sonnette d'alarme sur des thèmes purement environnementaux. Pour eux, il ne s'agit pas de jeter les bases d'une nouvelle politique, mais de continuer à développer des actions ponctuelles. Ils seraient sans doute rentrés chez eux s'ils avaient pensé que les partis politiques existants fussent capables de répondre à leurs anxiétés. Ils répugnent donc à l'idée même de former un nouveau parti politique, préférant d'une part les alliances de circonstance, et d'autre part l'action associative locale regroupant de façon souple les militants de la lutte environnementaliste.

Cependant, dès le début, il existe au sein du mouvement naissant des gens déjà politisés, venus pour la plupart des horizons 'nouvelle gauche'. Ils gardent le souvenir des ambitions utopistes de 1968, mais sont déçus et par un Parti socialiste motivé trop exclusivement par des considérations tactiques, et par les 'groupuscules' gauchistes trop souvent préoccupés par des querelles doctrinales arides. Leur méfiance envers les structures politiques traditionnelles s'inscrit dans une critique du pouvoir politique et dans des aspirations à une participation plus active des citoyens sur toute une série de thèmes dépassant l'environnement.

Mi-confluence, mi-querelle, l'existence de ces deux traditions empêche la formation d'un parti politique structuré, qui n'apparaît qu'en 1984 avec la création des 'Verts' par la fusion du Mouvement d'écologie politique et de la Confédération écologiste. Encore les Verts restent-ils un parti frileusement soucieux de démocratie interne et se méfiant fort du développement d'une direction politique trop éloignée de '**la base**', c'est-à-dire des militants, toujours regroupés dans des instances locales et régionales qui conservent une large autonomie.

Les querelles ne s'épuisent pas avec la formation du parti, surtout en ce qui concerne son positionnement sur l'échelle gauche/droite, et la possibilité d'alliances avec d'autres partis. En 1986, Antoine Waechter, biologiste alsacien, réussit à s'imposer comme porte-parole reconnu nationalement et à imposer un refus de toute alliance, sous le slogan '**ni droite, ni gauche**'. Cette ligne indépendantiste porte ses fruits avec la percée électorale aux élections européennes de 1989, où le score des Verts atteint 10,67%.

L'année suivante, cependant, le parti se trouve concurrencé de l'extérieur, quand Brice Lalonde, personnalité médiatique devenu ministre de l'Environnement dans le gouvernement Rocard, lance une nouvelle formation qu'il baptise '**Génération écologie**'. Aux élections régionales de 1992, les deux formations partagent presque à égalité un score de 14,7%, devançant ainsi Parti communiste et Front national. Pour les élections législatives de 1993, elles négocient une entente électorale; elles sont cependant déçues par un score de 7,63% qui représente néanmoins un enracinement non négligeable en comparaison avec celui des législatives de 1988 où, faute de pouvoir présenter un candidat dans chaque circonscription, elles n'avaient recueilli que 0,35% en moyenne nationale.

La rivalité entre Verts et Génération écologie, médiatisée comme une rivalité entre Waechter et Lalonde, n'est cependant que la surface de contre-courants idéologiques qui traversent le mouvement écologiste (et surtout les Verts, Génération écologie étant trop la créature d'un individu pour laisser transparaître des différends idéologiques).

Le slogan 'ni droite, ni gauche' se rapporte avant tout à une volonté de rupture avec une querelle jugée dépassée sur le terrain économique, où droite et gauche sont également prises dans le piège d'une croyance à la croissance continue à un moment où celle-ci n'est ni possible, ni souhaitable. Le mouvement vert, par contre, prône une réévaluation des priorités vers les questions de qualité de la vie: une consommation meilleure plutôt qu'accrue et une relation au travail qui valorise la satisfaction plutôt que les augmentations de salaire.

A partir de ce constat fondamental, le mouvement écologiste a développé une critique de l'État tentaculaire qui, par certains côtés, reprend les thèses du libéralisme. Mais, l'objet de la critique est moins la 'bureaucratie' dénoncée par le libéralisme économique que la '**techno-cratie**' – la tendance qu'ont les 'experts', tels ceux de l'EDF, à propos de l'énergie nucléaire, de confisquer les choix de société. Et à cette confiscation du pouvoir, les écologistes opposent la participation directe des citoyens, de préférence à l'échelle locale, plutôt que la dynamique de l'entreprise, dont les décideurs sont encore moins responsables devant le citoyen que les agents de l'État.

D'autre part, nous verrons *(chapitre 3)* que les écologistes se placent à gauche selon les critères retenus pour juger du libéralisme culturel. Mais en même temps, les instincts globalement libertaires de la gauche traditionnelle sont souvent radicalisés dans les discours écologistes, avec une célébration de la diversité culturelle et des styles de vie 'alternatifs', accompagnée d'une méfiance à l'égard des institutions de solidarité collective, comme les syndicats ouvriers, jugées trop structurées et trop sujettes à la sclérose.

Les hommes et les femmes qui composent le mouvement écologiste sont venus d'horizons politiques contrastés: les Verts ont récemment accepté – non sans réserves – l'ancien communiste rénovateur, Pierre Juquin. Et, comme nous allons voir, leur discours peut se prêter parfois à des dérives ultra-gauchistes ou droitières qui ne sont que trop familières. Est-ce une raison pour nier toute originalité aux thèmes centraux de l'écologisme? Une synthèse est-elle possible? C'est pour approfondir ces questions que nous présentons un texte qui examine la nature syncrétiste – c'est-à-dire qui a tendance à fondre en une seule plusieurs doctrines différentes – du discours écologiste.

Texte 2.5.1
Michel Hastings, 'Le Discours des écologistes', (extrait), *Regards sur l'actualité*, février 1992, pp. 25–9

Les équivoques d'un syncrétisme

Le caractère polymorphe* du discours écologiste a donné lieu, en France comme à l'étranger, à un certain nombre d'interprétations contradictoires. Plutôt que de tenter de qualifier une idéologie foncièrement syncrétique, au risque de réduire sa complexité, il paraît plus opportun d'en tracer à grands traits la généalogie intellectuelle.

Une idéologie du futur antérieur?

Les auteurs s'accordent pour admettre que l'écologisme est avant tout une critique de la modernité. Toutefois, les divergences surgissent dès lors qu'il s'agit de raccrocher cette critique à une famille de pensée connue. Trois courants semblent en effet irriguer* l'écologie politique.

Un premier courant néo-traditionaliste, volontiers passéiste, se caractérise par une idéalisation de la nature. Modèle d'ordre et d'harmonie, le monde naturel doit inspirer l'homme dans sa quête d'équilibres fondamentaux. La Terre, Gaïa*, devient un organisme vivant, intelligent, exemplaire. Le rêve d'une communion étroite avec la nature conduit à une attitude sociale conservatrice, voire réactionnaire au sens propre du terme. Les mots renvoient à l'idée de préservation, de défense, de conservation, d'interdiction. La condamnation s'arc-boute* le plus souvent sur des positions catégoriques (pacifisme sans concession) ou frileuses (retour à des régionalismes exclusifs). A l'excès de modernité, cette sensibilité oppose la tradition qu'incarnent le mythe d'un terroir façonné par des siècles d'histoire, ou celui de la diversité créatrice d'authenticité. L'ouvrage d'Antoine Waechter *Dessine-moi une planète*[1] est symptomatique de ce naturalisme conservateur.

Derrière de solides argumentations, le texte n'échappe pas toujours à l'équivoque. Les spécialistes n'ont pas manqué de souligner certains rapprochements avec le discours néo-pétainiste*. 'La nature a raison' renverrait-elle au 'La terre ne ment pas' du maréchal, 'l'exigence de sobriété' à la condamnation vichyste* de 'l'esprit de jouissance'? Même exaltation du paysan paré de toutes les vertus de mesure, de prudence et de modestie. Enfin, le vocabulaire dérape* parfois en de troublantes formules: 'cosmopolites', 'matériaux anonymes et apatrides'*, 'l'agonie d'une société rurale qui vivait au rythme des travaux de la terre à laquelle son destin était lié, qui s'identifiait par ses savoir-faire, son langage, sa culture, l'histoire de ses villages et ce dialogue avec la Nature qui a enfanté tant d'harmonies et de richesses'. A travers ce flirt avec des valeurs de stabilité, d'ordre et de propreté, le risque est grand d'alimenter ce qu'Alain Minc nomme 'le chaudron national-écolo-populiste'.[2]

Le second courant est l'héritier d'une pensée libertaire, fondatrice de l'écologisme. Dominique Allan Michaud[3] a montré l'importance des filiations utopistes au milieu des années 70, les références à une société alternative, à une volonté de rupture radicale avec la société en place, ses institutions et ses valeurs. Contestant les fondements de l'idéologie productiviste, cette sensibilité 'gauchiste' analyse les atteintes à l'environnement comme le produit de l'économie de marché et du libéralisme politique. Toutefois, ce courant connaît actuellement une certaine usure. Avec l'institutionnalisation progressive du mouvement écologiste, le radicalisme originel est abandonné au profit du cheminement vers une culture de pouvoir. Le second facteur d'érosion réside dans le révisionnisme général qui affecte aujourd'hui les idées progressistes. Les valeurs mises en avant (autonomie, égalité, participation) ne sont pas neuves, mais l'originalité écologiste réside en leur réinterprétation ou, plus précisément, en une interrogation sur le dysfonctionnement qui existe

[1]Antoine Waechter, *Dessine-moi une planète*, A. Michel, Paris, 1991.
[2]Alain Minc, *La Vengeance des Nations*, Grasset, Paris, 1991.
[3]Dominique Allan Michaud, *L'Avenir de la société alternative*, L'Harmattan, Paris, 1989.

entre l'absolu de ces valeurs et la désintégration des liens traditionnels entre certaines de ces valeurs – par exemple entre les notions de progrès et de bonheur.

On retrouve ainsi, dans ce courant, une défense de la diversité et des cultures minoritaires. L'homme concret y est parfois préféré à celui de la Déclaration des Droits de l'Homme. L'abandon de majuscule n'est pas innocent. Il signale le passage de l'anthropocentrisme des Lumières* à une vision écocentriste du monde, où l'idée d'un contrat naturel remplace le contrat social. Ce courant libertaire, dans son avatar* écologiste, enterre toute une tradition humaniste selon laquelle l'homme est le seul sujet de droit, pour ériger la nature en partenaire à part entière du nouveau contrat.[4]

L'analyse du discours écologiste permet enfin de dégager une troisième sensibilité que l'on qualifiera de 'réformiste'. Elle peut s'illustrer dans le programme et l'action politiques de Génération écologie. Courant équilibriste s'efforçant de procéder à la réconciliation des extrêmes, son discours louvoie* entre deux radicalismes qu'il condamne au nom du réalisme politique. L'entrée au gouvernement de Brice Lalonde ressemble au ministérialisme* du début du siècle. Elle s'inscrit dans une stratégie visant changer de l'intérieur les règles du jeu démocratique, à écologiser l'ensemble de la vie politique. Jugées 'hérétiques' par nombre d'écologistes, ces pratiques entendent développer un nouvel humanisme, à mi-chemin entre le collectivisme et l'individualisme, l'idéalisme et le matérialisme, le conservatisme et le scientisme.

Contrairement aux deux autres sensibilités qui composent la 'nébuleuse écologique*', le courant réformiste considère qu'un changement total de société n'est possible que par la somme de changements partiels. Mouvement de remise en cause de la société industrielle, il veut favoriser l'émergence d'une civilisation fondée non plus sur la matière mais sur l'information, tendue non plus vers la croissance quantitative mais vers le progrès qualitatif. Il appelle à une véritable révolution des esprits pour réconcilier la nécessité de culture et le besoin de nature.

Impasses et promesses

Quel peut être l'avenir d'un mouvement politique dont le discours est constitué, pour l'essentiel, de fragments idéologiques recyclés? Depuis 1989, les écologistes ont enregistré des succès dans les différents scrutins

---

[4]Sur cette offensive du contrat naturel, voir Norbert Rouland, *Aux confins du droit*, O. Jacob, Paris, 1991.

(européen, municipal, partiels). Les sondages sur les intentions de vote les créditent de scores flatteurs. Tout semble donc confirmer une implantation, sinon définitive, du moins certaine. Toutefois, l'avenir des écologistes demeure encore suspendu à la levée* de certaines ambiguïtés dans leurs discours.

Sans doute leur faut-il d'abord prendre la mesure de l'effet dissolvant qu'a tout syncrétisme idéologique. Certes, un discours à géométrie variable* peut, dans un premier temps, séduire en offrant l'occasion, rare dans le système politique français, de transcender les clivages traditionnels. Les programmes écologistes donnent l'impression de vouloir remiser la langue de bois* au profit d'un 'parler frais', salutaire en ces moments de crise du politique et de deshérence des 'ismes'. Néanmoins, le rêve écologiste d'incarner 'le syndicat de la vie quotidienne' risque à terme de déboucher sur un mouvement 'attrape-tout' qui regrouperait de manière erratique les déçus, les frustrés et les exclus de la civilisation post-industrielle. Cette dérive populiste serait la conséquence d'un programme écologiste à la carte, d'un libre-service idéologique dans lequel le parti des mécontents puiserait avec bonheur les réponses à ses problèmes particuliers.

A cela, il n'y a cependant pas de fatalité. Les velléités* d'un 'poujadisme vert' peuvent se contrer en soulageant le discours écologiste d'un certain nombre de scories*. Les auteurs de L'Équivoque écologique ont ainsi parfaitement démontré qu'"au nom d'une vision futuriste de la nature, dont la gestion exigerait toujours plus de science et de technologie, l'écologie pourrait bien s'inscrire dans un mouvement général d'artificialisation du vivant'.[5] Le parler écologiste charrie* trop de mythologies traditionalistes encore bien vivaces pour ne pas séduire des nostalgies longtemps inavouables, mais que la levée récente de certains tabous a revivifiées.

La seconde ambiguïté du discours écologiste tient à sa prétention totalisante. Alfred Grosser s'irritait récemment[6] contre l'ambition de Brice Lalonde de vouloir incarner 'une nouvelle pensée', de doter les citoyens de 'nouvelles lunettes pour regarder le monde'. Est-ce un hasard si c'est au moment où le marxisme échoue que certains 'se donnent pour tâche d'écologiser les mentalités'[7]? Le discours naturaliste repose sur la volonté exorbitante d'apporter la connaissance sur les mystères profonds de l'homme. Prenant souvent l'allure d'une gnose*, l'écologisme constitue un

[5]Pierre Alphandéry, Pierre Bitoun, Yves Dupont, L'Équivoque écologique, La Découverte, Paris, 1991.
[6]Alfred Grosser, 'Ni Marx, ni Tarzan', Libération, 22 novembre 1991: Marcel Gauchet, 'Sous l'amour de la nature, la haine des hommes', Le Débat, no 60, mai 1990.
[7]Écologie, juillet 1988.

appel à la totalité, à la saisie de l'homme dans la globalité de ses activités, dans son essence même.

Ce 'totalisme' idéologique du 'parler vert' s'élabore selon Dany Trom, autour de quelques caractéristiques aisément repérables[8]:

- une théorique manichéenne* qui joue sur des altérités franches, des oppositions tranchées et valorisées en Bien ou Mal, artificiel ou naturel. Cette pensée binaire, ami/ennemi, se double d'un déterminisme mono-causal qui impute au Progrès et à la Technique l'origine de tous les maux. Les clivages se créent par stigmatisation et dénonciation;
- un discours porteur de morale. L'écologisme a tendance à lier la dégradation de la nature à la décomposition du tissu social, à l'égoïsme des individus et à la dilution des moeurs. 'Les métaphores autour de la pollution articulent des glissements parfois imperceptibles de la sphère environne-mentaliste à la sphère sociale et politique';
- une naturalisation du social, dans la mesure où les rapports totaux de l'homme avec la nature conditionnent les rapports sociaux. 'La destruction, l'aliénation, le désarroi de l'homme découlent d'une réaction légitime de la Nature qui se venge';
- des appels à la conversion et au devoir d'agir ponctuent les accents souvent eschatologiques* du discours écologiste. L'urgence dramatise des échéances présentées comme catastrophiques.

Les écologistes disposent actuellement d'un arsenal de 'trucs langagiers' comparables sur bien des points aux techniques pastorales des anciens évangélisateurs qui sillonnaient les routes d'Europe. Une rhétorique d'Église conforterait-elle l'écologisme comme forme moderne des valeurs chrétiennes? 'La niche idéologique des valeurs chrétiennes est en train de changer d'occupants sans disparaître elle-même, parce qu'elle conserve certaines de ses fonctions initiales dans le système de nos sociétés.'[9] L'écologisme serait-il l'un des derniers avatars du retour du religieux?

Une troisième menace pèse enfin sur le discours écologiste: celle de la dilapidation de son capital idéologique. L'écologisme, victime de ses succès, subit actuellement un double pillage. Sous la forme, tout d'abord, d'un usage trivial et mercantile de sa thématique. L'écologie représente aujourd'hui, sur le marché des fantasmes et de la consommation, une valeur ajoutée qu'il est devenu indispensable de capter pour promouvoir un produit, une action, un

[8]Dany Trom, 'Le Parler vert, Réflexions sur les structures discursives de l'idéologie écologiste', *Politix*, no 9, 1990, pp. 44–52.

[9]Pascal Acot, *Histoire de l'écologie*, PUF, Paris, 1988, p. 241; Danièle Léger, 'Apocalyptique écologique et retour de la religion', *Archives de sciences sociales des religions*, no 53, janvier 1982.

homme. Par une sorte de processus alchimique, l'écologique, le 'bio', le 'vert' véhiculent l'onirisme* et, telle l'eau lustrale*, transforment le vil plomb en or.

Mais le pillage des idées écologistes est surtout l'oeuvre d'une classe politique contrainte de rafraîchir une langue de bois devenue insupportable aux yeux de l'opinion publique. La référence écologique devient le détour obligé de ce lifting* idéologique. A la fois force et faiblesse d'un mouvement qui est parvenu à imposer sa partition*, cette tendance à la vampirisation risque, à terme, de banaliser le discours écologiste et d'éroder la spécificité, donc la légitimité, de ses promoteurs.

Aujourd'hui le discours écologiste se situe à la croisée des chemins. Comment gérer une telle poussée électorale sans perdre un peu de son âme? Les mouvements écologistes devront répondre rapidement à ce dilemme. Faute de quoi ils risquent de se voir déposséder du label qui assure leur légitimité ou de verser dans une 'fonction tribunitienne' – à laquelle ils ne sont pas préparés. Seule une grande rigueur idéologique évitera de transformer une équivoque en soupçon.

Notes et lexique

polymorphe: qui prend plusieurs formes

irriguer: baigner

Gaïa: déesse Mère-Terre dans la mythologie grecque, utilisée dans les écrits écologistes pour symboliser notre appartenance à la terre, surtout depuis l'oeuvre de James Lovelock, *Les Trois Âges de Gaïa* (1990)

s'arc-boute: (s'arc-bouter) s'appuie

néo-pétainiste: qui s'inspire des idées du Maréchal Pétain, chef de l'État français de 1940 à 1944

vichyste: le gouvernement du maréchal Pétain était installé à Vichy, dans le Massif Central

dérape: (déraper) glisse

apatrides: sans patrie

Lumières: c'est-à-dire le siècle des Lumières et son héritage philosophique

avatar *(m)* : version, métamorphose

louvoie: (louvoyer) navigue en zigzag

ministérialisme *(m)* : la référence vise les socialistes qui entraient dans des gouvernements 'bourgeois'

nébuleuse *(f)* **écologique**: l'ensemble des mouvements et associations écologistes

levée *(f)* : (ici) clarification

à géométrie variable: qui peut aller dans plusieurs sens

langue de bois *(f)* : langage figé utilisé uniquement par les hommes politiques

velléités *(f)* : intention qui n'arrive pas à une décision

scories *(f)* : résidus

charrie: (charrier) porte avec lui

gnose *(f)* : qui se donne comme le Savoir par excellence

manichéenne: qui divise tout en deux, par exemple en bien ou mal

eschatologiques: qui traitent de la fin du monde

onirisme *(m)* : les rêves profonds

lustrale: qui sert à purifier

lifting *(m)* : opération chirurgicale pour rajeunir le visage

partition *(f)* : notation d'une composition musicale (donc, ses propres thèmes)

Compréhension

1. Résumez les caractéristiques des trois courants du mouvement écologiste identifiés dans le texte. Leurs différences sont-elles fondamentales ou tactiques?
2. Selon l'auteur, quels sont les dangers auxquels le discours écologiste est exposé, et peuvent-ils être évités?
3. Expliquez pourquoi certains considèrent l'écologisme comme un remplacement du marxisme ou de la religion.

Thèmes de réflexion: les idéologies

1. Dans quelle mesure pourrait-on affirmer que la diminution du rôle de l'État est désormais un thème commun à tous les courants idéologiques?
2. Toutes les idéologies contemporaines s'affirment démocratiques. Est-ce qu'elles donnent toujours le même sens au mot 'démocratie'?
3. Selon l'interviewer du *Débat*, 'le socialisme français est aujourd'hui devant un problème de définition'. Considérez s'il est possible d'arriver à une définition de ce que constitue le socialisme en France aujourd'hui, en consultant les textes des socialistes et des critiques du socialisme.
4. Comparez le sens de 'libéral' et de 'libertaire' dans les textes. Les deux types de libéralisme vont-ils toujours ensemble? Sinon, le devraient-ils?
5. Les communistes, les frontistes et les écologistes sont tous préoccupés par la confiscation du pouvoir par des élites. Comparez leurs diagnostics et leurs solutions.

Chapitre 3

La représentation

3.1 Les cadres des partis et la crise de la représentation

Depuis quelques années maintenant, les commentateurs parlent de **crise des idéologies** et de **crise de la représentation**. Les deux crises ont un lien évident. Si les mots d'ordre des affrontements idéologiques perdent de leur force, il est plus difficile pour l'électeur de faire son choix entre les partis concurrents en connaissance de cause. Si le monde politique à l'unisson fait la louange de l'économie mixte, par exemple, quelle raison de préférer la politique économique d'un parti à celle d'un autre?

Cependant, les deux crises ne sont pas identiques et un point de vue opposé est aussi possible. Certains soutiennent que, loin de rechercher des clivages profonds qui lui permettraient un choix tranché, l'électeur moyen se désintéresse profondément des batailles idéologiques, cherche plutôt le **consensus** et fait son choix selon des critères différents. A la suite d'un certain nombre d''affaires' qui ont terni la réputation de la classe politique dans les années récentes, nombre de sondages ont indiqué que l'électorat donne la priorité à la simple honnêteté quand il choisit son député ou son parti.

Plus loin dans ce chapitre, nous considérerons ce discrédit général dans lequel la classe politique dans son ensemble semble être tombée dans la France d'aujourd'hui. Avant, cependant, de délaisser le champ idéologique, il convient de considérer les retentissements au niveau électoral des évolutions que nous venons d'explorer au chapitre précédent.

Pour faire le pont entre l'étude des idéologies et l'étude du comportement électoral, nous nous tournons en premier lieu vers un groupe qui remplit un rôle médiateur dans le processus politique – les militants des partis. Ce sont eux qui, pour la plupart à titre bénévole, et en temps normal dans une relative obscurité, travaillent à l'élaboration des programmes des partis politiques et assurent la continuité de leur organisation.

Ils se trouvent à mi-chemin entre l'électorat en général et les élites des partis. Par rapport aux premiers, ils sont par définition plus intéressés par la politique; par rapport aux seconds, très facilement absorbés par leurs responsabilités gouvernementales ou par le jeu parlementaire, ils restent plus proches des préoccupations des gens ordinaires.

Entre novembre 1989 et décembre 1990, l'institut de sondage SOFRES a mené, pour le journal *Le Monde*, une série d'enquêtes auprès des délégués aux congrès ou assemblées générales des principales formations politiques françaises. Les délégués à ces grands rassemblements sont normalement des '**cadres**', c'est-à-dire ceux qui exercent une responsabilité dans les instances locales du parti en question. Ils peuvent être secrétaire d'un comité local représentant une poignée de gens qui luttent pour la survie de leur parti dans une terre hostile ou indifférente, ou président d'une puissante fédération départementale dans un 'fief' du parti concerné. Où qu'ils se situent sur cette échelle, c'est la politique qui les passionne, et le sort du parti qui les motive.

Ces enquêtes permettent d'avoir un aperçu passionnant sur la vie intérieure des partis politiques. Entre autres choses, elles révèlent des divergences intéressantes entre les partis en ce qui concerne la sociologie de leurs cadres. Il apparaît, par exemple, que les délégués des Verts ont le profil le plus jeune, tandis que le Parti socialiste compte parmi ses cadres la plus forte proportion de gens âgés de plus de 35 ans de tous les partis à l'exception du Front national. Encore plus dangereux pour un parti de gauche, le PS ne compte que 5% de gens issus des classes modestes (employés et ouvriers) contre 47% pour le PC. En ce qui concerne le niveau d'instruction, le PC et le FN, et à un moindre degré le RPR, se distinguent des autres par la relative faiblesse du nombre de diplômés de l'enseignement supérieur. Quant à la religion, 78% des cadres du PC se disent 'sans religion' contre 50% pour le PS, 54% pour les écologistes et entre 4% et 8% pour les partis de droite.

Mais les délégués ont aussi été interrogés sur leurs positions idéologiques et c'est sur ces questions que nous mettons l'accent dans les extraits que nous présentons ici de la synthèse de ces sondages préparée par Gérard Grunberg.

Le premier de ces extraits considère à quel degré les points de repère idéologiques traditionnels sont toujours pertinents pour les cadres, et arrive à des conclusions semblables à celles que René Rémond a présentées dans le chapitre précédent, c'est-à-dire à un relatif effacement des questions économiques au profit d'un nouveau partage autour du 'libéralisme culturel'. Cette ligne de partage a aussi le mérite de pouvoir s'appliquer à tous partis politiques, y compris les nouveaux entrants; ceux-ci, et surtout les écologistes, ont tendance à brouiller les repères sur les questions économiques, tandis qu'écologistes et frontistes se rangent sans équivoque de part et autre du clivage libertaire/autoritaire.

Le deuxième extrait confronte les priorités des cadres à celles de leur électorat, et met en valeur des différences qui nous mènent à considérer s'il existe réellement une crise de la représentation dans la France d'aujourd'hui.

Texte 3.1.1

Gérard Grunberg, 'Les Cadres des partis et la crise de la représentation', (extraits), SOFRES, *L'État de l'opinion 1992*, © Seuil, Paris, 1992, pp. 200–13

La structure des antagonismes partisans

Les systèmes idéologiques des cadres, autrement dit des responsables, des différents partis politiques ont-ils cessé, après les années d'alternance* et l'installation du Front national comme du mouvement écologiste, de s'organiser selon la dimension gauche-droite?

L'examen de l'autoclassement des cadres des sept organisations sur l'échelle gauche-droite ne conduit pas à le penser. Chaque groupe de responsables s'ordonne en effet sur cette échelle, chacun occupant son espace propre, des communistes aux frontistes. Seuls les cadres du PR et du RPR occupent à peu près le même espace, ces derniers se situant toutefois un peu plus à droite. Les responsables écologistes sont les seuls à rejeter ce système de référence. Plus de la moitié d'entre eux refusent en effet de se classer. Mais nous verrons que ce refus ne signifie nullement, en réalité, que leur système de valeurs s'organise indépendamment de la dimension gauche-droite.

La dimension gauche-droite résulte de l'agrégation de plusieurs dimensions idéologiques qui lui donnent son contenu et sa réalité. La première sous-dimension est celle qui oppose la valorisation du rôle moteur et redistributeur de l'État dans le domaine économique et social à l'attachement au libéralisme fût-il inégalitaire. Ni l'évolution des attitudes des socialistes à l'égard de l'économie de marché qui s'est produite depuis le tournant politique de 1983, ni l'autonomisation parlementaire du centre en 1988, ni la percée du FN et du mouvement écologiste n'ont remis en cause le caractère central de cette sous-dimension dans la structuration des antagonismes idéologiques. Un clivage profond sépare, dans ce domaine, les partis de gauche et les écologistes d'une part, et de l'autre les formations du centre, de la droite et de l'extrême droite (*tableau 2, p. 129*). Le ralliement des gaullistes au libéralisme économique a été fortement intériorisé, et les spécificités respectives des centristes et des frontistes se marquent dans d'autres domaines. La droite et le centre présentent sur ces questions une unité réelle: refus de donner à l'État un rôle prépondérant dans l'économie, appel à l'initiative privée et hostilité à la hausse des prélèvements obligatoires*, demande de privatisations, attitudes favorables à la sélection et à l'accroissement des droits d'inscription à l'Université, préférence pour le salaire au mérite dans les entreprises. Cette unité apparaît également face à la crise du système de retraites*: les responsables des quatre formations* se prononcent pour le recul de l'âge de la retraite de 60 à 62 ans.

A l'opposé, les cadres communistes, socialistes et écologistes se montrent attachés aux valeurs traditionnelles de la gauche: défense de l'État-providence, prééminence du rôle de l'État dans la réduction des inégalités, en particulier par l'impôt, refus de la sélection, refus des privatisations, refus du salaire au mérite, avec toutefois, sur cette question, un écart sensible entre les communistes totalement hostiles et les socialistes plus partagés. La préoccupation égalitaire, dominante à gauche et chez les écologistes, demeure marginale à droite.

Il apparaît ainsi que les transformations du système des partis n'ont pas affecté la pertinence du clivage gauche-droite sur cette sous-dimension. Tout au contraire, celle-ci demeure un repère fondamental pour les responsabilités politiques et un ressort essentiel de la bipolarisation.

Il est intéressant de constater qu'à cette structuration idéologique correspondent des différences de statut socio-économique. Les cadres communistes, socialistes et, dans une moindre mesure, écologistes sont très nombreux à être des salariés du secteur public tandis que les travailleurs à leur compte sont les plus nombreux parmi les responsables des partis de droite.

La seconde sous-dimension de la dimension gauche-droite est celle du libéralisme culturel. Nous donnons ici un sens large à la notion de libéralisme culturel en mettant sous ce terme générique un ensemble de valeurs, hédonistes*, antiautoritaires, antixénophobes et pacifistes. Cette sous-dimension apparaît tout aussi structurante des systèmes de valeurs des différents groupes de responsables que la première et tout aussi constitutive de la dimension gauche-droite.

Nous retrouvons ainsi le clivage principal séparant les communistes, les socialistes et les écologistes d'un côté et les centristes, gaullistes, cadres du

Parti républicain et du Front national de l'autre (*tableau 3, p. 130*). Ces deux groupes s'opposent à propos du remboursement de l'interruption volontaire de grossesse*, de la construction de mosquées dans les grandes villes, du droit de vote des immigrés, de la société multiculturelle, de la part de l'apprentissage de la discipline à l'école, de la réduction des dépenses militaires et de la dénucléarisation militaire en Europe. Les questions de la sécurité et de l'immigration ne sont des préoccupations prioritaires que pour le second groupe. Seule différence notable avec la sous-dimension précédente, le fossé entre les deux groupes n'est pas toujours aussi profond. En particulier, les cadres du CDS occupent une position intermédiaire entre la gauche et les écologistes d'un côté et la droite de l'autre à propos de la peine de mort ou de la construction des mosquées. Sur la sous-dimension précédente, on ne retrouvait ce positionnement intermédiaire qu'à propos de la suppression de l'impôt de solidarité sur la fortune. Symétriquement, ici, les socialistes sont plus partagés que les communistes et les écologistes sur la société multiculturelle et sur le retrait de toutes les armes nucléaires de l'Europe.

Notons par ailleurs qu'il existe une forte relation entre les attitudes à l'égard du libéralisme culturel et les attitudes religieuses. Écologistes, socialistes et communistes sont très nombreux à se déclarer sans religion, attitude en revanche ultra-minoritaire à l'extrême droite et plus encore à droite et au centre. Il est à remarquer à cet égard que les cadres centristes se distinguent de leurs homologues de tous les partis, y compris des formations de droite, par un taux particulièrement élevé de pratique religieuse.

Ainsi donc, si crise des idéologies il y a, celle-ci ne provient pas d'une disparition, voire d'un affaiblissement des clivages idéologiques entre les cadres des différents partis politiques, ni surtout d'une perte de substance de la dimension gauche-droite.

Les nouveaux clivages

Pour autant, le clivage gauche-droite ne rend pas compte à lui seul des multiples clivages idéologiques qui traversent actuellement les groupes de responsables des différents partis politiques. L'installation du Front national et du mouvement écologiste a provoqué l'apparition de nouveaux clivages qui ont brouillé le paysage idéologique partisan.

On ne s'étonnera pas que les responsables écologistes se singularisent par l'importance qu'ils accordent à la question de la défense de l'environnement ni que ceux du Front national tirent leur spécificité de la force de leur préoccupation en matière d'immigration. Sur la sous-dimension du libéralisme culturel également, frontistes et écologistes ont favorisé l'apparition de frontières nouvelles en radicalisant le débat. Situés ici aux deux extrêmes, ils ont fait paraître en effet de nouveaux clivages séparant respectivement les écologistes des socialistes ou des communistes et les frontistes des responsables des partis du centre et de la droite modérée.

Les écologistes, contrairement aux socialistes et aux communistes, sont favorables à la suppression du service militaire, et, contrairement aux seuls socialistes, à l'abandon sans préalable par la France de sa force nucléaire*. Les responsables écologistes sont également les seuls à se déclarer favorables, pour une part importante d'entre eux, à l'autorisation du port du voile islamique à l'école* et à l'autorisation en vente libre de drogue comme le haschich. Cette spécificité des écologistes doit être rapportée au fait que ce groupe est très sensiblement le plus jeune. Tandis que, dans les années 70, la marginalisation de l'extrême gauche avait permis au PC et au PS de représenter et d'exprimer le libéralisme culturel contenu dans le mouvement de Mai 68, l'irruption du mouvement écologiste semble constituer, sur cette dimension idéologique, une extrême gauche dont la représentativité peut se révéler sensiblement plus forte que celle des groupes trotskystes et maoïstes à la fin des années 60. Du même coup, la représentativité du Parti socialiste et du Parti communiste peut s'en trouver réduite.

A l'opposé, le Front national pose un problème similaire à la droite modérée en la faisant apparaître laxiste*. Au-delà des préoccupations en matière de sécurité et d'immigration, les responsables du Front national sont les seuls à vouloir parmi leurs priorités 'remettre de l'ordre dans le pays'. Leur autoritarisme en matière de moeurs les singularise clairement. Ainsi, sont-ils favorables à l'adoption d'une loi pour réprimer l'homosexualité et désireux de rendre plus difficile l'avortement.

C'est donc entre les écologistes et les frontistes que s'établit désormais la distance la plus grande sur l'une des deux dimensions principales de l'opposition gauche-droite.

Les écologistes et les frontistes ont brouillé d'une autre manière le clivage gauche-droite. Les écologistes, en ne faisant pas de la création d'emplois une préoccupation essentielle, se démarquent de la tradition de la gauche. Et les frontistes, en réclamant la suppression du revenu minimum d'insertion*, brisent le consensus minimum de la classe politique à propos de l'État-providence. On voit que la permanence de la dimension gauche-droite s'accompagne du déplacement et de la radicalisation de certains clivages qui peuvent rendre plus difficile aux électeurs de prendre leurs repères dans un champ politique partiellement remodelé depuis la période où le 'quadrille bipolaire'* organisait la structure des oppositions idéologiques.

Ainsi, l'éclatement du système antérieur consiste-t-il surtout en une radicalisation des positions relatives au libéralisme culturel qu'exprime l'autonomisation des écologistes et des frontistes, et entraîne-t-il du même coup un relatif découplage* des deux grandes composantes de la dimension gauche-droite. [. . .]

Responsables et électeurs

Les remarques précédentes n'incitent pas à conclure à une crise des idéologies, au moins pour ce qui concerne les responsables des organisations politiques, et encore moins à un affaiblissement des antagonismes politiques que le développement des mouvements écologistes et d'extrême droite ont au contraire avivés. En revanche, il se pourrait que les clivages idéologiques partisans actuels ne correspondent pas aux grandes tendances de l'opinion ou que les partis ne se montrent pas capables de prendre en compte et en charge les grandes préoccupations qui se font jour dans cette opinion. Il y aurait alors non pas crise des idéologies mais crise de la représentation.

L'existence d'enquêtes similaires de la SOFRES, réalisées dans la même période auprès d'électeurs ou de sympathisants des différentes formations politiques, contenant des questions identiques à celles posées aux cadres de ces formations, permet de mesurer les éventuels décalages* existant entre les valeurs et les préoccupations respectives des uns et des autres. [. . .]

Les décalages dans les préoccupations

C'est d'abord l'adéquation et non le décalage qui apparaît à l'examen des préoccupations respectives des cadres et des électeurs (tableau 6, p. 132). A gauche, les uns et les autres classent parmi leurs priorités principales l'emploi et les inégalités. Chez les écologistes, évidemment, la défense de l'environnement mais aussi les inégalités sont les priorités des cadres comme des électeurs. Pour les cadres et les électeurs du RPR viennent au premier rang l'économie, l'emploi, l'immigration et la sécurité.

L'immigration et l'ordre sont en tête des préoccupations des électeurs comme des responsables du Front national, suivis de la sécurité. Sur tous ces thèmes, l'adéquation des préoccupations des cadres à celles des électeurs est frappante.

Des décalages apparaissent cependant qui obéissent, quel que soit le parti considéré, à une même logique. La contrainte de la bataille politique pousse les cadres des différentes formations à sur-idéologiser* leurs spécificités et leurs différences. En revanche, les électeurs, quel que soit leur parti de référence, ont tendance à exprimer des préoccupations quotidiennes, plus concrètes qu'idéologiques, souvent communes à plusieurs électorats.

Chez les communistes, où les décalages sont particulièrement faibles, les électeurs se montrent nettement plus préoccupés par l'immigration et le maintien des avantages sociaux que les cadres. Chez les socialistes, les décalages sont plus importants, les cadres insistant davantage que les électeurs sur les inégalités sociales tandis que les électeurs sont plus préoccupés par le maintien du pouvoir d'achat et celui des avantages sociaux. Chez les écologistes, les électeurs sont nettement plus préoccupés que les cadres par les priorités sociales et économiques: renforcement de l'économie, création d'emplois, mais aussi par les problèmes de sécurité.

Pour ce qui concerne le RPR, les décalages paraissent encore plus importants à propos des questions sociales qui préoccupent sensiblement plus les électeurs que les cadres, tandis que ceux-ci accordent au rôle de la France dans le monde ainsi qu'à la question de l'immigration une importance beaucoup plus grande que les électeurs. Le même phénomène caractérise les décalages entre les cadres et les électeurs du Front national. Les premiers concentrent leur intérêt sur l'immigration, la sécurité et l'ordre, tandis que les seconds ajoutent à ces préoccupations l'emploi et la réduction des inégalités sociales. En réalité, quelles que soient les différences dans l'ordre de priorité entre les différents électorats, ceux-ci sont tous concernés par l'emploi, les inégalités sociales ou le développement de l'économie, mais aussi par l'immigration à l'exception des écologistes. Les responsables, par conviction personnelle et par nécessité de produire de la différence identifiante, insistent également et même surtout sur ce qui fonde leur spécificité dans le champ idéologique: réduction des inégalités sociales à gauche, environnement et inégalités sociales pour les écologistes, immigration et rôle de la France dans le monde pour les gaullistes, immigration et sécurité pour les frontistes. On voit que les responsables des partis sont soumis à une double logique, logique électorale qui les oblige à exprimer le plus clairement possible les préoccupations de leur électorat, et logique de l'affrontement partisan qui les conduit à produire de la différenciation idéologique et donc à n'investir que certaines de ces préoccupations et à les sur-idéologiser.

Les décalages idéologiques

L'analyse des décalages idéologiques confirme la logique décrite ci-dessus. Ainsi, à gauche, à propos des nationalisations, un double décalage apparaît entre cadres et électeurs communistes et cadres et électeurs socialistes, les cadres socialistes se répartissant comme les électeurs . . . communistes (souhaitent que dans les prochaines années il y ait des nationalisations: 89% des cadres communistes, 32% des électeurs communistes, 35% des cadres socialistes, et 10% des électeurs socialistes). Ainsi les nationalisations ne sont plus pour les électeurs socialistes un élément d'identification ou de préoccupation. De même, les cadres socialistes, contraints à la fois par leur réalisme économique et leur volonté de défendre l'État-providence, se prononcent pour l'augmentation des prélèvements obligatoires contrairement à leur électorat tandis que les cadres communistes sont en phase avec le leur en refusant une telle hausse (sont favorables à cette hausse 50% des cadres socialistes, 13% des électeurs socialistes, 20% des cadres communistes et 24% des électeurs communistes). En revanche, à propos de l'union politique de l'Europe, les cadres et les électeurs socialistes sont très proches (respectivement 45% et 51% sont favorables) tandis que du côté des communistes 20% des électeurs mais seulement 1% des cadres souhaitent cette union.

La sur-idéologisation chez les cadres apparaît encore plus clairement dans le tableau 7 (p. 133) qui compare les réponses des cadres et des électeurs gaullistes et frontistes.

Qu'il s'agisse des privatisations de la politique sociale ou de la politique de l'armement, les électeurs gaullistes et frontistes, par ailleurs très proches les uns des autres, sont beaucoup plus en retrait que les cadres des deux partis. Emporté par leur libéralisme économique et leur nationalisme, les cadres de ces deux partis sont en net décalage par rapport à leurs électorats très soucieux de défendre les acquis de l'État-providence. Seule exception, les cadres du RPR, proches ici de leur électorat, ne proposent pas comme ceux du FN la suppression de l'impôt sur la fortune, conséquence peut-être du regret de la position prise en 1986 dont beaucoup d'observateurs avaient vu l'une des causes de la défaite de la droite en 1988.

Les responsables du RPR sont plus en phase avec leur électorat sur les questions de société, qu'il s'agisse de la peine de mort ou de la construction des mosquées par exemple. Ils demeurent cependant en décalage à propos de la politique militaire, les électeurs étant pour la moitié d'entre eux favorables au retrait de toutes les forces nucléaires en Europe, ce qui n'est le cas que d'un cinquième des cadres.[1]

Au total, il apparaît que l'on peut difficilement reprocher à la fois aux partis de n'être pas en phase avec les préoccupations quotidiennes de leurs électeurs et en même temps de ne pas créer entre eux de différenciation suffisante sur la plan idéologique puisque les deux contraintes, comme nous

[1]On peut se reporter, pour l'examen des données, aux chapitres de Colette Ysmal sur le FN et de Philippe Habert sur le RPR dans SOFRES, *L'État de l'opinion* (chapitres 12 et 13), 1991.

l'avons vu, sont en partie contradictoires. Les partis sont en réalité conduits, lorsqu'ils veulent incarner la défense de telle grande préoccupation de l'opinion, à l'idéologiser suffisamment pour s'en assurer le monopole.

Notes et lexique

les années *(f)* **d'alternance**: sous la Ve République, 1981, 1986, 1988 et 1993, quand la majorité à l'Assemblée nationale change de côté et impose un changement de gouvernement

prélèvements *(m)* **obligatoires**: ensemble des impôts et des cotisations sociales

crise *(f)* **du système de retraites**: le système actuel de retraites ne pourra pas faire face aux changements démographiques intervenus depuis la guerre sans de graves problèmes financiers

4 formations *(f)* : (ici) CDS, Parti républicain, RPR et Front national

hédonistes: qui prennent pour principe la recherche de la satisfaction, du plaisir

interruption *(f)* **volontaire de grossesse**: avortement

sa force nucléaire *(f)* : sa capacité atomique militaire

port du voile *(m)* **islamique à l'école**: question qui relança le débat sur la laïcité à l'école en 1989

laxiste: faible, pas assez stricte

revenu *(m)* **minimum d'insertion**: prestation sociale introduite par la gauche après son retour au pouvoir en 1988 et versée aux plus pauvres pour leur assurer un revenu minimum (*voir notre volume* Le Peuple de France aujourd'hui)

quadrille *(m)* **bipolaire**: le fait que les 4 principaux partis se regroupent en 2 blocs, gauche et droite *(voir 1.3)*

découplage *(m)* : déconnexion

décalages *(m)* : différences, manques de correspondance

sur-idéologiser: exagérer l'importance idéologique d'un problème

Compréhension

1. Cherchez dans les tableaux 2 et 3 les indices qui appuient l'hypothèse d'un clivage continu entre droite et gauche, et ceux qui appuient plutôt l'hypothèse d'un affaiblissement de ce clivage.

2. Justifiez d'après le tableau 5 la distinction entre 'partis de gouvernement' et 'partis protestataires'.

3. Expliquez le concept de 'sur-idéologisation', et identifiez les exemples les plus frappants des décalages qui en résultent.

Tableau 2: Les cadres des partis et la politique économique et sociale

(en %)	PC	PS	Mvt. éco.	CDS	PR	RPR	FN
Favorables au salaire au mérite dans les entreprises	3	53	34	88	94	—	—
Favorables à l'accroissement des droits d'inscription à l'Université en augmentant en échange le nombre et le montant des bourses	18	43	39	60	61	—	—
Favorables à la mise en place d'un système de sélection à l'entrée de l'Université	1	24	19	69	73	74	90
Favorables à une forte augmentation des droits de succession pour les héritages supérieurs à un million de francs	75	84	—	31	15	—	—
Favorables au paiement des impôts locaux en fonction du niveau de revenu	80	85	78	42	37	—	—
Favorables à un rôle prépondérant de l'État dans l'économie	60	74	—	10	8	—	—
Souhaitent que dans les prochaines années il y ait des privatisations	4	13	15	80	86	—	—
Préfèrent une baisse des prélèvements obligatoires avec une diminution du rôle de l'État et un appel plus large à l'initiative privée	7	10	22	84	91	87	94
Favorables à un recul de l'âge de la retraite de 60 à 62 ans	2	12	17	69	69	62	69
Favorables à la suppression de l'impôt de solidarité sur la fortune	—	—	—	39	65	62	74
Jugent prioritaire la réduction des inégalités sociales	69	77	54	34	12	15	15
Est à son compte	*4*	*10*	*19*	*24*	*31*	*27*	*36*
Est salarié du secteur public	*60*	*68*	*44*	*36*	*30*	*31*	*19*

Source: Enquête SOFRES sur 'les attitudes des cadres des partis politiques' réalisée pour LE MONDE de façon auto-administrée au cours des congrès de ces formations politiques entre novembre 1989 et décembre 1990

Tableau 3: Les cadres des partis et le libéralisme culturel

(en %)	PC	PS	Mvt. *éco.*	CDS	PR	RPR	FN
Opposés au remboursement de l'IVG par la Sécurité sociale	5	7	—	43	40	—	—
Favorables au rétablissement de la peine de mort	—	—	—	40	64	73	96
Favorables à la construction de mosquées dans les grandes villes	87	87	—	51	21	18	2
Favorables au droit de vote des immigrés dans les élections locales	97	82	85	15	2	1	1
Estiment que pour rester en France les étrangers doivent accepter nos manières de vivre	16	50	—	84	93	—	—
Favorables à l'annulation totale de la dette des pays pauvres envers la France	91	79	84	52	34	29	12
Estiment que l'école doit apprendre avant tout aux enfants le sens de la discipline	22	29	—	74	88	—	—
Jugent prioritaire le problème de l'immigration	3	34	15	36	62	61	85
Jugent prioritaire la sécurité des citoyens	1	2	3	17	33	31	52
Favorables au retrait de toutes les forces nucléaires en Europe	97	62	90	29	27	18	21
Favorables à une forte réduction des dépenses militaires de la France	98	71	94	32	24	23	12

Source: Enquête SOFRES pour LE MONDE auprès des cadres des partis politiques

Tableau 4: La spécificité idéologique des cadres écologistes et frontistes

(en %)	PC	PS	Mvt. éco.	CDS	PR	RPR	FN
Favorables à l'abandon sans préalable par la France de sa force nucléaire	65	15	85	—	—	—	—
Favorables à la suppression du service militaire	11	8	64	—	—	—	—
Jugent prioritaires la création d'emplois	71	54	24	49	43	36	27
Favorables à l'autorisation en vente libre de drogue comme le haschich	3	11	37	3	6	3	2
Favorables à l'autorisation du port du voile islamique à l'école	10	7	47	7	2	2	3
Favorables à l'adoption d'une loi pour réprimer l'homosexualité	—	—	—	21	20	29	60
Favorables à l'adoption d'une loi pour rendre plus difficile l'avortement	—	—	—	46	34	40	83
Favorables à la suppression du revenu minimum d'insertion	—	—	—	—	34	29	67

Source: Enquête SOFRES pour LE MONDE auprès des cadres des partis politiques

Tableau 5: Les cadres des partis de gouvernement et des partis protestataires

(en %)	PC	PS	Mvt. éco.	CDS	PR	RPR	FN
Jugent prioritaires le renforcement de l'économie française	27	42	6	64	57	51	25
Sont favorables à l'union politique des pays de la CEE	1	45	16	75	56	38	21
Estiment qu'il y a des différences entre le PS et l'UDF/RPR	2	90	10	67	82	85	3
Élu ou ancien élu	*35*	*65*	*18*	*53*	*45*	*48*	*28*
Revenu supérieur à 20 000 francs par mois	*7*	*43*	*10*	*47*	*43*	*39*	*29*

Source: Enquête SOFRES pour LE MONDE auprès des cadres des partis politiques

Tableau 6: Les priorités des cadres et des électeurs
          Quelles sont, selon vous, les priorités pour la France dans les
          prochaines années?

(en %)	Parti communiste		Parti socialiste		Mouvement écologiste		RPR		Front national	
	Cad.	Elec. mars 1990	Cad.	Elec. mars 1990	Cad	Elec. sep. 1990	Cad.	Elec. mars 1990	Cad.	Elec. mars 1990
Accroître le rôle de la France dans le monde	16	7	21	20	2	17	58	27	26	16
Renforcer l'économie française	27	25	42	38	6	37	51	48	25	28
Faire face au problème de l'immigration	3	30	34	36	15	19	61	47	85	63
Créer des emplois	71	79	54	73	24	77	36	70	27	67
Protéger l'environnement	11	9	34	25	73	70	11	23	30	30
Réduire les inégalités sociales	69	65	77	50	54	50	15	32	15	33
Remettre de l'ordre dans le pays	1	12	0	10	2	12	13	19	49	40
Maintenir le pouvoir d'achat des Français	28	39	7	27	2	22	8	29	3	16
Assurer la sécurité des citoyens	1	12	2	18	3	27	31	28	52	37
Maintenir les avantages sociaux	38	63	15	28	6	14	9	14	2	19
Défendre les libertés	58	23	32	27	46	22	30	15	26	16
Lutter contre les exclusions	19	12	53	10	49	—	6	2	3	0
Moderniser la France	9	12	16	11	5	10	17	18	5	16
Faire progresser l'unité des Français	3	2	5	5	6	2	9	7	16	2

Le total des pourcentages est supérieur à 100, les personnes interrogées ayant pu donner quatre réponses

Source: Enquête SOFRES pour LE MONDE auprès des cadres des partis politiques

Tableau 7: Les attitudes politiques des cadres et des électeurs du RPR et du Front national

(en %)	RPR		Front National	
	Cadres	*Électeurs*	*Cadres*	*Électeurs*
Favorables à la privatisation des entreprises publiques (telles Air-France ou la SNCF)	83	53	88	40
Favorables au recul de l'âge de la retraite de 60 à 62 ans	62	34	69	26
Favorable à la suppression de l'impôt sur la fortune	62	33	74	30
Favorables à la suppression du revenu minimum d'insertion	29	24	67	21
Favorables à la limitation des remboursements de la Sécurité sociale et au développement d'un système d'assurances volontaires	52	28	77	19
Souhaitent l'union politique des pays de la CEE	38	55	21	37
Pensent souhaitable un effort supplémentaire de la France pour la sécurité	71	51	81	49

Source: Enquête SOFRES pour LE MONDE auprès des cadres des partis politiques

3.2 Le comportement électoral

En France comme dans toute démocratie représentative, la politique quotidienne se joue entre les gouvernants et les partis. Le dernier mot, cependant, revient toujours à l'électeur qui choisit librement entre les candidats proposant leurs marchandises idéologiques et partisanes.

Ce choix n'est pas sans contraintes. D'abord, il est limité par l'offre politique. Et nous avons vu que l'électorat a volontairement limité encore plus son choix réel dans l'intérêt de l'efficacité en consentant au système du scrutin majoritaire.

En tout cas, il serait irréaliste de supposer que le choix de l'électeur ne résulte que d'une considération sans préjugés des arguments de chaque candidat ou des mérites de chaque parti. Il est normalement prédisposé dans un certain sens par toute une série de facteurs qui sont le résultat inévitable de son insertion dans la société.

L'analyse de ces facteurs constitue l'étude du **comportement électoral**. Celle-ci est devenue au fil des années une branche importante de la science politique française. Il est dans la nature d'une telle étude que ses résultats soient plus sûrs et plus fins dans des périodes de stabilité

relative, tandis que nous vivons actuellement une période où l'offre
partisane se multiplie, où les enjeux apparents peuvent changer d'une
échéance électorale à la suivante et où la situation sociale de chaque
électeur se modifie plus rapidement que par le passé. Il est néanmoins utile
de pouvoir considérer cette évolution actuelle dans le contexte d'un passé
plus ou moins lointain.

En ce qui concerne le passé plus lointain, le contexte le plus important
– et par lequel a commencé l'analyse scientifique du comportement
électoral – est celui de la **variation régionale**. On sait, par exemple, que
certaines régions du pays – par exemple, l'Ouest breton et vendéen, l'Est
alsacien, et le Sud du Massif central – sont plutôt favorables à la droite
depuis le XIXe siècle, voire le XVIIIe, tandis que d'autres – par exemple,
le Limousin et le Nord-Pas-de-Calais – forment très tôt des bastions du
socialisme traditionnel, et que d'autres encore, comme le Sud-Ouest, ont
été longtemps les terres d'élection du radicalisme, avant de se convertir 'en
bloc' au socialisme modéré.

Certaines de ces fidélités ont une vie extrêmement longue et des
contours géographiques d'une étonnante précision. On a pu montrer, par
exemple, que le département de la Sarthe a été divisé entre conservateurs
et libéraux à propos d'un incident de la Révolution, en 1790, et que la ligne
de partage qui en résulte reste valable jusque dans les années 50, époque
où elle ne correspond plus à aucune distinction économique ou sociale.
Certains ont même cherché à expliquer les comportements politiques
modernes selon les structures familiales d'un passé extrêmement lointain,
qui auraient formé des mentalités plus autoritaires ou plus libertaires, ou
des préférences soit pour la solidarité, soit pour l'initiative personnelle, ces
structures mentales ayant plus tard fourni des modèles pour les idéologies
proprement politiques.

Ces interprétations restent controversées. En tout cas, les variations
régionales, sans disparaître de vue, ont tendance à s'effacer au profit de
facteurs plus liés à l'individu et à sa situation sociale. Ces facteurs peuvent
se ranger sous deux rubriques: les **variations socio-démographiques** et
les **variations socio-économiques**.

Les premières variations comprennent l'âge et le sexe. On sait que les
jeunes sont – toutes choses égales par ailleurs – plus enclins que leurs aînés
à voter pour la gauche. Cette règle générale a connu des infléchissements
intéressants en ce qui concerne les plus jeunes (les 18–25 ans) pendant la
période – assez exceptionnelle dans l'histoire contemporaine – où la
gauche était au pouvoir. Cette évolution montre peut-être que la faveur
dont jouit traditionnellement la gauche parmi les jeunes s'explique, du

moins en partie, par une recherche de nouveauté ou une tendance à l'opposition systématique.

Quant au sexe, les femmes ont longtemps voté plus à droite que les hommes. Cet écart s'est réduit progressivement, à mesure que les femmes sont entrées dans la vie active, jusqu'au point de disparaître complètement, laissant toutefois une relative répugnance féminine à voter pour les extrêmes, qu'ils soient de gauche ou de droite.

Les variations socio-économiques sont évidemment moins faciles à définir que l'âge et le sexe. Le schéma marxiste classique, selon lequel les partis de gauche sont les partis de la classe ouvrière et les partis de droite les partis de la bourgeoisie, attire l'attention d'abord sur la profession de l'individu alors que l'analyse scientifique a nuancé cette hypothèse sans cependant l'infirmer complètement.

En premier lieu, ces analyses ont montré que le clivage le plus important qui ressort de l'analyse des catégories socio-professionnelles passe entre les salariés et les indépendants: les premiers – et surtout ceux du secteur public – penchent plus à gauche que les seconds. C'est en effet la salarisation massive des années 70 qui a fourni les bases sociologiques de la victoire socialiste de 1981 – que le gouvernement a promptement renforcées par son programme de nationalisations, transférant des milliers d'électeurs du secteur privé au secteur public. Ce clivage correspond assez évidemment à la priorité donnée par la droite à l'initiative et à l'entreprise privée, et à celle donnée par la gauche à la sécurité de l'emploi.

En deuxième lieu, l'appartenance de l'individu à une catégorie socio-professionnelle particulière à un moment donné s'avère à l'analyse trop simple pour être considérée comme facteur déterminant. Plus important est le degré d'insertion dans un milieu social que les spécialistes essaient de mesurer en prenant aussi en compte profession des parents, celle de l'individu au moment de son entrée dans la vie active et éventuellement celle de son conjoint.

En troisième lieu, la règle générale qui veut que plus on monte dans l'échelle sociale, plus on penche vers la droite, doit être nuancée par ce que les spécialistes appellent 'l'effet patrimoine', c'est-à-dire la tendance à voter plus à droite en fonction de l'importance des biens acquis (que ce soit une maison personnelle, ou un simple livret d'épargne) et cela indépendamment du niveau de salaire de l'individu concerné. Cet effet indique la perception que la droite est plus favorable que la gauche à l'acquisition de la propriété individuelle – et peut-être une certaine méfiance envers les intentions de la gauche dans ce même domaine.

Enfin, à ces variations socio-démographiques et socio-économiques, certains ajoutent la catégorie **variations idéologiques et culturelles**. A première vue, il peut paraître pure tautologie que d'expliquer le vote par l'appartenance idéologique. Cependant, il n'est pas du tout exclu qu'un individu qui proclame son appartenance à la gauche puisse, dans une situation particulière, donner son suffrage à la droite ou l'inverse. L'écart entre l'appartenance proclamée et l'intention de vote peut être très utile pour juger la perception publique de la performance d'un parti, soit au pouvoir, soit en opposition.

Plus important, il existe en France une correspondance très étroite entre le vote et une appartenance idéologique particulière qui, dans beaucoup d'autres pays, n'aurait aucune ou peu d'incidence sur le comportement électoral. C'est l'appartenance religieuse.

Nous avons déjà remarqué l'héritage anticlérical de la gauche et il est hors de doute que le clivage catholique/laïque est le plus durable de tous les clivages idéologiques français. Si l'importance de la pratique religieuse comme facteur de comportement électoral diminue aujourd'hui, c'est moins parce que ce clivage s'efface – ce qu'il fait, mais avec une lenteur qui dément régulièrement les prévisions optimistes – que parce que la pratique religieuse elle-même est la caractéristique d'une minorité de moins en moins importante dans la France d'aujourd'hui.

En tout cas, nous vivons une période où tous ces repères sont relativement brouillés. Le premier texte que nous avons choisi, quoique de date récente, utilise les chiffres de l'élection de 1978, moment où l'affrontement bipolaire était à son paroxysme, pour montrer la manière dont ces différents facteurs s'entrecroisent dans l'explication du vote. D'ailleurs, l'argument du texte va dans le sens d'une relativisation des facteurs socio-économiques, plus objectifs, au profit d'une valorisation des éléments idéologiques, plus subjectifs.

Le deuxième texte analyse l'évolution des comportements dans la décennie qui suit. Il montre comment les identifications des électeurs avec la gauche ou la droite sont devenues de plus en plus hésitantes, tandis qu'en même temps l'opinion tend à évoluer vers des valeurs qu'on dirait de droite.

Nous précédons ces textes d'une série de cartes qui montrent les 'champs de force' géographiques des divers courants politiques pendant la Cinquième République. La définition d'un 'champ de force' relève d'une technicité mathématique qu'il serait superflu d'expliquer ici en détail. Il est cependant important de noter qu'il compare la force du courant concerné dans un département à sa force dans un autre département, et non à la force d'autres courants dans le même département. La carte indique, par exemple, que le Parti communiste est plus fort dans le Midi méditerranéen qu'en Alsace; elle n'implique pas forcément qu'il soit plus fort dans le Midi méditerranéen, ou plus faible en Alsace, que d'autres courants.

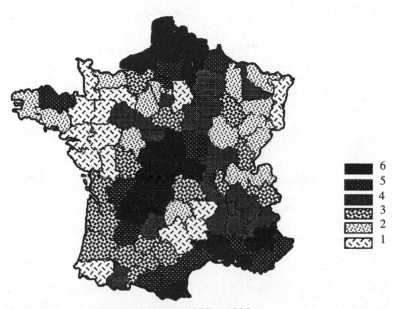

Figure 1: Champ de force du PCF entre 1958 et 1986
Trois grands bastions du courant communiste: le Midi méditerranéen, l'ouest et le nord du Massif central, le quart nord du Bassin parisien jusqu'à Dunkerque s'opposent aux zones de faiblesse: Ouest intérieur, Est de la France et sud du Massif central, Pays basque. Ces dernières constituent les bastions de la droite traditionnelle.
(Cette carte, comme les suivantes, est adaptée de: Frédéric Bon et Jean-Paul Cheylan, *La France qui vote*, Hachette, Paris, 1988.)

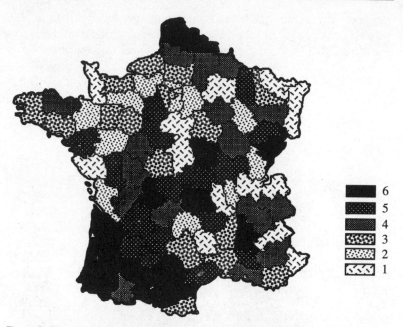

Figure 2: Champ de force du courant socialiste entre 1958 et 1986
Des départements les plus faibles aux plus forts, le courant socialiste a installé ses
bases sur les terres du radicalisme de la Troisième République, du Sud-Ouest à la
Bourgogne. Sur l'ensemble de la Cinquième République, il reste faible dans la France
'industrielle', à l'exception remarquable du Nord-Pas-de-Calais et de la Porte de
Bourgogne (Belfort-Besançon).

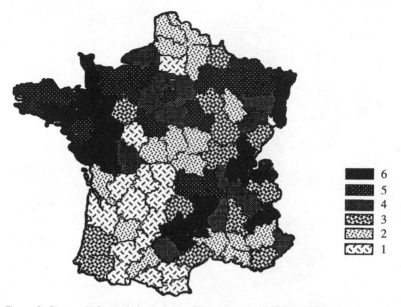

Figure 3: Champ de force de la droite traditionnelle entre 1958 et 1986
La droite classique a quatre zones de force: l'Ouest; le sud-est du Massif central;
l'Alsace accompagnée, à un niveau moindre, de la Lorraine; l'Est lyonnais. C'est
l'ensemble du Sud-Ouest qui marque les plus grandes réticences.

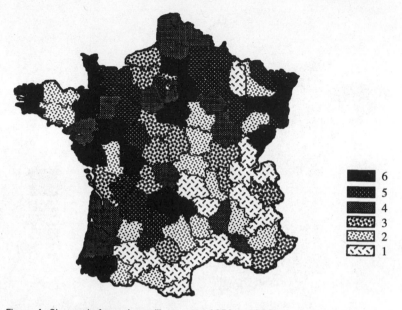

Figure 4: Champ de force du gaullisme entre 1958 et 1986
Le gaullisme est avant tout septentrional, couvrant le tiers nord de la France et se
prolongeant sur le littoral atlantique jusqu'au Pays Basque. Seule incursion importante
dans le reste du Midi: les conquêtes réalisées dans l'Ouest du Massif Central par G.
Pompidou et surtout J. Chirac. Un vaste quart sud-est et sud de la France lui reste
opposé.

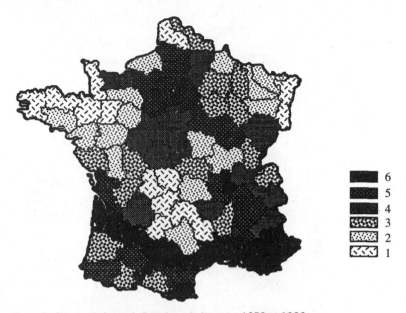

▓	6
▓	5
▬	4
▒	3
▒	2
▒	1

Figure 5: Champ de force de l'extrême droite entre 1958 et 1986
Située préférentiellement dans deux parties du pays, l'extrême droite a une
organisation géographique très contrastée. Son implantation la plus forte correspond
aux Midis, du littoral méditerranéen à la Gironde. Ce sont les espaces qui ont accueilli
la plus grande proportion de rapatriés d'Afrique du Nord. Le deuxième pôle est
focalisé sur l'Ile-de-France, la débordant largement au nord et au sud. Lyon et la
basse vallée du Rhône constituent une excroissance du fief méridional. Les bastions
chrétiens de la droite traditionnelle correspondent aux zones de plus grande faiblesse
de l'extrême droite, qui apparaît plutôt citadine.

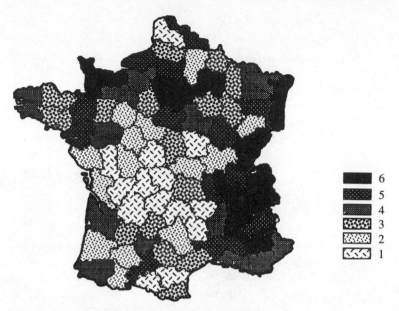

■■■	6
▦	5
■■■	4
▨	3
▨	2
⧄	1

Figure 6: Champ de force du courant écologiste 1974–84
Sur l'ensemble de la période, la France industrielle de la moitié orientale s'ajoute aux sites des grandes implantations nucléaires lorsque ceux-ci ont suscité d'importants mouvements d'opposition: la Manche, Rhône-Alpes, la frontière orientale et Paris s'opposent au centre et même au sud-ouest du pays; le Pas-de-Calais n'a jamais frémi.

Texte 3.2.1
Colette Ysmal, 'Classe, patrimoine ou idéologie?', *Le Comportement électoral des Français*, La Découverte, Paris, 1990, pp. 63–70

Toutes ces variables sociales et idéologiques* que nous venons d'examiner séparément entretiennent évidemment des rapports entre elles et n'agissent pas séparément pour orienter le comportement électoral. On peut dès lors se demander comment elles se combinent et laquelle est la plus décisive au moment où l'électeur doit choisir quel bulletin il déposera dans l'urne.

Qui a le plus de chances de voter à gauche?

Des éléments tels que la pratique religieuse, l'appartenance à la droite ou à la gauche, la possession d'un patrimoine ne sont pas répartis également selon le sexe, l'âge et plus encore la situation professionnelle. C'est parce que les femmes sont plus catholiques pratiquantes que les hommes, parce qu'elles sont moins engagées dans une activité professionnelle qu'elles sont plus conservatrices. C'est non seulement parce qu'ils sont des travailleurs indépendants mais aussi parce qu'ils sont catholiques pratiquants et détenteurs de biens immobiliers et mobiliers que les agriculteurs, les commerçants et artisans, les industriels et les membres des professions libérales votent le plus à droite. C'est au contraire parce que les ouvriers sont non catholiques et démunis qu'ils se situent le plus à gauche et votent massivement pour le Parti communiste et le Parti socialiste.

D'une manière plus générale, les différentes situations vécues par les individus sont-elles équivalentes? Est-il plus important, au moment du choix électoral, d'être jeune ou vieux, d'être ouvrier ou cadre supérieur, de se dire de gauche ou de droite, de posséder ou non un patrimoine, de pratiquer sa religion ou de n'en pas avoir? Seule une combinaison des différentes variables permet de répondre à cette question (*voir tableau 8, p. 149*).

Comme on le constate, c'est d'abord la religion qui se révèle décisive. Le vote de gauche est maximal (entre 100 et 76%) lorsque les électeurs sont dégagés de l'emprise de l'Église et en revanche il est minimal (entre 0 et 10%) lorsque ceux-ci assistent à l'office régulièrement ou irrégulièrement. L'appartenance socio-professionnelle et le degré de possession patrimoniale apparaissent secondaires dans la mesure où ceux qui votent massivement pour la gauche appartiennent aussi bien aux couches populaires, aux cadres, aux enseignants ou même aux travailleurs indépendants et que, à profession égale, ils peuvent être riches ou démunis. L'absence de pratique religieuse est généralement associée au sentiment de se situer à gauche et l'intégration au catholicisme à la droite. Toutefois on voit apparaître à la fois un catholicisme de gauche et un 'athéisme' de droite. Le premier appartient essentiellement aux employés et aux ouvriers qu'ils soient au demeurant riches ou pauvres. 90% des membres des couches populaires démunis, pratiquants mais qui se situent à gauche votent pour les partis représentatifs de cette tendance; c'est aussi le cas de 87% et 85% des employés et des ouvriers riches qui fréquentent l'Église mais se déclarent de gauche. L'identification à la gauche corrige ici l'appartenance religieuse. En revanche, dès lors que les mêmes ouvriers et employés non pratiquants se disent de droite, le vote à gauche baisse considérablement: entre 27 et 36% selon les cas. Le même phénomène se reproduit pour les cadres de plus de 35 ans démunis. Ceux qui sont à gauche et dégagés votent à 95% pour la gauche; ceux qui sont à gauche et pratiquants le font à 91%; ceux qui se disent de droite et non pratiquants sont seulement 25% à choisir les partis de gauche.

Le taux du vote communiste ne suit qu'imparfaitement le niveau global de la gauche du fait d'un effet conjugué de la classe sociale et du patrimoine. Ce sont les membres des couches populaires qui choisissent le plus fréquemment le PC: 60% chez ceux qui sont démunis, de gauche et non pratiquants; 59% chez ceux qui sont démunis, de gauche et pratiquants; 42% chez ceux qui sont riches, de gauche et dégagés du catholicisme, 43% même parmi ceux qui sont riches, de gauche et pratiquants . . . . En revanche, les catégories sociales moins directement insérées dans l'univers ouvrier (cadres, indépendants) sont plus rétives* devant le vote communiste et ce d'autant plus qu'elles sont riches. En résumé, l'appartenance de classe se révèle plus importante pour décider d'un vote communiste que d'un vote de gauche en général et le patrimoine n'intervient qu'au sein des catégories qui ont peu de liens avec la classe ouvrière. A l'inverse, cela indique bien sûr que le vote socialiste est plus légitime chez ces derniers.

Le primat de l'idéologie

Les combinaisons que nous venons de présenter indiquent le primat de l'idéologie. C'est aussi ce que vérifient Guy Michelat et Michel Simon[1] en confrontant les influences respectives de la profession, du patrimoine et de la religion sur le vote. Ils démontrent ainsi que, à patrimoine égal, les différences de vote à gauche sont extrêmement marquées selon le degré d'appartenance à la classe ouvrière: 28% des bourgeois qui possèdent leur résidence principale votent à gauche alors que 55% des propriétaires ouvriers, enfants d'ouvriers et mariés à un(e) ouvrier(e) font de même.

De la même manière, la religion l'emporte sur le patrimoine. Les différences entre riches et démunis sont certes importantes dans le choix du vote. Toutefois, elles sont sans commune mesure avec celles induites par l'intégration au catholicisme. 68% des catholiques pratiquants réguliers votent à droite lorsqu'ils ne possèdent pas leur logement contre 10% des sans religion; 78% des catholiques pratiquants réguliers votent à droite lorsqu'ils sont propriétaires de leur logement au lieu de 18% chez les sans religion qui sont dans la même situation. A même degré de catholicisme les différences de vote à droite sont de dix points (68 et 78%) entre possédants et non-possédants alors qu'elles sont de l'ordre de 60 points entre religieux et irréligieux.

Enfin, la religion corrige très sensiblement les effets de l'appartenance de classe mesurée par le plus ou moins grand degré d'insertion dans la classe

---

[1]Guy Michelat & Michel Simon, 'Déterminations socio-économiques, organisations symboliques et vote', *Revue française de sociologie*, janvier–mars 1985.

ouvrière. Que ce soit chez les bourgeois dépourvus de toute attache avec la classe ouvrière ou parmi ceux qui sont ouvriers, fils d'ouvriers . . ., la pratique religieuse induit des écarts de vote à gauche de l'ordre de 50 points entre pratiquants réguliers et athées* alors que, entre 'bourgeois' et très ouvriers, ils ne sont que de l'ordre de 20.

En fait, aucune classe sociale n'est homogène du point de vue de ses choix électoraux. Même pas la 'classe ouvrière' certes majoritairement à gauche mais dont, toujours, au moins 30% se prononce pour la droite. Or, l'ouvrier conservateur présente une organisation idéologique spécifique. D'une part, il n'a aucune conscience d'appartenir à la 'classe ouvrière'; de l'autre, il est très majoritairement catholique pratiquant et envoie très souvent ses enfants dans l'enseignement privé. Cela détermine des valeurs antisyndicales, antigrévistes et, en retour, favorables à l'harmonie dans l'entreprise. Son discours peut être résumé ainsi: 'Moi, je ne fais jamais grève. Les syndicats, enfin la CGT* et la CFDT*, ils sont contre le patron, toujours à vouloir des choses et des choses. Le patron, il gagne de l'argent, mais il a aussi ses frais. Il faut le comprendre et travailler avec lui car nous sommes tous dans le même bateau'.

Le respect pour le patron, c'est celui que l'on doit naturellement au père de famille dans un non moins absolu respect de l'ordre et de la discipline. Cela se traduit par une description typique des 'bons' enfants. Ceux-ci sont bons élèves, ils travaillent; ce n'est pas eux qui sortiraient tous les soirs comme beaucoup de jeunes. On les surveille. Il faut qu'ils réussissent car on n'a rien sans rien. Ce que j'ai, je l'ai gagné. Maintenant les jeunes veulent tout avoir tout de suite. Moi je dis à mes enfants: ne regardez pas à côté; il y a toujours mieux, toujours plus mal aussi. On a ce qu'on s'offre par son travail. Ordre à la maison (le travail et la discipline), ordre social aussi (des riches et des pauvres), ordre dans l'usine enfin (la grève est désordre, une atteinte au pouvoir naturel des patrons), tel est l'univers de l'ouvrier conservateur.

Gérard Grunberg et René Mouriaux[2] ont montré que les cadres supérieurs et moyens s'opposaient selon leurs préférences idéologiques, qui conditionnent leur vote. A bien des égards, le cadre conservateur partage avec l'ouvrier de droite la même vision de l'organisation sociale (famille, travail, ordre et discipline). Toutefois, c'est surtout autour de l'entreprise et de la place des cadres au sein de celle-ci que s'établissent les clivages. En effet, les cadres 'légitimistes' ou 'alliés du patronat' se révèlent d'abord proches des patrons, sont totalement hostiles à toute syndicalisation ou à la rigueur favorables à un syndicalisme catégoriel* sous la bannière de la Confédération générale des

[2]Gérard Grunberg & René Mouriaux, *L'Univers politique et syndical des cadres*, FNSP, Paris, 1979.

cadres (CGC). De ce fait, soit ils se montrent acquis à l'idée que seuls les patrons sont responsables, soit, à la limite, ils acceptent la participation des cadres à l'élection des dirigeants des grandes entreprises. Ce qui les intéresse au premier chef, c'est le maintien de la hiérarchie. Ils s'opposent à toute réduction de l'éventail des salaires; toute atteinte à leur pouvoir, comme on l'a bien vu au moment de la discussion des lois Auroux*, leur semble un sacrilège parce qu'une agression contre leur personne et leur statut.

En revanche, les cadres de gauche se sentent proches des autres salariés de l'entreprise et favorables à un syndicalisme commun à tous les travailleurs au sein des grandes centrales ouvrières (Force ouvrière*, CFDT ou CGT). Ils sont hostiles au pouvoir patronal et, bien loin de défendre une position privilégiée des cadres, ils souhaitent une extension à tous les salariés du droit d'élire les dirigeants des grandes entreprises. Dans la mesure où ils ne jugent pas que les différences entre les salaires des cadres et ceux des autres salariés correspondent uniquement à des compétences diverses, ils ne sont pas hostiles à la réduction de l'éventail des salaires. Bref, ils préfèrent la solidarité à la défense de leur propre cause.

En guise de conclusion provisoire

On peut ainsi affirmer qu'au sein de tous les facteurs individuels du vote, c'est l'idéologie ou les attitudes spécifiquement politiques qui l'emportent sur les variables sociales. Certes, les deux univers ne sont pas étrangers l'un à l'autre: en termes de répartition, l'idéologie de gauche ou l'absence de religion restent bien plus répandues chez les ouvriers ou les employés; celle de droite et la pratique du catholicisme sont davantage le fait des paysans et des patrons de l'industrie et du commerce; les premières sont le fait des personnes démunies; les autres, celui des nantis* .... Il ne s'agit toutefois que de répartition derrière laquelle se dissimulent deux choses. La première est que les mécanismes sociaux qui définissent de très fortes polarisations politiques et électorales peuvent être extrêmement minoritaires. Ainsi, s'il est vrai que les ouvriers qui appartiennent à la classe ouvrière et qui sont syndiqués votent à 95% à gauche, il est non moins vrai que cet 'ouvrier-type' ne représente qu'une infime minorité des ouvriers et n'est donc pas représentatif. La seconde est que chaque groupe social est traversé de clivages multiples (type d'entreprise; secteur d'emploi; position globale dans le champ économique et social) qui sont autant de perceptions différenciées de soi. Ce sont ces dernières qui s'investissent dans les choix idéologiques, politiques et électoraux. Ce sont elles aussi qui fondent le changement rapide ou non de ces choix (et donc du vote) selon qu'elles se modifient, selon notamment que l'appréhension de sa situation individuelle est vécue sur un mode 'optimiste' ou 'pessimiste', mode de plus en plus organisé aujourd'hui autour du thème de la menace.

Les variables sociales n'expliquent donc qu'en très gros et peut-être de moins en moins en très gros. Ainsi, à propos de l'élection présidentielle de 1988, Daniel Boy et Nonna Mayer[3] doivent reconnaître que le modèle social du comportement électoral explique en partie le vote Lajoinie* et Chirac mais très mal ou pas du tout le choix pour François Mitterrand, Raymond Barre*, Jean-Marie Le Pen et Antoine Waechter. Ce qui est tout de même beaucoup si l'on se rappelle qu'il s'agit de 70% des votants.

Religion, droite ou gauche avec tout ce que cela implique de conceptions de l'ordre social prennent ainsi la place centrale qu'occupait l'identification partisane chez les chercheurs américains. Cela ne signifie cependant pas que la totalité du vote puisse être comprise à partir du socle idéologique. D'un côté, les opinions, aussi fermes soient-elles, ne trouvent pas toujours l'occasion de s'exprimer sur la scène électorale. Quels que soient ses désirs ou ses dispositions l'électeur est, comme le rappelle Alain Lancelot[4], 'contraint' par ce qui lui est proposé sur le 'marché': acuité de la compétition; configuration des candidatures; système d'alliances; types d'élection et territoires concernés. D'un autre côté, les affiliations idéologiques peuvent être confrontées à la conjoncture qui, comme l'a montré Alain Garrigou[5], n'est pas un élément secondaire ou résiduel, mais 'un état particulier du marché': crédibilité des partis et de leurs candidats; personnalité de ceux-ci; enjeux propres à l'élection. Enfin, entre l'offre (le marché, ses conditions et ses acteurs) et la demande (l'électeur) se place la campagne électorale où se joue l'adéquation entre les propositions des candidats désormais mieux connues et les demandes des électeurs désormais plus précises.

Notes et lexique

ces variables *(f)* **sociales et idéologiques**: identiques à celles qui sont mentionnées dans l'introduction à cette section
rétives: difficiles à persuader
athées: qui ne croient pas en Dieu

[3]Daniel Boy & Nonna Mayer (dir.), *L'Électeur français en questions*, FNSP, Paris, 1990.
[4]Alain Lancelot, 'L'Orientation du comportement politique', Madeleine Grawitz & Jean Leca (dir.), *Traité de science politique*, PUF, Paris, 1985.
[5]Alain Garrigou, 'Conjoncture politique et vote', Daniel Gaxie (dir.), *Explications du vote. Un bilan des études électorales en France*, FNSP, Paris, 1985.

CGT: Confédération générale du travail, syndicat lié au PC
CFDT: Confédération française démocratique du travail, syndicat indépendant mais proche du PS
catégoriel: limité à une catégorie particulière
lois Auroux: quatre lois votées en 1982 relatives aux droits des salariés dans l'entreprise
Force ouvrière: syndicat indépendant
nantis: ceux qui possèdent
Lajoinie: André Lajoinie, candidat du PC
Raymond Barre: candidat de l'UDF

Compréhension

1. En vous référant au tableau 8, justifiez l'affirmation de l'auteur que c'est d'abord la religion qui se révèle décisive dans le choix de la gauche, et essayez de dresser la liste des autres facteurs par ordre décroissant.
2. Résumez les différences de valeurs entre l'ouvrier conservateur et l'ouvrier de gauche.
3. Ces différences de valeurs correspondent-elles aux différences idéologiques trouvées parmi les cadres des partis?

Tableau 8: Probabilité du vote à gauche en 1978 (en %)

	GAUCHE	PC
Cadres, moins de 35 ans, démunis, gauche, dégagés	100	42
Couches populaires, moins de 35 ans, démunis, gauche, dégagés	99	60
Couches populaires, plus de 35 ans, démunis, gauche, dégagés	98	59
Cadres, plus de 35 ans, démunis, gauche, dégagés	96	38
Enseignants, moins de 35 ans, démunis, gauche, dégagés	95	47
Enseignants, moins de 35 ans, riches, gauche, dégagés	95	45
Indépendants, moins de 35 ans, démunis, gauche, dégagés	94	24
Indépendants, plus de 35 ans, démunis, gauche, dégagés	93	45
Indépendants, moins de 35 ans, riches, gauche, dégagés	91	27
Cadres, plus de 35 ans, démunis, gauche, pratiquants	91	38
Enseignants, plus de 35 ans, démunis, gauche, dégagés	90	34
Couches populaires, plus de 35 ans, démunis, gauche, pratiquants	90	59
Couches populaires, plus de 35 ans, riches, gauche, dégagés	89	40
Enseignants, plus de 35 ans, riches, gauche, dégagés	88	25
Couches populaires, moins de 35 ans, riches, gauche, dégagés	87	42
Couches populaires, moins de 35 ans, riches, gauche, pratiquants	87	13
Couches populaires, plus de 35 ans, riches, gauche, pratiquants	85	23
Cadres moins de 35 ans, riches, gauche, dégagés	82	18
Indépendants, plus de 35 ans, riches, gauche, dégagés	81	26
Cadres, plus de 35 ans, riches, gauche, dégagés	76	29
Indépendants, plus de 35 ans, riches, gauche, pratiquants	46	7

Nous n'avons pas pu utiliser la variable sexe car les femmes ne sont pas assez nombreuses à travailler. Les regroupements ont été effectués comme suit:

Indépendants = agriculteurs, patrons, professions libérales
Enseignants = professeurs et instituteurs
Cadres = cadres administratifs supérieurs et moyens, techniciens
Couches populaires = employés de bureau et ouvriers
Dégagés = non-pratiquants et sans religion
Pratiquants = régulier et irrégulier
Démunis = 0 ou 1 élément de patrimoine
Riches = 2 éléments et plus
Gauche = extrême gauche, gauche, centre gauche
Droite = centre, centre droit, droite et extrême droite
[Adapté par les rédacteurs]

Texte 3.2.2
Roland Cayrol, 'La Droite, la gauche et les références idéologiques des Français', (extraits), SOFRES, *L'État de l'opinion 1992*, Seuil, Paris, 1992, pp. 57–67

Les boussoles* politiques de ce pays n'en finissent pas de se dérégler. C'est que la France a longtemps été un pays singulier, dont les exceptions faisaient la joie des politologues étrangers: nous étions les seuls à avoir à la fois un Parti communiste fort et un phénomène gaulliste! Et aussi, pêle-mêle: l'axe gauche-droite expliquait presque toutes les divisions de l'opinion; la gauche, durablement écartée du pouvoir, cultivait avec délice ses archaïques références idéologiques; le système majoritaire de la Ve République empêchait l'émergence de nouveaux partis; les pesanteurs sociologiques – ailleurs en voie d'essoufflement – rendaient fort bien compte des choix politiques des citoyens.

Tout cela, qui n'est pas si lointain, a été, non pas totalement balayé, mais battu en brèche* dans la dernière décennie.

Le passage de la gauche au pouvoir – et surtout son échec patent* dans ses tentatives d'application de son programme – a tout changé, en un temps où, par ailleurs, la société se modernisait et internationalisait ses références et ses modes de vie. Certains, du coup, sont tentés de décrire des Français tout uniment blasés* et 'paumés'** mus par leurs seuls projets individuels et leurs consommations médiatiques*, cependant que d'autres feignent de croire que les anciennes règles s'appliquent toujours.

Un voyage en profondeur dans treize grands sondages réalisés par la SOFRES, portant sur 'les références idéologiques des Français', et couvrant la décennie (ils furent effectués, à intervalles réguliers, entre mai 1980 et avril 1991), laisse – j'en demande pardon au lecteur friand de* simplification – des impressions contradictoires: tout a changé, c'est vrai, mais les lignes de fracture sont bien plus complexes que ne voudraient nous le faire croire les discours dominicaux* des hommes politiques ou les généralisations géniales des philosophes professionnels.

Avançons donc prudemment sur la trace de cet historique de l'opinion, et procédons pas à pas. Commençons par examiner la situation des Français par rapport au fameux axe gauche-droite.

Distinction gauche-droite: une pertinence en déclin

La SOFRES pose depuis plusieurs années deux questions fort différentes sur ce thème – et qui donnent des résultats dont les évolutions ne sont pas toujours symétriques.

La première est ainsi libellée:

Avec laquelle de ces deux opinions êtes-vous le plus d'accord? – Les notions de droite et de gauche sont dépassées: ce n'est plus comme cela qu'on peut juger les prises de position des partis et des hommes politiques. – Les notions de droite et de gauche sont toujours valables pour comprendre les prises de position des partis et des hommes politiques.

On le voit: la formulation de la question incite à mettre l'accent sur la validité des concepts de gauche et de droite pour *comprendre* la vie politique, et non l'attachement personnel des personnes interrogées à ces concepts (même si cette dimension affective* interfère sans doute avec la dimension analytique rationnelle).

L'examen de la courbe des réponses à cette question est tout à fait éclairant. *(figure 7, p. 157)*. Au printemps 1981 – juste avant le combat de l'élection présidentielle – la majorité des Français qui se prononcent disent la validité des notions de gauche et de droite pour décrypter la situation. Trois ans plus tard, les électeurs ont sans doute compris que les socialistes ne changeraient pas la vie, le PS se banalise, et la courbe s'est inversée. Une majorité relative ne croit plus à la pertinence de la distinction gauche-droite. Si les dents de la fourchette* tendent ensuite à se rapprocher, en 1986–88, avec des élections législatives d'affrontement et la période de cohabitation (mais on notera que les sceptiques devant le caractère opératoire de la division droite-gauche restent majoritaires, même dans cette période), la fourchette s'élargit à nouveau après la réélection de F. Mitterrand et avec la gestion gouvernementale de M. Rocard: pour la première fois, fin 1989, c'est une majorité absolue de nos concitoyens qui se déclare persuadée de l'obsolescence de la division gauche-droite, et la situation n'a guère évolué au printemps 1991.

Ainsi l'évolution est-elle limpide: elle se fait dans le sens d'un rejet croissant par les Français de la distinction droite-gauche pour analyser la vie politique, même si les périodes électorales (1981, 1986, 1988) tendent à ranimer la flamme – un peu moins cependant chaque fois . . .

Qui sont les Français qui ont ainsi bougé? Pratiquement autant ceux qui se rangent à gauche que ceux qui se rangent à droite. Du coup, le commentaire d'Olivier Duhamel à propos des chiffres de 1984 reste d'actualité: 'Les plus critiques à l'encontre de la notion de droite-gauche se rencontrent, sans trop de surprise, dans les familles de cadres supérieurs, professions libérales, industriels . . . puis, écho de ce qu'Alain* avait pressenti, à droite, mais nettement plus à l'UDF qu'au RPR'.[1]

Notons tout de même que, si les gens de droite sont toujours plus critiques aujourd'hui à l'encontre de la distinction droite-gauche, un Français 'de gauche' sur deux partage désormais cette critique; et que l'écart entre les cadres supérieurs et les autres catégories sociales s'est resserré: un consensus social sur l'obsolescence du critère droite-gauche semble ainsi s'esquisser.

Et relevons ces deux novations: comme il est logique, les sympathisants écologistes rejettent, aux trois quarts, la pertinence de la distinction. Et ceux du Front national en sont également de plus en plus majoritairement éloignés, comme si, au fur et à mesure qu'il recrutait dans des origines politiques diverses, le Front national engrangeait plus encore d'opposants tous azimuts* à la 'bande des quatre'*, c'est-à-dire à la droite comme à la gauche.

Sentiment d'appartenance aux familles 'gauche' et 'droite': la progression du trouble

L'autre question posée par la SOFRES sur la gauche et la droite porte sur l'autopositionnement des personnes interrogées par rapport à ces concepts. Elle est ainsi libellée:

> *On range parfois les Français en deux catégories: ceux qui sont de gauche et ceux qui sont de droite. Dans laquelle de ces deux catégories vous rangeriez-vous: ceux qui sont de gauche? ceux qui sont de droite?*

Il s'agit donc ici d'un choix personnel d'appartenance à l'une des deux 'familles' – avec bien sûr la possibilité de refuser ce classement.

En dix ans – nous révèle la courbe de la SOFRES – les choses ont significativement changé *(figure 8, p. 158)*.

En 1981, une très forte majorité de nos concitoyens (73%) se rangeaient sans problème dans l'une des deux familles (42% à gauche, 31% à droite); en 1991, ils ne sont plus que 64% à le faire (36% à gauche, 28% à droite). N'exagérons bien sûr pas les évolutions: près des deux tiers des Français n'ont toujours aucune réticence à se sentir 'de gauche' ou 'de droite' – cela est important. Mais on constate bel et bien un *effritement** de ce sentiment d'appartenance – cependant que le refus de se classer autour de ces deux pôles a donc gagné dix points (il est passé de 20% en 1981, à 30% en 1991).

---

[1]Voir Olivier Duhamel, 'Libéraux-socialistes-conservateurs: les évolutions idéologiques des Français' dans SOFRES, *Opinion publique 1985*, Gallimard, Paris, 1985, p. 92.

La réalité de la société politique française est donc plus complexe que ne voudraient le faire croire les déclarations de certains acteurs du débat public: l'appartenance à la gauche ou à la droite reste bel et bien majoritaire dans ce pays, mais la tendance de la décennie est – non moins clairement – à l'effacement progressif de ces 'summa divisio'.* Malgré des hauts et des bas: en l'occurrence, ce ne sont plus *toutes* les élections mais *les élections présidentielles* (1981, 1988) qui réveillent – pour quelques mois – l'attachement à la famille, avant que les basses eaux de la vie politique ne replongent un nombre croissant de supporters dans la perplexité . . .

Là encore, la question s'impose: qui a changé? L'examen des chiffres permet quelques constatations et autorise quelques hypothèses:

– Politiquement, les sympathisants du PC restent pendant la décennie massivement attachés à la famille de la gauche, de même – à un niveau légèrement moins élevé – que ceux du PS: il n'y a donc pas eu de véritable 'dérive' droitière, dans le sentiment d'appartenance tout au moins, des sympathisants de ces deux partis. Les sympathisants des partis conservateurs se sont plus massivement rapprochés du concept de 'droite' dans la période 1981–83, puis n'ont guère évolué. On retrouve ainsi l'importance du choc qu'a pu représenter l'accession de la gauche au pouvoir et la politique du gouvernement Mauroy pour certains supporters de la droite modérée qui, désormais, n'ont plus eu de réticences à s'avouer 'de droite'. Les refus de se classer sont d'abord ceux du Front national, où ils sont désormais le fait de près d'un sympathisant sur deux (même si la majorité absolue se range à droite), et des écologistes – tiraillés, eux, entre le 'ni gauche ni droite' et le rattachement à la famille de gauche.

– Socialement, on constate bien sûr des constantes: la proportion d'agriculteurs ou de commerçants et artisans qui se reconnaissent dans la gauche reste très faible; les cadres moyens (aujourd'hui 'professions intermédiaires') et employés préfèrent en revanche nettement la gauche à la droite. Mais aussi des évolutions et des ruptures. Les catégories les plus fluctuantes sont celles des cadres supérieurs d'une part, des ouvriers d'autre part. Les cadres supérieurs ont suivi une évolution linéaire de 1981 à 1990, se sentant de plus en plus d'affinités avec la famille de gauche, et de moins en moins avec la droite. Et puis, en 1990–91, on les trouve plus nombreux à refuser de se classer, voire, en 1991, à se classer à droite. Les années Mitterrand sont-elles, pour la majorité d'entre eux, révolues? Quant aux ouvriers, c'est 1991 qui semble marquer une rupture, la gauche y perdant dix points, les 'refus de se classer' en gagnant onze. L'appartenance à la gauche domine toujours chez les ouvriers, mais le socle s'est fait moins solide.

Cadres supérieurs, ouvriers: deux pôles de la construction du projet socialiste et du vote de gauche dans la France mitterrandienne, et qui semblent désormais rongés par le doute, voire (pour les cadres) par une attirance renouvelée pour la famille de droite. Effet d'enquête? Effet de conjoncture? Ou lassitude profonde et durable après dix ans de gouvernement de gauche? Les enquêtes – et les élections – des prochains mois le diront. Mais il n'est pas sûr qu'une nouvelle période électorale 'chaude' suffira à la gauche pour recoller des morceaux patiemment assemblés, puis cassés d'un coup . . . [. . .]

L'eau socialiste et le vin libéral

[. . .] La SOFRES a périodiquement posé aux Français la question suivante:

En pensant à l'économie, dites-moi si chacun des mots suivants évoque pour vous quelque chose de positif ou quelque chose de négatif?

Le tableau 10 *(p. 160)* recense l'évolution, pour la plupart des mots proposés, des associations positives.

Sur dix ans – ce qui n'est pas bien long – les évolutions sont sensibles. Trois mots perdent sept points ou plus: 'socialisme' (–10); 'syndicats' (–8) et 'nationalisations' (–7). Trois mots gagnent sept points ou plus: 'profit' (+11); 'participation' (+12) et 'capitalisme' (+7). Point n'est besoin d'un long commentaire pour comprendre la direction du changement! Encore faut-il souligner – car les valeurs absolues comptent autant que les évolutions – qu'aujourd'hui seules les valeurs de 'participation' et de 'concurrence' sont appréciées positivement par plus de deux Français sur trois, et que 'libéralisme', 'profit', mais aussi 'socialisme' et 'syndicats' sont des mots appréciés – les uns et les autres – par un Français sur deux . . . . En revanche, 'capitalisme' et 'nationalisations' ne sont prisés que par un Français sur trois!

Le mariage des contraires, la synthèse consensuelle des valeurs socialistes libérales continuent d'être le rêve de ce pays (à l'évidence inatteignable dans les conditions du fonctionnement du système majoritaire de la Ve République) – même si le profit est la valeur montante de l'époque, et le socialisme la valeur descendante.

Le destin croisé de ces deux mots – profit, socialisme – éclaire d'ailleurs de manière significative et cocasse* cette recherche inatteignable d'un centre de gravité. Le mot 'socialisme' s'effondre entre 1980 et 1985 (décidément, cette période marque des tournants tout à fait décisifs); dans la même période, 'profit' s'envole et arrive à dépasser 'socialisme'. En 1986–87, où

Jacques Chirac exerce ses talents à Matignon, 'socialisme' reprend dix points, et 'profit' en perd quatre! Depuis 1988 – et la réélection de F. Mitterrand – 'socialisme' recommence à s'effilocher*, et 'profit' reprend sa lente progression: la République n'a jamais été aussi belle que sous l'Empire!*

En faisant ainsi baisser le niveau de leur adhésion à une économie empreinte des valeurs du socialisme et du syndicalisme, et en faisant monter leur faveur pour le profit, la participation et la concurrence – mais sans accepter significativement ni le capitalisme ni les nationalisations – les Français n'ont pas basculé d'une idéologie dans une autre; ils ont adapté leurs valeurs aux excès gouvernementaux dans un sens ou dans l'autre, et réaffirmé avec force ce qu'ils clament dans les sondages depuis trente ans: malgré la bipolarisation de la vie politique, ils souhaitent une économie, une société, où régneraient à la fois la concurrence et la participation, la liberté et la justice sociale.

Certains, assurément, ont dû s'adapter plus que d'autres. On a souvent dit que les sympathisants socialistes avaient dû avaler bien des couleuvres*, et on n'a pas eu tort. L'examen détaillé des références idéologiques – ici, des mots connotés positivement – le montre bien.

Chez les supporters du PS, au cours de la décennie, les mots qui progressent sont en effet: 'participation' (+12 points), 'concurrence' (+12), 'profit' (+14), 'capitalisme' (+9), 'privatisations' (+14, de 1986 à 1990), cependant que baissent, chez eux, 'nationalisations' (–9), 'syndicalisme' (–9) et . . . 'socialisme' (–6).

Mais on a eu tort de ne pas voir, en même temps, l'évolution très sensible de la famille RPR qui, dans le même temps, a progressé – parfois plus encore – sur les thèmes du 'capitalisme' (+16 points), du 'libéralisme' (+13) et du 'profit' (+13), cependant que déclinait son adhésion au concept de 'planification'* (–9). Ce qui s'est passé depuis dix ans, ce n'est pas seulement la renonciation progressive d'une partie de l'électorat socialiste aux dogmes socio-économiques de la gauche; c'est aussi la disparition progressive de la singularité gaulliste dans l'idéologie française.

Sur des valeurs centrales du fonctionnement de l'économie, les socialistes se sont rapprochés du centrisme: 28 points d'écart entre PS et UDF sur 'nationalisations' en 1980, 14 seulement en 1990; 25 points d'écart en 1980 sur 'syndicalisme', 14 en 1990; 12 points sur 'concurrence' en 1980, 3 en 1990; 14 points sur 'profit' en 1980, 1 seul en 1990. Mais, en même temps, la famille RPR faisait donc un chemin équivalent, acceptant désormais fortement 'profit', 'capitalisme' et 'libéralisme' . . . cependant que la famille UDF mettait de l'eau 'participative' (+9 points) dans son vin libéral.

Cela ne veut bien sûr pas dire que les références idéologiques soient toutes devenues consensuelles. Sur les mots de 'socialisme' et de 'capitalisme', et aussi sur le 'syndicalisme', la différence entre gauche et droite reste marquée. Les supporters du PC font entendre leur petite musique autonome, qui met en sourdine* le profit et fait donner les caisses claires* sur les nationalisations. Mais sur le libéralisme, la concurrence, la participation et le profit, la tendance aux convergences est la loi de la décennie.

L'apparition de la mouvance écologiste ne change ici rien à l'affaire: sur *tous* les mots retenus, les réponses des sympathisants écologistes se situent dans l'intervalle des réponses des socialistes et de celles des UDF . . . Seul le Front national s'affirme avec une relative différence, par son hostilité plus résolue à la planification et au syndicalisme, et par sa tiédeur relative envers la 'participation' (60% de faveur quand même), la 'concurrence' (60% d'adhésion tout de même) et le 'libéralisme' (jugé néanmoins positif par 47% de ses supporters).

Notes et lexique

boussoles *(f)* : instruments qui indiquent le nord. Ici, les points de repère.
battu en brèche: attaqué
patent: évident
blasés: devenus indifférents, qui ont déjà tout vu
'paumés': perdus
consommations *(f)* **médiatiques**: absorption dans les divertissements
    télévisuels
friand de: qui aime particulièrement
discours *(m)* **dominicaux**: les députés sont souvent présents dans leur
    circonscription le dimanche et sont amenés à y prononcer des discours
affective: qui concerne les émotions
dents *(f)* **de la fourchette**: les deux extrêmes
Alain: pseudonyme d'Émile-Auguste Chartier (1868–1951), philosophe
    proche du radicalisme, qui a notamment écrit que toute personne qui se
    déclarait indifférente au clivage droite-gauche était de droite
tous azimuts: dans toutes les directions
'bande des quatre': dans le jargon frontiste, PC, PS, UDF et RPR
effritement *(m)* : désagrégation progressive
'*summa divisio*': les points les plus aigus de la division
cocasse: burlesque, amusante
s'effilocher: devenir moins important
. . . sous l'Empire: les choses sont toujours meilleures quand elles sont
    passées
avaler . . . des couleuvres: accepter des choses désagréables

'**planification**' *(f)* : adhérence à l'importance d'un Plan national (décrite par le général de Gaulle comme 'une ardente obligation' – *voir 2.3*)
met en sourdine: (mettre en sourdine) mentionne moins bruyamment
fait donner les caisses claires: faire du bruit pour donner de l'importance à quelque chose

Compréhension

1. Cherchez dans le tableau 9 *(p. 159)* quels rapports il est possible d'établir entre les variables socio-démographiques ou socio-économiques et le sentiment que la distinction gauche/droite est dépassée.
2. Expliquez comment beaucoup de gens peuvent se situer à gauche ou à droite, tout en considérant la distinction comme dépassée.
3. Justifiez l'affirmation de l'auteur que les Français souhaitent une société où règne les valeurs de gauche *et* de droite.

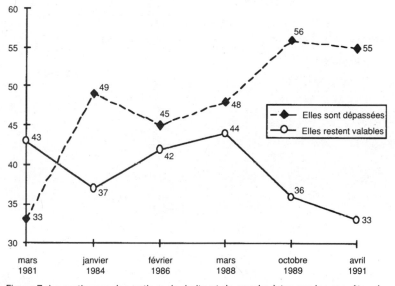

Figure 7: La pertinence des notions de droite et de gauche à travers les enquêtes de la SOFRES

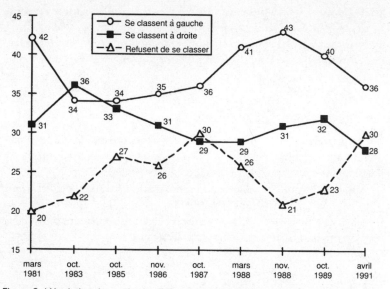

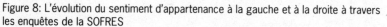

Figure 8: L'évolution du sentiment d'appartenance à la gauche et à la droite à travers les enquêtes de la SOFRES

Tableau 9 : Estiment que la distinction gauche/droite est dépassée pour juger les prises de décisions politiques

en (%)	1981	1984	1986	1988	1989	1991
Ensemble des Français	33	49	45	48	56	55
Sexe						
Homme	35	49	47	51	56	57
Femme	31	49	42	44	55	53
Age						
18–24 ans	34	49	47	48	56	51
25–34 ans	35	54	43	51	61	61
35–49 ans	37	46	50	49	60	59
50–64 ans	31	48	45	50	52	50
65 ans et plus	25	45	36	39	47	49
Profession du chef de ménage						
Agriculteur	33	43	39	42	55	55
Commerçant, artisan, chef d'entreprise	41	52	51	52	55	54
Cadre, profession intellectuelle supérieure	50	61	53	54	68	66
Profession intermédiaire et employé	41	48	48	52	58	59
dont: – Profession intermédiaire	44	49	57	53	58	59
– Employé	38	46	38	51	57	59
Ouvrier	25	47	42	46	51	53
Inactif, retraité	28	48	40	43	53	49
Préférence partisane						
Parti communiste	11	36	24	33	33	33
Parti socialiste	34	43	38	46	49	49
Mouvement écologiste	62	82	69	63	73	73
UDF	33	60	55	57	71	60
RPR	39	50	41	41	51	54
Front national	—	62	40	46	58	69
Classement politique						
Se classent à gauche	28	—	32	43	50	50
Se classent à droite	30	—	40	41	53	57
Refusent de se classer	49	—	70	61	68	60

Source: Enquêtes annuelles de la SOFRES pour *LE POINT*

Tableau 10: La réaction positive aux termes économiques à travers les enquêtes de la
         SOFRES

Jugent positifs les mots: (en %)	1980	1983	1985	1986	1987	1988	1989	1990	Écart 80/90
Participation	61	64	64	66	69	76	70	73	+12
Concurrence	67	60	64	62	67	71	69	71	+4
Libéralisme	52	53	56	54	57	59	59	54	+2
Profit	37	42	44	41	40	46	52	48	+11
Syndicats	55	47	38	49	46	49	49	47	−8
Privatisations	—	—	—	—	36	42	41	42	—
Socialisme	56	44	40	46	50	51	46	46	−10
Planification	43	34	36	31	37	44	44	42	−1
Nationalisations	40	34	29	32	32	33	35	33	−7
Capitalisme	26	29	30	28	26	29	36	33	+7

3.3   Crise de la représentation?

Comme nous l'avons déjà remarqué au début de ce chapitre, la 'crise de
l'idéologie' est liée, dans l'esprit de beaucoup de commentateurs, à une
prétendue 'crise de la représentation'. Comment cette crise s'appréhende-
t-elle et quelle est sa nature?

On peut répondre à la première question en consultant diverses séries
de chiffres, dont la plus évidente est celle des **abstentions**. En particulier,
l'année qui suit l'élection présidentielle de 1988 a battu les records
d'abstention pour chaque type d'élections, avec (dans l'ordre de leur
occurrence) 34% aux législatives, 51% aux cantonales, 63% au référendum, 27% aux municipales et 50% aux européennes.

Cependant, il faut être prudent. Cette année a battu aussi les records
pour la fréquence des échéances électorales et l'élection présidentielle qui
a entamé la série n'a vu qu'un taux d'abstention de 19% au premier tour
et de 16% au deuxième. Pour expliquer ces chiffres, il est possible d'en
appeler à une simple lassitude de la part des électeurs – et aussi à un
jugement sur l'importance relative des enjeux. Plusieurs indices montrent
que les Français considèrent l'élection présidentielle comme l'enjeu
crucial alors que le référendum qui a battu les records absolus, ne concerne
pas la vie des Français métropolitains, mais celle des Néo-Calédoniens . . .

D'ailleurs, il faut souligner que ces chiffres sont globaux et, dans son
attitude vis-à-vis de la politique, la France n'est pas une masse
indifférenciée. Le profil typique de l'abstentionniste est bien connu: jeune,
relativement peu diplômé, chômeur ou employé à temps partiel, sans

religion, et habitant un grand ensemble de banlieue. Dans la mesure où toutes ces caractéristiques sont des indices d'une moindre insertion dans la société, il est possible que le taux d'abstention soit plus un reflet de certains problèmes de société que d'une dégradation de la vie politique.

Plus troublants peut-être sont les résultats des sondages, qui traduisent une méfiance croissante envers la classe politique, prise globalement. A intervalles réguliers, les Français sont questionnés par la SOFRES pour découvrir s'ils trouvent que la politique est une activité honorable ou non. Le pourcentage de ceux qui la considèrent peu ou pas honorable a plus que doublé en vingt ans, pour atteindre 44% en 1992.

A ce discrédit correspond un engouement apparent des électeurs pour des personnalités 'non-politiques' qui sont intervenues dans la politique. On pense, par exemple, à Bernard Kouchner, fondateur de 'Médecins sans frontières' ou à Bernard Tapie, entrepreneur, qui sont tous deux devenus ministres et qui tous deux ont joui d'une cote de popularité supérieure à celle de la vaste majorité des hommes politiques professionnels.

On peut utilement contraster ces tendances avec celle qui, sur une durée plus longue – et, il faut convenir, avec un certain infléchissement récent – montre une augmentation régulière depuis la fondation de la Cinquième République du nombre de ceux qui disent s'intéresser à la politique. D'autres indices vont dans le même sens. Les législatives de 1993 montrent un léger recul de l'abstentionnisme mais enregistrent un record de **votes blancs et nuls**. Que plus d'un million de Français se soient rendus aux urnes pour s'abstenir de choisir, laisse supposer un sens civique certain, mais en même temps une certaine irritation devant le choix offert.

Tout se passe donc comme si les Français prenaient leur politique au sérieux mais avaient le sentiment que le processus politique traditionnel ne répond pas à leurs aspirations. Cette impression est confirmée par le nombre de ceux qui, en 1991, déclaraient ne pas avoir le sentiment d'être représentés par un parti politique (73%) ou par un leader politique (74%). Si une majorité des Français jugent régulièrement que les résultats des élections n'auront pratiquement pas de conséquences sur leur vie de tous les jours, cela ne signifie pas forcément qu'ils considèrent la politique comme étant en principe incapable d'avoir un impact sur la qualité de leur vie, mais peut-être simplement qu'ils ne sont pas satisfaits de l'offre politique du moment.

Pour répondre donc à notre deuxième question – quelle est la nature de cette crise? – nous avons préféré aux innombrables résultats de sondages quantitatifs un texte basé sur une analyse qualitative. Cette analyse prend la forme d'une série d'entretiens non-directifs, c'est-à-dire d'entretiens où le répondant est invité, non seulement à répondre 'oui' ou 'non', ou à se situer sur une échelle toute faite, mais à présenter et à développer ses propres opinions. De cette analyse, il ressort qu'il n'y a pas crise mais crises, dans la mesure où les critiques formulées contre la politique ont des ressorts sociaux et personnels largement différents.

Enfin, nous terminons ce tour d'horizon de la vie politique en France aujourd'hui par une perspective historique, due encore une fois à René Rémond. Dans le dernier chapitre d'un livre récent, adressé cette fois au citoyen plutôt qu'au spécialiste, il pose la question de savoir si la France est toujours la France – du point de vue politique, bien entendu – et s'il existe toujours une exception française. Ce texte part d'une considération de la crise de la représentation, pour traverser un nombre de thèmes déjà évoqués dans ce volume. Il conclut sur une note plutôt optimiste, en interprétant cette crise comme une demande de plus, et non de moins, de participation au politique.

Texte 3.3.1

Janine Mossuz-Lavau, 'Un fossé dangereux', *Le Spectre de la déchirure sociale et politique*, coédition *Hommes et libertés* (no 76, 1er trimestre 1994) et *Panoramiques*, Arléa-Corlet, 1994, pp. 29–35

Un fossé semble bien s'être creusé entre les citoyens et leurs représentants. Au point que les observateurs diagnostiquent tour à tour une 'crise de la politique' (Alain Bertho), une 'dévaluation du politique' (François Furet), un 'malaise dans la représentation' (Pierre Rosanvallon) ou encore une 'politisation négative' (Jean-Louis Missika). Les élections législatives de 1993, avec un taux élevé d'abstentions (31%) et une forte progression des votes blancs et nuls (5,27% des votants contre 2,05% en 1988), les performances médiocres des hommes politiques dans les divers palmarès et Top–50 des personnalités préférées des Français, les réponses aux sondages récents[1], n'incitent pas à penser que l'orage est passé.

Les hommes sont-ils seuls en cause ou, au-delà d'eux, les partis, ou encore la chose publique elle-même suscite-t-elle chez nos concitoyens froideur ou indifférence? Qu'en est-il exactement de la relation entretenue par les Français avec la politique?

[1]En 1991, 44% des Français jugent la politique peu ou pas honorable et 58% considèrent les élus et dirigeants politiques plutôt corrompus. In SOFRES, *État de l'opinion 1993*, Seuil, Paris, 1993, p. 234.

Pour tenter de démêler ces liens complexes, j'ai effectué, en 1992, une enquête à l'aide d'entretiens non-directifs conduits à Paris, en banlieue parisienne et dans plusieurs localités de province[2], à partir de la consigne suivante: 'Voulez-vous que nous parlions de ce que la politique représente pour vous?'[3]

Certes, il existe des Français pour qui le rapport à la politique reste 'd'évidence', pour qui celle-ci est légitime, et qui ne dénoncent aucune perversion du système de représentation; ils ne remettent en cause aucun de ses rouages* et ils ont le sentiment d'avoir prise sur lui puisqu'ils participent à chaque consultation électorale: dans l'ensemble, il s'agit d'électeurs constants, fidèles depuis longtemps, à la droite ou à la gauche, et qui ne voient pas pourquoi ils choisiraient d'autres bulletins de vote puisqu'ils estiment n'avoir pas changé.

Une jeune femme, qui se dit plus attirée 'par le socialisme que par un monde capitaliste', déclare: 'Je pense toujours les mêmes choses! Je ne vois pas pourquoi je changerais d'orientation. Je n'étais pas raciste quand j'avais quinze ans. Je ne suis toujours pas raciste . . . . Pour ce qui est des phénomènes sociaux, je pense quand même que si les socialistes ne peuvent pas faire quelque chose, je ne vois pas bien quel parti va s'en préoccuper.' On rencontrait donc encore, en 1992, des socialistes heureux, même s'ils apparaissaient très préoccupés par le problème du chômage et, au-delà, par toutes les exclusions*.

De même, il existait une 'droite tranquille' qui attendait mars 1993 pour voir revenir ses favoris au pouvoir.

Mais ces Français qui appréhendent la politique avec une relative confiance forment une minorité. Tous les autres, c'est-à-dire les trois quarts des personnes interrogées, expriment, à l'énoncé de la consigne d'entretien, de l'amertume, du découragement, du ressentiment et parfois même une véritable souffrance. Ils ont, à des degrés divers, 'mal à leur politique' et l'on peut, en les écoutant, distinguer six catégories de malaise. Les trois premières sont très répandues, les trois autres sont le fait d'un petit nombre de personnes, mais n'en correspondent pas moins à une mise en cause de la politique.

---

[2]Notamment en Eure-et-Loir, en Haute-Savoie, dans le Pas-de-Calais, en Picardie, en Lorraine et à Lyon.

[3]Pour une analyse détaillée de cette enquête, cf. Janine Mossuz-Lavau, 'La politique-Janus: mobilisation autour des problèmes, offre politique en panne' dans *L'Engagement politique: déclin ou mutation*. Pré-actes du colloque tenu les 4, 5 et 6 mars 1993, au Palais du Luxembourg, CEVIPOF, Paris, 1993, pp. 35–66.

Malaises majeurs

Le premier malaise est celui des personnes qui aspirent à une politique 'désidéologisée'. Ils ne peuvent plus envisager l'avenir comme une succession d'alternances politiques. Ils constatent, en 1992, la faillite de la gauche alors que les uns avaient auparavant vécu celle de la droite, les autres éprouvent une confiance décroissante en celle-ci, même si, dans un passé récent, ils ont voté pour elle. Ils considèrent qu'il y a de bonnes idées à prendre aussi bien chez l'une que chez l'autre et qu'il serait temps de dépasser ce clivage, de 'mélanger' comme le déclare une employée de commerce. Ou encore, ils soulignent qu'il n'y a pas de grandes différences entre la droite et la gauche, qu'il existe un 'tronc commun'* (femme, cadre commercial), et qu'il faut s'unir, s'entendre, discuter au lieu d'offrir en spectacle ces bagarres qui empêchent de gouverner au mieux. S'exprime là une aspiration à la communication, à la concorde, à la mise en œuvre de tous les efforts pour résoudre les graves problèmes auxquels se trouve confrontée la société française prise dans la tourmente de la crise économique.

Dans cette perspective, les partis sont perçus comme une donnée malfaisante de la vie politique. 'On est coincé* par des rambardes*', dit un enseignant, qui ajoute 'les partis, on en a marre'; ils sont vus comme une entrave* à l'action d'hommes politiques qui, s'ils étaient plus libres, pourraient non seulement s'entendre entre eux, mais décider au coup par coup des solutions les meilleures pour la France. La notion même du parti qui a une vision globale de la société, partant*, des réponses toutes faites pour les divers problèmes qui se présentent, est récusée. Une architecte qui milite à Génération écologie explique qu'il existe désormais un espace excluant d'un côté le Parti communiste, de l'autre le Front national, mais à l'intérieur duquel on peut discuter, s'entendre sur des objectifs précis, arriver à un véritable consensus au lieu des compromis qui lui semblent caractériser la vie politique.

Toutefois, ces personnes qui veulent que l'on dépasse l'opposition droite-gauche n'ont pas pour autant perdu leur identité politique. Eux-mêmes ont une histoire et des convictions, de droite ou de gauche (tous expriment, de plus, leur hostilité au Front national), mais ils souhaitent 'mélanger': ils ne voient pas d'autre solution pour redresser la situation et répondre aux angoisses collectives; et, pour ne pas sombrer dans le désespoir, ils envisagent de faire cesser la guerre entre les familles politiques. Un homme (employé), qui a voté à gauche toute sa vie, déclare qu'il faut 'rassembler les gens sur des problèmes réels au lieu de poser des étiquettes', car 'on ne se bat pas pour avoir des gens de gauche ou de droite, on se bat pour une cause noble'. De fait, ces personnes placent l'idée de solidarité sociale au plus haut et en infèrent un rêve de solidarité politique. Tout en admettant, car elles ne sont pas forcément naïves, que l'entreprise sera difficile à mener à bien. Elles appellent, en tout cas, à une nouvelle alliance, qui serait incarnée par des hommes de la société civile, des hommes de terrain (comme Bernard Kouchner) ou des francs-tireurs* (comme Raymond Barre ou Jacques Delors*). Aux régionales de 1992, leurs votes se sont répartis un peu partout sur l'échiquier politique, à l'exclusion du Front national, rejeté par tous.

Le deuxième malaise est celui des personnes qui sont intéressées par la politique au sens où elles se préoccupent des problèmes de la collectivité mais qui récusent la classe politique et déclarent ne pas pouvoir s'intéresser à elle. Le mot politique revêt pour elles un double sens, un sens positif renvoyant à la gestion, aux grands choix de société, à l'amélioration du sort des gens, et un sens négatif, concernant le personnel politique qui a dévoyé* la mission qui lui avait été confiée et qui apparaît affublé* de tous les travers*.

La classe politique est considérée tout d'abord comme étant en panne d'honnêteté en raison de toutes les 'affaires'* qui ont défrayé la chronique*. Elle rechercherait le pouvoir pour le pouvoir 'sans réellement se soucier ou très peu du moins de l'intérêt des gouvernés' (homme cadre supérieur), confisquant en quelque sorte ce pouvoir à son seul profit et n'hésitant pas à employer tous les moyens pour arriver à ses fins. La classe politique, toute à ses combats de gladiateurs, ne s'occupe pas des vrais problèmes, déclarent les personnes interrogées. Et, elles qui s'intéressent à ce qui se passe en France (chômage, pauvreté, etc.) et dans le monde (faim, guerres, affrontement Nord-Sud) disent ne pas pouvoir porter attention à cette politique 'politicienne' qui paraît si loin des enjeux les plus cruciaux. Un boucher suggère, comme remède, le retour 'à la base' des élus après chaque mandat, pour qu'ils reprennent contact avec la réalité.

On reproche aussi à la classe politique sa langue de bois*. Reproche tout particulièrement formulé par des femmes qui opposent à cette 'abstraction' les paroles d'une Simone Veil* qui est 'plus dans le concret'. Une enseignante ajoute: 'Les femmes, je les trouve moins prises dans le carcan* du discours.'

Ce malaise peut être exprimé de manière assez violente, puisqu'une étudiante affirme: 'La politique qui m'intéresse, elle se bat contre la politique des hommes politiques.' On met alors en cause, par-delà la classe politique, le 'système' et l'on justifie le fait que les jeunes des banlieues qui n'ont rien volent les blousons ou les sacs de ceux qui ont tout en déclarant: 'Ce sont les nouveaux Robins des bois.' Les hommes auxquels on se réfère alors sont Coluche*, l'abbé Pierre*, René Dumont* ou encore Jacques-Yves Cousteau*.

Au total, les personnes réunies dans ce modèle aspirent à une politique déprofessionnalisée qui ferait la part plus belle aux hommes de la société civile et réhabiliterait la prise en charge des grands enjeux en servant les citoyens plutôt qu'en s'en servant. Leurs votes demeurent néanmoins très éparpillés* (petits partis, vote blanc mais aussi forces 'traditionnelles'), plusieurs ont choisi l'abstention.

Le troisième malaise est celui de la génération flouée* des déçus du socialisme qui évoquent ce qu'on pourrait appeler une politique 'désenchantée'. Ayant voté pour le PS en 1981, ils mesurent en 1992 toute la distance qui sépare ce que devrait être la politique (ce que fondamentale-ment cela représente pour eux) de l'expérience, désastreuse à leurs yeux, qu'ils viennent de vivre. Tous ont cru en 1981 que la vie allait changer, que la société allait être transformée, que les gens allaient vivre mieux. Leur désillusion est donc à la mesure de leurs espérances d'hier.

Ils critiquent tout d'abord une politique qui n'est pas parvenue à réduire les inégalités sociales, à résoudre les problèmes de pauvreté, qui a abandonné à leur sort les immigrés, les populations des banlieues, les femmes, les jeunes. Qui n'a su réformer ni la santé, ni la justice, ni surtout l'Éducation nationale. A cet égard, les professeurs qui étaient les supporters les plus enthousiastes du pouvoir rose*, constatent qu'ils continuent, faute de moyens, à 'fabriquer' des exclus et que l'on 'est en train de reconstruire une société de maîtres et d'esclaves'. On reproche aux socialistes d'avoir changé d'idées en cours de route (ils 'avaient pris comme slogan la phrase de Rimbaud* "changer la vie" et maintenant ils ont changé d'avis', déclare un enseignant), d'avoir renoncé beaucoup trop vite à provoquer les transformations nécessaires. L'une des personnes interrogées dit qu'elle a fait sienne la phrase de Salman Rushdie*: 'Essayez! Échouez! Essayez encore! Échouez mieux!', et qu'elle regrette que celle-ci n'ait pas été entendue.

La plupart des 'désenchantés' délivrent aussi une réflexion sur le pouvoir, l'un d'entre eux admettant que son tort avait été de croire que 'les gens de gauche n'étaient pas les mêmes êtres humains que les gens de droite', alors que le pouvoir suscite le goût du pouvoir, jusqu'à faire perdre son âme pour le conserver. Un enseignant souligne: 'Les socialistes, au départ, ont voulu le pouvoir pour imposer leurs idées et puis ils ont eu envie d'avoir des idées pour rester au pouvoir.' Se pose enfin le problème du rapport entre morale et politique. Ce qui amène certains à dénoncer 'le jeu d'apprentis sorciers'* des socialistes avec l'extrême droite.

Tous se demandent comment ils vont voter à l'avenir, plusieurs choisissant Génération écologie en désespoir de cause, pour ne pas s'abstenir, et conservent le sentiment d'avoir subi un véritable traumatisme en devant rompre avec des habitudes électorales de longue date.

Ces trois malaises, par rapport à la division des familles politiques, au personnel politique, et à la politique menée dans la période récente touchent au total une grosse majorité des personnes rencontrées au cours de cette enquête. D'autres formes existent cependant, moins courantes mais non moins fortes.

Il est des personnes, que j'ai regroupées dans une catégorie intitulée 'l'individualisme politique', pour lesquelles la politique est connotée négativement dans la mesure où elle s'avère incapable de résoudre leurs problèmes personnels. Elles disent soit qu'elles ne s'y intéressent plus, soit qu'elles n'arrivent pas à s'y intéresser car rien de ce qui les gêne dans leur vie quotidienne ne connaît d'amélioration. Il s'agit de personnes assez individualistes qui voient ce qui les entoure au seul prisme de leur propre sort. L'une d'elles déclare: 'Je ramène la politique à moi . . . à mes problèmes.' Ainsi, un jeune cadre commercial estime ne pas vivre mieux que les assistés et les immigrés à qui on fournit aide sur aide, alors que lui travaille, essaie de s'en sortir, mais s'avoue découragé de faire tant d'efforts quand d'autres perçoivent toutes sortes d'allocations* sans vouloir rien faire. Et il est indigné que des étrangers soient privilégiés au détriment de ceux qui ont toutes leurs racines dans le pays. Une jeune employée qui a grandi dans une famille de cadres supérieurs, découvre les difficultés de la vie quotidienne et déclare ne supporter ni le métro, ni les embouteillages, ni les Noirs et les Arabes qui l'abordent dans la rue, ni les petites vieilles à qui il faut laisser sa place dans le bus. Elle trouve inadmissible que l'on prélève sur son salaire des cotisations sociales* alors qu'elle n'a pas d'enfant, va rarement chez le médecin et n'a pas l'âge de songer à la retraite (elle a vingt ans). Elle dit ne pas avoir envie de payer pour les autres.

Ces personnes, qui s'expriment fréquemment sur le mode de l'exaspération, éprouvent une certaine sympathie pour l'extrême droite alors qu'elles ont eu une relative familiarité avec la gauche (parents de gauche ou vote socialiste en 1981). Elles sont informées, capables d'argumentation, mais elles rejettent la politique qu'elles jugent responsable de leurs difficultés et ont tendance à restreindre, à des degrés divers, leur champ d'intérêt: l'une ne lit plus dans son journal que les informations concernant sa région, l'autre regrette que la télévision donne autant d'importance aux nouvelles de l'étranger et souhaiterait qu'on parle essentiellement de la France. Elles ont voté soit à droite, soit à l'extrême droite, considérant les socialistes comme les premiers responsables de la situation qu'elles déplorent mais sans pour autant se prononcer pour d'autres dans l'enthousiasme, procédant plutôt par élimination, et ne se sentant au bout du compte véritablement représentées par personne.

Un autre malaise est celui des personnes en état d'indécision politique, qui disent ne plus s'intéresser à la politique ou alors commencer à s'y intéresser après une vie entière passée sans s'en préoccuper le moins du monde. Au point de ne pas être inscrites sur les listes électorales. Cela étant, quand on les écoute, quand on dépasse cette première déclaration de principe établissant une relation d'extériorité entre elles-mêmes et la politique, on s'aperçoit qu'elles sont très préoccupées par tous les problèmes de société: école, violence, logement, santé, justice, difficulté des gens à vivre en étant déracinés*. Elles ne voient pas qui pourrait les résoudre, vers qui se tourner pour obtenir une amélioration de la situation qu'elles observent. De fait, il s'agit de personnes qui ne savent pas se situer. Elles n'ont qu'un repère, leur hostilité au Front national, mais cette certitude mise à part, ne se sentent représentées ni par la droite ni par la gauche.

L'une d'entre elles déclare dans un premier temps qu'elle pourrait se situer au centre pour ajouter immédiatement: 'Je ne sais pas.' Une autre dit: 'Je ne sais plus où me mettre.' Mais elles n'envisagent pas pour autant de rejoindre les écologistes: elles sont en panne* d'identité politique. Elles vibrent à l'évocation des difficultés de leurs concitoyens, mais ne voient pas qui, au sein des élites politiques, pourrait être à même de les réduire. Cette incapacité à s'identifier et à participer pourrait être liée à un déficit d'insertion sociale (ainsi, une dentiste juive a le sentiment qu'elle n'est pas acceptée et qu'elle doit être en permanence prête 'à faire sa valise') et à une rupture peut-être mal vécue avec le milieu d'origine. Il s'agit de personnes qui ont changé de milieu et qui parviennent difficilement à passer d'un système de valeurs à un autre, par exemple du monde agricole catholique à celui des petits salariés plus orientés à gauche . . . . Ce sont des Français pour lesquels le défaut d'intégration sociale génère une incapacité à s'intégrer politiquement. Et l'on n'a pas l'impression qu'un quelconque discours politique s'adresse particulièrement à eux.

Un dernier divorce entre les citoyens et, sinon la politique, du moins la représentation parlementaire, est enregistré chez les sympathisants du Front national, qui dénoncent 'la politique du complot' et déclarent: 'On ne nous dit pas tout.' Je m'appuierai pour l'essentiel ici sur un entretien conduit auprès d'un agriculteur de Lorraine de soixante et un ans qui a le sentiment qu'il existe une sorte de complot permanent qu'il faut savoir déjouer en s'informant aux bonnes sources.

Complot des 'techniciens' et des 'technocrates' contre les agriculteurs dont on veut la disparition parce qu'ils sont trop indépendants.

Complot des médias qui camouflent la vérité, en sorte qu'il faut lire des journaux 'non conventionnels' comme *Lectures françaises* et *Présent** pour avoir de vraies informations.

Complot encore des socialistes qui ont placé leurs amis à tous les postes de responsabilité, notamment dans l'industrie et qui sont, à certains égards, aidés par la droite qui, lorsqu'elle revient au pouvoir, laisse ces responsables en place: 'Alors c'est pour ça que, de la droite, il y en a plus. Il y a plus de vraie droite! Et le seul qui est de droite c'est Le Pen. Alors c'est pour ça qu'on l'appelle extrême droite! Tandis qu'autrement, les autres sont tous des gauchistes . . . des droites gauchistes quoi!'

Complot aussi de la finance qui mène le monde, dirige la politique et qui est tenue par les Juifs.

Complot enfin des 'mondialistes' qui veulent notamment la disparition de la France et sa transformation en une simple région du monde. Apparaissent donc ici une forte certitude que la politique du mensonge est instaurée partout sauf au Front national, une diabolisation de la politique, une mise en cause radicale de tous ses segments.

La politique-Janus*

Au total, la grande majorité des personnes rencontrées au cours de cette enquête rejettent la politique telle qu'elle peut apparaître sous son visage parlementaire, gouvernemental et partisan. Mais les problèmes politiques les intéressent au plus haut point. Du chômage aux relations Nord-Sud, tout est pris en compte. Il n'y a pas trace de dépolitisation, entendue comme une désaffection à l'égard de la collectivité.

Aussi conviendrait-il de faire une distinction entre, faute de mieux et par convention, *la* politique et *le* politique.

La politique au sens de 'politique politicienne'* maintes fois évoquée dans les entretiens, qui fait penser, selon une styliste, 'à des partis qui se contredisent tous, à un éternel mensonge, à une comédie . . . Rien n'est authentique. Tout n'est que jeu'. Et cela, qui renvoie aux pratiques, les Français sont de plus en plus nombreux à le récuser.

A l'opposé, se situerait *le* politique, c'est-à-dire les grands enjeux de la période contemporaine, les problèmes qui se posent tant au pays qu'au reste du monde et auxquels aucune solution n'est apportée: chômage, échec scolaire, pauvreté, exclusion, immigration, déséquilibres Nord-Sud, guerres, famines, environnement malmené, etc. Le politique, entendu en ce sens, préoccupe la presque totalité des personnes qui ont été interrogées pour cette enquête et si, comme le dit encore la styliste, la finalité de la politique est 'un changement vers ce qui est meilleur pour les gens', on est d'autant plus déçu quand on voit qu'elle se réduit aux vendettas* plus ou moins douces qui se déroulent quotidiennement au sein de la classe politique. La politique revêt donc bien pour les Français le double visage de Janus. Prise au sens *du* politique, elle les intéresse, les pousse à argumenter, à débattre, parfois à imaginer des solutions.

Intéressés, les Français apparaissent aussi dans cette enquête plutôt bien informés de ce qui se passe non seulement autour d'eux mais aussi dans l'ensemble de leur pays et dans le monde. Compétence liée à l'élévation du niveau d'études, mais aussi à l'assiduité devant les postes de télévision. La référence à cette dernière est présente dans pratiquement tous les entretiens et elle est à double tranchant*. Le petit écran apporte des nouvelles, mais aussi, quotidiennement, la preuve de la caducité* des règles du jeu, des discours et des comportements politiques. De la colère de Laurent Fabius au lendemain des élections régionales, un agriculteur dit: 'Un gosse de onze ans se serait mieux tenu.' On ne peut plus faire accepter n'importe quoi aux Français. Et la crise de la représentation que l'on peut diagnostiquer au terme de cette enquête pourrait bien être liée à leurs nouvelles qualités, donc à leurs nouvelles aspirations. Cela étant, ce type de crise n'est pas la première.

En 1914, Robert Michels rapportait déjà ce proverbe en vogue dans les milieux ouvriers français: 'Homme élu! Homme foutu!'[4] Dans les années 30, la classe politique a été – avec violence – également remise en cause. Dans les années 60, on attendait des clubs* et autres 'forces vives' qu'ils régénèrent la politique et prennent la relève* de partis et d'hommes jugés usés.

Ce processus de rejet des professionnels de la politique et des idéologies n'est donc pas nouveau. Mais ce qui pourrait l'être, c'est une mise en cause par une population plus compétente et plus massivement partie prenante de la critique entamée. Crise plus grave aussi dans la mesure où elle s'enracine dans une crise économique que personne ne se déclare plus capable de juguler, dans la mesure aussi où surgit la crainte que, face aux problèmes de la société civile, l'État-providence puisse demeurer sourd aux demandes. Car on prend conscience désormais qu'il y a une 'raison d'État' qui imposerait une fin de non-recevoir* aux attentes des citoyens. La raison d'État, dit une femme cadre moyen: 'C'est quand quelqu'un est au pouvoir, est plein de bonne volonté, qu'il a une couleur idéologique particulière et qu'il ne peut pas continuer en ce sens parce qu'il y a des pressions externes qui sont plus fortes.' Ce sentiment ne prévaut pour l'instant que dans un petit nombre d'entretiens, mais s'il se développait, minant ainsi ce qui peut rester d'espoir, alors la crise ne serait plus seulement une crise de la représentation, mais une vraie crise du rapport au politique.

[4]Robert Michels, *Les Partis politiques*, Flammarion, Paris, 1971 (2e édition française), p. 292.

Notes et lexique

rouages *(m)* : pièces d'un mécanisme

exclusions *(f)* : il s'agit des exclusions sociales, de la marginalité

'tronc commun' *(m)* : un accord entre les différents partis sur les choses essentielles

coincé: bloqué, immobilisé

rambardes *(f)* : barrières

entrave *(f)* : obstacle

partant : donc

francs-tireurs *(m)* : (ici) des personnalités relativement indépendantes des partis

Jacques Delors: ancien ministre des finances socialiste (1981–84), et Président de la Commission européenne (1985–94)

dévoyé: détourné du droit chemin

affublé: habillé de façon ridicule

travers: défauts

'affaires' *(f)* : les années récentes ont été marquées par une série de scandales financiers impliquant des hommes politiques de différents partis

défrayé la chronique: rempli les pages des journaux

langue *(f)* **de bois**: langue figée utilisée par les hommes politiques, sans rapport avec celle des Français ordinaires

Simone Veil: femme politique française (CDS), ministre à plusieurs reprises et présidente du Parlement européen de 1979 à 1982

carcan *(m)* : contrainte

Coluche: comédien et fondateur des 'restaurants du coeur', où on sert des repas gratuits aux pauvres

l'abbé Pierre: défenseur des sans-abri et des marginaux

René Dumont: agronome et tiers-mondiste, candidat écologiste aux élections présidentielles de 1974

Jacques-Yves Cousteau: explorateur sous-marin et défenseur de la nature

éparpillés: distribués un peu partout

flouée: trompée

pouvoir *(m)* **rose**: pouvoir socialiste (version diluée du rouge communiste, et référence aux affiches qui montraient un poing et une rose, avec le slogan 'La force tranquille')

Rimbaud: poète français du XIXe siècle, symbole d'une volonté de liberté

Salman Rushdie: romancier anglo-indien, auteur des *Versets sataniques*

apprentis *(m)* **sorciers**: sorciers peu expérimentés, dont les tentatives ont des effets pervers (référence à l'adoption de la représentation proportionnelle en 1986, qui a permis au Front national d'obtenir 35 sièges à l'Assemblée nationale)

allocations *(f)* : versements d'argent par les services sociaux

cotisations *(f)* **sociales**: sommes retenues sur les salaires pour financer la Sécurité sociale

déracinés: sans véritables liens sociaux

en panne de: dépourvues de

Lectures françaises et *Présent*: publications du Front national

Janus: dieu romain à deux visages, donc regardant dans les deux sens en même temps

'politique politicienne': expression courante pour décrire les tactiques politiques des partis, sans intérêt pour les gens ordinaires

vendettas *(f)* : poursuite de vengeances réciproques

à double tranchant: dont l'emploi peut provoquer des effets de sens opposés

caducité *(f)* : ruine, fait d'être dépassé

clubs: groupements politiques *(voir 1.1)*

prennent la relève: assurent le remplacement

fin de non-recevoir: refus

Compréhension

1. L'auteur distingue deux aspirations: vers une politique 'désidéologisée' et vers une politique 'déprofessionnalisée'. Quels sont les éléments communs à ces deux aspirations, et quels sont les différences?
2. Quelles sont les déceptions provoquées par les années de pouvoir socialiste? Éventuellement, comparez les affirmations des 'déçus du socialisme' avec les diagnostics des leaders du PS dans le deuxième chapitre.
3. Expliquez et commentez la distinction entre *le* politique et *la* politique.

Texte 3.3.2
René Rémond, 'La France est-elle toujours la France?', *La Politique n'est plus ce qu'elle était*, Flammarion, Paris, 1993, pp. 199–209

Nous voici au terme de cette investigation des principales composantes de notre système politique: quel diagnostic porter sur son état de santé et plus précisément sur la relation entre les Français et leur politique? Qu'il y ait crise, comment en douter? A vrai dire, le constat n'a rien de bien original: comme la santé du corps humain est un état précaire, l'harmonie du corps social aussi est exceptionnelle. Rien de plus banal qu'une situation critique en politique: ce serait plutôt l'absence de tout symptôme de crise qui serait surprenante. Mais, si l'état de crise ne fait guère de doute, il est plus difficile d'en évaluer la gravité, plus délicat aussi d'en préciser l'objet et plus hasardeux encore d'en pronostiquer l'évolution.

La crise ne me paraît pas remettre en question la démocratie: ni la notion ni ses fondements. Ceux-ci sont même mieux assurés, et l'idée est acceptée comme jamais. L'horreur qu'inspire le souvenir des régimes totalitaires, la faillite des idéologies qui faisaient le procès de la démocratie libérale dite 'bourgeoise' ont conforté la démocratie pluraliste, ne serait-ce que de façon négative: tout plutôt que de revoir pareilles abominations. Et pourquoi pas la démocratie qui, si elle a bien des défauts et si sa pratique laisse à désirer, préserve au moins le pays de tomber dans de tels errements? Les institutions qui nous régissent ne sont pas davantage contestées: si leur fonctionnement suscite des réserves, si certaines dérives inquiètent, les critiques ne touchent pas à l'essentiel: ni à la prépondérance de la fonction présidentielle, ni à la responsabilité du gouvernement devant l'Assemblée, ni à ce mixte, qui est le trait original de notre régime, de présidentialisme et de parlementarisme, ni moins encore assurément au principe du suffrage universel pour l'attribution de tous les pouvoirs et l'arbitrage en cas de désaccord entre eux.

Je n'en dirai pas autant pour les hommes. A l'inverse de ce qu'on a connu sous les précédentes républiques, où l'opinion disculpait* les individus de la responsabilité d'une pratique dont elle imputait les défauts aux institutions, sous la Ve République la critique épargne les institutions mais n'en est que plus sévère pour les hommes! Certes, cette crise tient largement à des circon-stances passagères et au bruit fait autour de quelques affaires qui jettent le discrédit sur le personnel politique, mais, même temporaire, cette perte de confiance est redoutable: de proche en proche* elle atteint tout le système car il n'est pas aisé en politique de dissocier les décisions prises de la personnalité de ceux qui les ont conçues et de disjoindre les mesures de ceux qui les mettent en œuvre.

C'est la politique même qui est l'objet principal et le point focal de la crise. Le citoyen ne discerne plus clairement quelles sont sa nature, l'étendue de ses compétences, la réalité de son pouvoir sur les hommes et les choses. Ballotté* entre le discrédit systématique de la politique, tenue pour respon-sable de tous les maux de notre société ou dont on soutient au contraire qu'elle ne fait que mettre en forme un rapport de forces, et une surévaluation qui attend d'elle l'amélioration de la condition des hommes, le citoyen ne sait plus à quel niveau la situer dans l'échelle des activités humaines. Agitation en surface d'individus qui feignent de diriger une évolution qui leur échappe et dont ils ignorent où elle les entraîne, ou démiurges* disposant du pouvoir de faire le bonheur de leurs semblables ou le malheur de l'humanité? Le morcellement des programmes en une poussière d'objectifs parcellaires, qui rétrécit l'horizon politique à des actions ponctuelles*, est un signe entre autres du désarroi de l'esprit à propos du politique. L'abandon de ce qui est un caractère constitutif – inscrire toute décision dans une perspective globale, définir des priorités, arrêter des choix volontaires – est une conséquence du reflux des idéologies dont l'opinion retient qu'outre leur impuissance à conjurer* les crises de l'économie et à faire reculer la misère, elles dégénèrent en oppression et provoquent des massacres sur une grande échelle.

Cependant, le discrédit qui frappe par contrecoup tout projet généreux ne signifie pas la fin de toute idéologie, ni moins encore l'atrophie de la fonction idéologique. La politique, à quelque niveau que ce soit, du choix d'un représentant jusqu'aux décisions qui engagent le destin d'un peuple, ne peut se passer de la référence à quelques idées directrices et à quelques valeurs inspiratrices. C'est un préjugé pernicieux que l'idée que rien de bon ne saurait venir d'une vision globale: s'il y a des idéologies néfastes* qui ont entraîné l'humanité dans des impasses, il en est qui proposent à la décision des repères indispensables. Au reste, le spectacle de notre vie politique montre que la fonction idéologique n'est pas tombée en désuétude*: ce qui a séparé les deux courants de la famille écologique est d'ordre idéologique; l'argumentation de Jean-Marie Le Pen fait appel à des résonances idéologiques; et les controverses de ces dernières années sur les choix de politique étrangère, à propos de la guerre du Golfe ou du traité de Maastricht, sur le devoir d'ingérence* ou sur la Yougoslavie, sont autant de débats proprement idéologiques.

L'état de crise, disions-nous, est pour la politique un état habituel; le phénomène est donc récurrent. Mais est-ce toujours la même crise? En d'autres termes, celle où nous nous débattons n'est-elle que simple réitération de celles qui l'ont précédée, ou assemble-t-elle dans une configuration inédite des traits anciens et des données neuves? Quel est, par ailleurs, son degré de gravité, comparé aux crises antérieures du système politique?

Sommé de répondre à ces questions, l'esprit balance entre deux inclinations qui varient d'un individu à un autre selon son degré d'information et la nature de sa relation à l'histoire. Le plus grand nombre, qui n'a qu'une connaissance sommaire et nécessairement fragmentaire des antécédents, est porté à croire que la situation qu'il vit est sans précédent, et à lui attribuer en conséquence une gravité exceptionnelle puisqu'elle serait la première de la sorte. Cette propension est aujourd'hui grandement encouragée par le penchant de l'information pour l'inflation des qualifications et le grossissement de l'événement: tout incident est réputé historique, le moindre changement est décrit comme un tournant d'une portée incalculable. Les médias amplifient à coup sûr la crise présente. Je ne leur ferai pas l'injuste procès que leur intentent* les politiques, naturellement enclins à les rendre responsables de tout ce qui leur advient de désavantageux. Mais il ne me paraît pas douteux que leur influence grandissante, singulièrement celle de la télévision qui intro-duit quotidiennement la cuisine politique* au domicile de chacun, est pour beaucoup dans le malaise actuel: ils confèrent un retentissement, souvent démesuré, à des affaires qui n'en méritent pas tant et surtout ils font croire que la politique est faite de scandales. Le journalisme dit 'd'investigation' entretient une culture du soupçon.

En sens inverse, ceux dont c'est le métier ou la disposition d'esprit d'inscrire le moment présent dans la durée tendent à relativiser toute crise en la rapprochant des précédentes. La montée du Front national évoque immanquablement pour eux le poujadisme, d'autant qu'ils se souviennent que Jean-Marie Le Pen a fait son entrée en politique, il y a quelque trente-six ans, sous l'étiquette Union et Fraternité française qui était la dénomination des listes se réclamant de Pierre Poujade. Remontant plus haut dans le passé, ils lui trouveront des analogies avec les ligues* de l'entre-deux-guerres ou avec le boulangisme*. A propos des affaires, ils ne manqueront pas de rappeler la litanie des scandales qui ont défrayé la chronique sous les IVe et Ve Républiques. Et ainsi de suite. Or, si certaines ressemblances jettent bien un trait d'union entre des époques différentes, elles ne doivent pas occulter les différences qui font la nouveauté de la nôtre: le Front national n'est pas le poujadisme, et le mécanisme des affaires actuelles ne rappelle que de loin celui des scandales d'antan*.

C'était notre ambition que de démontrer que la politique a beaucoup changé: dans toutes ses composantes. Les institutions ont changé et ce changement a été accepté: la règle du jeu n'est plus sérieusement contestée. On admet que la loi doive être conforme aux principes généraux du droit et qu'une instance ait compétence pour en juger. Les philosophies politiques qui inspiraient les choix essentiels ont perdu de leur éclat. Les grands débats qui dominaient la politique se sont éteints. A leur place surgissent des questions dont la nouveauté laisse responsables et citoyens sans repères. Tous ces changements sont à notre avis un élément déterminant de la crise actuelle du politique.

Le lecteur aura peut-être remarqué qu'à chaque étape de notre itinéraire à travers le système politique, une question s'est présentée qui concerne la comparaison dans l'espace: ce qui a si longtemps fait l'originalité de notre vie politique, et son attrait, n'est-il pas en train de disparaître? Cette mutation dont nous avons détaillé les principaux aspects, ne serait-ce pas la fin d'une histoire qui réussissait la gageure* d'être à la fois atypique et exemplaire, singulière et de portée universelle et qui lui assurait un rayonnement dont ce n'est pas être chauvin* que de constater qu'il était plus étendu que celui de la plupart des autres pays? Par-delà l'intérêt que la question peut susciter dans le cercle restreint des spécialistes, l'enjeu est d'importance: il ne s'agit de rien moins que de notre identité nationale et de sa survie. Car une nation n'exprime pas moins sa personnalité profonde par son comportement politique que dans sa littérature, sa cuisine ou son cinéma: chaque peuple entretient avec la politique une relation originale, héritage de son histoire, qui façonne son être; aussi l'examen des attitudes politiques de ses citoyens comme de leur degré de participation est-il une voie d'accès à la compréhension de la spécificité française. Si cette singularité s'efface, n'est-ce pas un signe annonciateur de la disparition comme nation? La France sera-t-elle encore la France si plus rien ne distingue sa vie et son système politiques de ceux des autres grandes démocraties?

Dissipons d'entrée de jeu une cause de malentendu: la question ne doit rien au processus de la construction européenne. Sans l'Acte unique, et sans le traité de Maastricht, elle ne se poserait pas moins. Elle est la résultante des changements internes que nous avons relevés et d'un mouvement qui emporte toutes nos sociétés occidentales et tend à réduire les écarts entre elles.

Qu'est-ce qui faisait traditionnellement l'originalité de notre vie politique? La conjonction de sept ou huit traits que le génie de notre peuple avait au long de son histoire portés à un point extrême. Une instabilité gouvernementale chronique qui a élevé à une centaine le nombre des cabinets sous la IIIe République et réduit sous la IVe à huit mois la durée de vie moyenne d'un ministère: cette précarité était certes en partie compensée par la pérennité* des hommes et la stabilité de notre administration centralisée, mais elle n'en avait pas moins des effets délétères sur l'esprit public et sur notre réputation à l'étranger; la prépondérance de la représentation nationale sur l'exécutif, à laquelle il n'avait pu être remédié en dépit du mouvement d'opinion en faveur d'un parlementarisme rationalisé qui aurait rétabli l'équilibre, et malgré les intentions des constituants de 1946; le nombre des formations politiques, rarement inférieur à dix ou douze, qui leur interdisait à toutes l'espoir d'accéder jamais à une majorité absolue, d'où la nécessité de ces majorités de coalition, associant au minimum trois ou quatre partis, aucun n'ayant jamais atteint la barre des 30%, et la plupart se tenant dans la tranche entre 10 et 20%; la supériorité pendant plus de trente ans du Parti communiste sur tout autre parti par le nombre des adhérents, leur discipline et leur dévouement, comme par la stabilité de son électorat. Plus caractéristiques encore peut-être, un goût invétéré* pour les controverses de principe qui transformait tout débat politique en affrontement idéologique; une propension à théoriser les divergences et à extraire d'une situation particulière les implications générales, qui s'étendait à tout, y compris à la règle du jeu, ce qui suscitait la contestation de la Constitution par des oppositions déterminées, systématiques, dont l'addition approchait parfois de la majorité; un partage de la société politique en deux blocs affrontés dans un duel sans concessions, poursuivant de génération en génération, depuis deux cents ans, à travers tous les régimes, leur antagonisme irréductible et excluant toute recherche de compromis, toute voie moyenne. Dans cette guerre de religions, le débat sur la laïcité occupait une place centrale et le conflit avait été tranché par une séparation du religieux et du politique, plus radicale que dans tous les pays voisins.

Au seuil de la dernière décennie du siècle, que subsiste-t-il de ces traits entre lesquels l'histoire avait tissé des liens étroits qui composaient un système cohérent?

La Constitution de la Ve République a jugulé* l'instabilité: en un tiers de siècle la France n'a eu qu'une douzaine de Premiers ministres: sous les régimes précédents, au rythme où le Parlement les remplaçait, elle en aurait usé une cinquantaine; la durée moyenne d'un chef de gouvernement est ainsi approximativement quatre fois plus longue que celle de ses infortunés prédécesseurs, et encore plusieurs n'ont-ils cédé la place qu'en raison du changement de président. Mais pourquoi prendre les Premiers ministres pour repères, puisque c'est le Président de la République le véritable détenteur du pouvoir? Un peu plus de trente ans après l'élection du premier Président de la Ve République, c'est seulement son troisième successeur qui règne à l'Élysée, et encore le mandat de Georges Pompidou a-t-il été abrégé* par la mort. La suprématie du Parlement a fait place à la prépondérance, parfois écrasante, de l'exécutif. La reconnaissance du principe de la supériorité du droit sur la loi modifie la hiérarchie des normes et le contrôle par une instance juridiction-nelle de la conformité des lois à la Constitution a rompu avec une tradition aussi ancienne que la naissance du gouvernement représentatif. Combinée avec d'autres dispositions, la pratique répétée trente ans et étendue à la plupart des consultations du scrutin majoritaire avait modifié le système des forces politiques, réduisant le nombre des partenaires à quelques-uns et permettant par deux fois à une seule formation de réunir une majorité absolue et d'atteindre un taux d'électeurs inconnu auparavant: 38% pour l'UDR en juin 1968, et pour le PS en 1981. Plus décisif encore, l'abandon de la centralisation administrative qui était comme la seconde nature de notre Constitution et que tous les régimes sans exception s'étaient depuis des siècles attachés à renforcer. Qui, aujourd'hui, en dehors de quelques nostalgiques du jacobinisme*, songe à revenir à l'état antérieur? La droite n'a qu'un regret: avoir laissé à la gauche le bénéfice moral de cette révolution.

Le goût de la controverse, la passion des affrontements? S'ils n'ont pas diminué dans la classe politique, il semble que le corps social n'ait plus de complaisance* pour les combats de gladiateurs. Presque toutes les grandes querelles qui ont nourri l'histoire et entretenu les divisions se sont progressivement éteintes, soit qu'elles aient trouvé une issue amiable, soit qu'elles aient perdu leur raison d'être, et presque personne, en dehors de quelques attardés, ne souhaite vraiment les ranimer. Y compris la plus ancienne et la plus tenace: la guerre qui a si longtemps opposé cléricaux et laïques. Elle achève d'expirer: 1984* a probablement été un dernier retour de flamme. Tout a conspiré depuis quelques décennies à l'extinction de cette grande querelle: l'affaiblissement du sentiment religieux qui dissuaderait les autorités ecclésiales de prétendre ressaisir la tutelle sur la société, si l'évolution de l'intérieur n'avait conduit les catholiques à une conception moins politique des relations entre Église et société civile, mais aussi une évolution symétrique qui a progressivement substitué à une définition conflictuelle de la laïcité par l'ignorance du fait religieux ou la lutte contre lui, une vision plus respectueuse des croyances et du pluralisme des familles de pensée.

Alors? La conclusion s'impose-t-elle que la France a vécu, ces dernières années, une mutation qui l'a rapprochée des autres démocraties, altérant ses particularités et effaçant peu à peu ses caractères distinctifs? Le croire serait se méprendre sur la portée de ces changements et induire* de modifications indéniables un changement qu'elles ne signifient peut-être pas. La culture politique des Français a-t-elle tellement changé? Par exemple, le discrédit qui frappe présentement les élus du peuple n'est pas, nous l'avons dit, une grande nouveauté: il est aussi ancien que le système représentatif. Rien de comparable en France au respect qui entoure en Grande-Bretagne les membres du Parlement, ou, aux États-Unis, les sénateurs. La crise actuelle de la politique trouve précisément un de ses fondements dans la crise de la représentation: ce n'est pas la démocratie qui est en question, c'est son expression par la désignation de représentants dans lesquels les citoyens ne se reconnaissent pas. Ils ont le sentiment que la délégation n'épuise pas la réalité de la démocratie; toutes les représentations, politique, syndicale, professionnelle, sont aujourd'hui contestées, les syndicats comme les partis, et le succès des coordinations est le pendant de la montée des forces extra-parlementaires: elles sont au professionnel ce qu'est l'écologie au politique. Les Français aspirent à une démocratie plus participative dont ils n'entrevoient que confusément ce que pourraient être les modalités. D'où le succès des consultations qui en sont des approximations: élection présidentielle et référendum, qui connaissent des taux de participation plus satisfaisants. Du consensus nous avons dit les limites et la fragilité: les derniers mois* ont prodigué maints exemples de questions qui le remettaient en cause. Quant au nombre des partis, la bipolarisation, qui déjà n'était pas le bipartisme, est bien mal en point: après la France des quatre quarts, nous retrouvons un corps électoral partagé entre une demi-douzaine de tendances et de courants. Et pour la division droite-gauche, s'il est vrai que les Français ne savent plus bien quel en est le contenu, elle est, quoi qu'en pensent ceux qui la récusent* périodiquement, aussi vivante que jamais.

Il est toujours imprudent de prédire l'avenir: en politique plus qu'ailleurs, car c'est un trait intrinsèque de la politique que d'être sujette à la contingence*, dépendante de l'événement. Il est donc tout à fait impossible de dessiner par avance les formes que prendra la vie politique. Mais il reste licite d'affirmer que rien n'impose comme une certitude l'effacement graduel de la singularité politique de la France. Tout permet de penser que le génie propre de notre peuple inventera encore des façons originales de vivre sa relation au politique.

Notes et lexique

disculpait: (disculper) excusait
de proche en proche: peu à peu
ballotté: (ici) tiraillé (dans un sens et dans l'autre)
démiurges *(m)* : demi-dieux dotés de pouvoirs illimités
ponctuelles: (ici) prises séparément, sans stratégie globale
conjurer: dissiper, résoudre
néfastes: mauvaises, désastreuses
désuétude *(f)* : abandon, dont on cesse de faire usage
ingérence *(f)* : intervention
intentent: (intenter) entreprennent
cuisine *(f)* **politique**: accords et négociations entre partis (*péjoratif*)
ligues *(f)* : groupements d'extrême droite, sympathiques au fascisme
boulangisme *(m)* : phénomène associé au général Boulanger, qui en
    1888–89 menaçait un coup d'État bonapartiste
d'antan: d'autrefois

gageure *(f)* : pari
chauvin: exagérément patriotique
pérennité *(f)* : durabilité
invétéré: fort et enraciné depuis longtemps
jugulé: arrêté
abrégé: raccourci, diminué en durée
jacobinisme *(m)* : (ici) tendance à insister sur la nécessité d'un État fort
    et centralisé
complaisance *(f)* : indulgence
1984: il s'agit de la législation sur l'école privée proposée par les socialistes,
    et abandonnée à la suite de manifestations gigantesques *(voir 1.1)*
induire: inférer, conclure
les derniers mois: le livre a été écrit pendant l'été 1992
récusent: (récuser) refusent
contingence *(f)* : les choses peu importantes, qui peuvent changer

Compréhension

1. Selon l'auteur, quels éléments de la vie politique française d'aujourd'hui
   sont acceptés, et quels éléments sont remis en cause?
2. Expliquez pourquoi l'auteur soutient qu'il y a un reflux des idéologies,
   mais que la 'fonction idéologique' n'est pas tombée en désuétude.
3. Selon l'auteur, la crise actuelle est-elle une répétition d'autres crises qui
   l'ont précédée, ou une crise tout à fait nouvelle?

Thèmes de réflexion: la représentation

1. Le processus de représentation politique met face à face l'électorat, les
   militants et cadres des partis, et l'élite politique. S'il y a crise de la
   représentation, entre quels niveaux le décalage doit-il être situé?
2. On explique les comportements électoraux, soit par les variables socio-
   économiques, soit par les valeurs fondamentales des individus. N'y a-t-
   il pas cependant un rapport entre la situation sociale d'un individu et ses
   valeurs?
3. En gros, on peut affirmer que les diagnostics d'une crise de la représentation mettent l'accent soit sur une impatience des électeurs avec les
   querelles politiques, soit sur une aspiration vers une meilleure participation. Ces deux sentiments sont-ils complémentaires ou contradictoires?

4. Un thème commun dans les analyses de la représentation est l'aspiration vers le consensus. Ce consensus est-il vraiment possible?

5. On affirme parfois que le diagnostic d'une crise de la représentation en France n'est fondé que sur un relatif apaisement des querelles spécifiquement françaises, et que la France ressemble maintenant à la plupart des autres pays occidentaux en ce qui concerne les rapports entre le citoyen et la politique. Considérez cette affirmation, en comparant la situation en France avec celle de votre pays.

Annexe

Tableau 11: Présidents et Premiers ministres de la Ve République

Président	Dates	Premier ministre	Dates
Charles de Gaulle	8.1.59–8.1.66	Michel Debré	8.1.59–14.4.62
		Georges Pompidou	14.4.62–28.11.62
		Georges Pompidou	28.11.62–8.1.66
Charles de Gaulle	8.1.66–28.4.69*	Georges Pompidou	8.1.66–1.4.67
		Georges Pompidou	6.4.67–10.7.68
		Maurice Couve de Murville	10.7.68–20.6.69
Georges Pompidou	19.6.69–2.4.74*	Jacques Chaban-Delmas	20.6.69–5.7.72
		Pierre Messmer	5.7.72–28.3.73
		Pierre Messmer	2.4.73–27.2.74
		Pierre Messmer	27.2.74–27.5.74
Valéry Giscard d'Estaing	24.5.74–21.5.81	Jacques Chirac	27.5.74–25.8.76
		Raymond Barre	25.8.76–29.3.77
		Raymond Barre	29.3.77–31.3.78
		Raymond Barre	3.4.78–13.5.81
François Mitterrand	21.5.81–10.5.88	Pierre Mauroy	21.5.81–22.6.81
		Pierre Mauroy	22.6.81–22.3.83
		Pierre Mauroy	22.3.83–17.7.84
		Laurent Fabius	17.7.84–20.3.86
		Jacques Chirac	20.3.86–10.5.88
François Mitterrand	10.5.88–	Michel Rocard	10.5.88–22.6.88
		Michel Rocard	23.6.88–15.5.91
		Édith Cresson	15.5.91–2.4.92
		Pierre Bérégovoy	2.4.92–29.3.93
		Édouard Balladur	29.3.93–

* A deux reprises, du 28 avril au 19 juin 1969 et du 2 avril au 24 mai 1974, les fonctions de Président de la République furent exercées par le président du Sénat (Alain Poher), conformément aux dispositions de la Constitution.

Source: D'après *Documents d'études*, no 1–06, 'Le Président de la Cinquième République', La Documentation Française, Paris, 1993.

Tableau 12: Résultats des élections législatives sous la Ve République (métropole)

% des suffrages exprimés	1958	1962	1967	1968	1973	1978	1981	1986	1988	1993
Extrême gauche[a]	1,2	2	2,2	4	3,3	3,2	1,3	1,5	0,4	1,8
Parti communiste	18,9	21,9	22,5	20	21,6	20,6	16,1	9,7	11,2	9,2
Parti socialiste[b]	15,4	12,4	18,9	16,5	21,7	25,7	38,3	32,8	37,6	20,3
Écologistes						2,6	1,1	1,3	0,4	7,6
Parti radical	9,7	7,4	1,3	0,8	13,7					
Démocratie chrétienne[c]	11,1	7,9	14,1	10,5		20,8[d]	19,1	42,1	38,5	39,5
Centre et droite modérée favorable à la Ve République		2,3	6,4	8,4	10					
Gaullisme	20,6	33,7	32,1	38	25,6	22,6	20,9			
Modérés et divers droite	20	11,5	1,9	1,2	3,6	3,8	2,9	2,7	2,0	4,7
Extrême droite	2,6	0,7	0,6	0,1	0,5	0,7	0,3	9,9	9,9	12,7
Divers	0,5	0,2		0,5						3,8
Total gauche	45,2	36,3	43,6	40,5	46,6	49,5	55,7	44	49,2	31,2

[a]Dont PSA et PSU
[b]Avec MRG et divers gauche
[c]MRP puis Centre Démocrate
[d]UDF (1978 et 1981)
Sources: CEVIPOF et A. Lancelot, *Les Élections sous la Ve République*, PUF, coll. 'Que sais-je?', Paris, 1993. Mise à jour des rédacteurs pour 1993.

Tableau 13: Résultats des élections européennes de 1989 et 1994 et régionales de 1992

% des suffrages exprimés	Européennes 1989	Régionales 1992	Européennes 1994
Extrême gauche	2,4	1,5	2,7
Parti communiste	7,8	8	6,88
Chevènement			2,54
Parti socialiste	23,6	20,3	14,49
Radicaux de gauche et divers gauche			12,03
Écologistes	10,7	14,7	4,96
Parti radical			
Démocratie chrétienne[a]	37,1	33,5	25,58
Centre et droite modérée favorable à la Ve République			
Gaullisme			
De Villiers (Anti-Maastricht)			12,33
Extrême droite	11,8	14,1	10,51
Modérés et divers droite	1,2	4,6	7,9
Divers	5,2	3,4	
Total gauche	33,8	29,7	35,94

[a]Centre Démocrate

Sources: CEVIPOF et A. Lancelot, *Les Élections sous la Ve République*, PUF, coll. 'Que sais-je?', Paris, 1993. Mise à jour des rédacteurs pour 1994.

Tableau 14: Résultats des élections présidentielles sous la Ve République (1er tour en métropole)

% des suffrages exprimés	1965	1969	1974	1981	1988
Extrême gauche		1	2,7	2,3	4,5
Communisme		21,5 J. Duclos		15,5 G. Marchais	6,9 A. Lajoinie
	32,2 F. Mitterrand		43,4 F. Mitterrand		
Socialisme et radicalisme		8,8 G. Deferre 5,1 M. Rocard 3,7		29,4 F. Mitterrand 26,1 H. Bouchardeau 1,1 M. Crépeau 2,2	33,9 F. Mitterrand
Centre	15,9 J. Lecanuet	24,4 A. Poher			
Droite	43,7 C. de Gaulle	44 G. Pompidou	50,6 V. G. d'Estaing 32,9 J. Chaban-Delmas 14,5 J. Royer 3,2	48,9 V. G. d'Estaing 27,8 J. Chirac 18 M. Debré 1,7 M.-F. Garaud 1,4	36,3 J. Chirac 19,8 R. Barre 16,5
Extrême droite	5,2 J. L. Tixier-Vignancour		0,8 J.-M. Le Pen		14,6 J.-M. Le Pen
Écologisme				3,9 B. Lalonde	3,8 A. Waechter
Divers	2,9	1,3	2,5		

Source: CEVIPOF et A. Lancelot, *Les Élections sous la Ve République*, PUF, coll. 'Que sais-je?', Paris, 1993

Tableau 15: Résultats des élections présidentielles sous la Ve République (2e tour en métropole)

% des suffrages exprimés	1965	1969	1974	1981	1988
François Mitterrand	45,5		49,3	52,2	54,0
Alain Poher		42,4			
Charles de Gaulle	54,5				
Georges Pompidou		57,6			
Valéry Giscard d'Estaing			50,7	47,8	
Jacques Chirac					46,0

Source: CEVIPOF et A. Lancelot, *Les Élections sous la Ve République*, PUF, coll. 'Que sais-je?', Paris, 1993

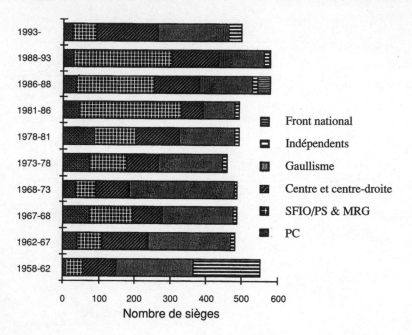

Figure 9: Présentation simplifiée des Assemblées nationales sous la Ve République

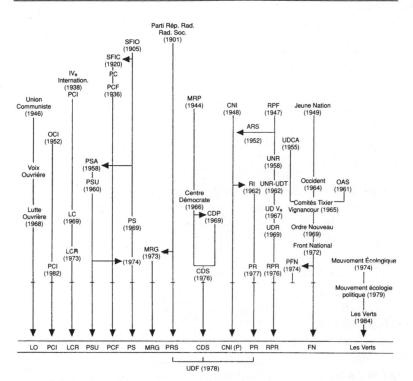

Figure 10: Filiation des principaux partis politiques français
Source: Colette Ysmal, *Les Partis politiques sous la Ve République*, Montchrestien,
1989

Pour en savoir plus

Cette liste contient des ouvrages de synthèse sur la politique contemporaine en France, de petits ouvrages spécialisés ainsi que des indications sur les périodiques ou collections qui peuvent vous être particulièrement utiles. Pour des lectures plus approfondies, vous pourrez consulter les bibliographies de ces ouvrages.

A. Ouvrages de synthèse

Dominique Chagnollaud, (dir.), *La vie politique en France,* coll. Point Essais, Seuil, Paris, 1993

J. L. Parodi, (dir.), *Institutions et vie politique. Les notices*, La Documentation Française, Paris, 1991

B. Ouvrages de poche spécialisés

Marc Abélès, *Faire la politique, le chantier français*, Autrement, série 'Mutations', no 122, Paris, mai 1991

François Borella, *Les Partis politiques dans la France d'aujourd'hui*, (nouvelle édition), série 'Points Politique', Seuil, Paris, 1990

Maurice Duverger, *Les Constitutions de la France* (12e éd.), coll. 'Que sais-je?', PUF, Paris, 1991

F. Furet, J. Julliard, et P. Rosanvallon, *La République du centre*, coll. 'Pluriel', Calmann-Lévy, Paris, 1988

Alain Lancelot, *Les Élections sous la Ve République* (2e éd.), coll. 'Que sais-je?', PUF, Paris, 1988

Hugues Portelli, *La Ve République*, Livres de Poche, Paris, 1994

René Rémond, *La Politique n'est plus ce qu'elle était*, Flammarion, Paris, 1993

Serge Sur, *Le Système politique de la Ve République*, coll. 'Que sais-je', PUF, Paris, 1991

Colette Ysmal, *Le Comportement électoral des Français*, coll. 'Repères,' La Découverte, Paris, 1990

C. Publications annuelles

Dominique Chagnollaud (dir.), *État politique de la France*, Quai Voltaire. (Publié en 1991 par Hachette, sous le titre *Bilan politique de la France*.) Commentaires de spécialistes sur les grands thèmes de l'année politique.

Collectif, *L'Etat de la France*, La Découverte, Paris, en collaboration avec le CREDOC. Recueil d'articles de spécialistes, qui comprend une revue de l'année politique.

Le Monde-Gallimard, L'Année... dans Le Monde. Dirigée depuis 1992 par Brigitte Camus-Lazaro. Chronologie des principaux événements en France et à l'étranger.

SOFRES, *L'État de l'opinion*, Seuil. Dirigée depuis 1990 par Olivier Duhamel et Jérome Jaffré. Articles de fond commentant les sondages SOFRES les plus importants de l'année, et un 'abécédaire de l'opinion' qui résume les enquêtes de tous les principaux instituts de sondage.

D. Périodiques

Le Débat, Gallimard (5 numéros par an). Périodique de haut niveau intellectuel, et qui comprend souvent une série d'articles sur un seul thème. Notez en particulier:
France, la démocratie difficile, no 60, mai-août 1990

Pouvoirs, Seuil (PUF jusqu'à la fin 1993; 4 numéros par an). Notez en particulier:
La Ve République (30 ans), no 49, 1989
Le Parlement, no 64, 1993
Qui gouverne la France?, no 68, 1994

Problèmes politiques et sociaux, La Documentation Française (24 numéros par an). Sélection d'articles et de textes provenant de sources françaises et étrangères; notez en particulier:
Pierre Alphandéry *et al*, *La Sensibilité écologique en France*, no 651, 1e mars 1991
Étienne Schweisguth, *Droite-gauche: un clivage dépassé?* no 719, 14 janvier 1994.

Regards sur l'actualité, La Documentation Française, (10 numéros par an). Comprend de 3 à 5 articles de fond sur des sujets d'actualité sociale et politique, et une chronologie de l'actualité politique. Notez en particulier:
Pascal Perrineau, *Le Front national, d'une élection l'autre*, no 161, mai 1990

Jean Baudouin *Le Déclin du PCF*, no 170, avril 1991

Hugues Portelli, *Le Référendum sur l'Union européenne*, no 184, sept.-oct. 1992

Revue politique et parlementaire (6 numéros par an), PUF. Comprend une douzaine d'articles de spécialistes, dont un certain nombre constitue un dossier thématique, et une chronologie politique. Notez en particulier:

La Question constitutionnelle, no 959, mai–juin 1992

La Fin d'un cycle politique?, no 964, mars–avril 1993

E. Lors des élections

Le Monde, suppléments à ses *Dossiers et documents*, publiés à l'occasion de chaque élection. Comprennent un journal de la campagne électorale, les résultats détaillés et un dossier de presse.